Orlando Syrg Taschenbuch 142023

OR

SY

TA

Über dieses Buch

Ein Klassiker der phantastischen Literatur!
In jüdischer Dichtung und Mystik ist der Golem ein sagenhaftes von einem Rabbi magisch aus Lehm geformtes Wesen von gewaltiger Kraft. Seinem Meister hörig, muss er dessen Aufträge besorgen.
In Meyrinks Version, begegnet der Erzähler (Hutverwechsler; vgl. unten, S. 15) als Gemmenschneider Athanasius Pernath (seine andere traumhafte Identität) dem Golem im naturalistisch gezeichneten Prager Ghetto, auf dem Weg der Selbsterkenntnis mit dem Ziel spiritueller Durchdringung aller Lebensbereiche, anarchistischen Energien verdrängter Triebe ausgesetzt, mit kabbalistischer Symbolik, Verbrechen, Glaubensschwärmerei, Ekel und Weisheit konfrontiert.

Der Autor

Gustav Meyrink erblickt das Licht der Welt in Wien am 19. Januar 1868 als unehelicher Sohn der bayrischen Hofschauspielerin Maria Meyer und des württembergischen Staatsministers Friedrich Karl Gottlob Varnbüler von und zu Hemmingen. Besuch der Gymnasien in München, Hamburg und Prag, wo er sein Abitur besteht, dann die Handelsakademie durchläuft. 1889-1902 Bankier in Prag. Er tummelt sich in zahlreichen spiritistischen Kreisen. 1901, Veröffentlichung von Meyrinks Erzählung *»Der heiße Soldat«* im *»Simplicissimus«*. Danach schreibt er regelmäßig für diese Zeitschrift phantastische Geschichten mit überraschenden Wendungen, die seinen Ruhm begründen.
1902 erleidet er zu Unrecht wegen Verdachts der Geldunterschlagung drei Monate Gefängnis. Er kann sich strafprozessual rehabilitieren, sein geschäftlicher und sozialer Leumund sind freilich zerrüttet.
Meyrink begibt sich nach Wien, arbeitet temporär als Redakteur der satirischen Zeitschrift *»Der liebe Augustin«*. 1906 zieht er nach München. 1907 erscheint das *»Wachsfigurenkabinett«*. Er übersetzt etliche Werke von Charles Dickens. 1911, Übersiedelung nach Starnberg. 1913 erscheinen seine satirischen Erzählungen *»Des deutschen Spießers Wunderhorn«* in drei Bänden. 1915, sein erster Roman, *»Der Golem«*; ein Riesenerfolg. 1916, *»Das grüne Gesicht«*. 1917 verleiht ihm der bayrische König das Recht, sich nach einem Vorfahren amtlich Meyrink zu nennen. Seine *»Gesammelten Werke«* kommen heraus und *»Walpurgisnacht«*. 1921, *»Der weiße Dominikaner«*. Werke, mehr oder weniger geprägt von Elementen aus Kriminalroman, Satire, Kabbala, schwarzer Romantik, fernöstlicher Kultur, zugleich okkultistisch, esoterisch, phantasievoll, gespenstisch, hintergründig, träumerisch, visionär, unheimlich, elegisch, manchmal auch komisch.
1927 tritt Gustav Meyrink vom Protestantismus zum Buddhismus über. Er stirbt am 4. Dezember 1932 in Starnberg.

Der Herausgeber

Joerg K. Sommermeyer (JS), geb. am 14.10.1947 in Brackenheim, Sohn des Physikers Kurt Hans Sommermeyer (1906-1969). Kindheit in Freiburg. Studierte Jura, Philosophie, Germanistik, Geschichte und Musikwissenschaft. Klassische Gitarre bei Viktor v. Hasselmann und Anton Stingl. Unterrichtete in den späten Sechzigern Gitarre am Kindergärtnerinnen- / Jugendleiterinnenseminar und in den Achtzigern Rechtsanwaltsgehilfinnen in spe an der Max-Weber-Schule in Freiburg. 1976 bis 2004 Rechtsanwalt in Freiburg. Zahlreiche Veröffentlichungen. JS (Joerg Sommermeyer) lebt in Berlin und Lahnstein.

Orlando Syrg, Berlin, 2. November 2023

Joerg K. Sommermeyer (Hg.)

Gustav Meyrinks

Der Golem

Ein Roman

Durchgesehen, revidiert und herausgegeben
von
Joerg K. Sommermeyer

Orlando Syrg

FSC
www.fsc.org
MIX
Papier aus verantwortungsvollen Quellen
Paper from responsible sources
FSC® C105338

MMXXIII

1. Auflage 2023

Orlando Syrg, Berlin und Lahnstein

(vormals Freiburg i. Brsg.)

Orlando Syrg Taschenbuch

ORSYTA 142023

Kollektion Abenteuer- & Reiseerzählungen

KAR 11

Durchsicht, Revision und Herausgabe: Joerg K. Sommermeyer

Umschlaggestaltung: JS

Lektorat, Satz und Layout: Hermann Henes, JS, Hans Ohnson, Karl Bader, Silke Sowert, Karl Mohr, Waltraut Schmidt, Jakob Bauer, Herta Janewar, Kurt Marie, Micol Gros, Adrian Baldus, Mine Ensof

Herstellung, Verlag BoD - Books on Demand, Norderstedt

Made in Germany

ISBN 9783758310621

Inhalt

Gustav Meyrink

Der Golem

Ein Roman

(Kurt Wolff, München 1915)

Schlaf

Das Mondlicht fällt auf das Fußende meines Bettes und liegt dort wie ein großer, heller, flacher Stein.

Wenn der Vollmond in seiner Gestalt zu schrumpfen beginnt und seine rechte Seite fängt an zu verfallen, – wie ein Gesicht, das dem Alter entgegengeht, zuerst an einer Wange Falten zeigt und abmagert, – dann bemächtigt sich meiner um solche Zeit des Nachts eine trübe, qualvolle Unruhe.

Ich schlafe nicht und wache nicht, und im Halbtraum vermischt sich in meiner Seele Erlebtes mit Gelesenem und Gehörtem, wie Ströme von verschiedener Farbe und Klarheit zusammenfließen.

Ich hatte über das Leben des Buddha Gautama gelesen, ehe ich mich niedergelegt, und in tausend Spielarten zog der Satz immer wieder von vorne beginnend durch meinen Sinn: »Eine Krähe flog zu einem Stein hin, der wie ein Stück Fett aussah, und dachte: Vielleicht ist hier etwas Wohlschmeckendes. Da nun die Krähe dort nichts Wohlschmeckendes fand, flog sie fort. Wie die Krähe, die sich dem Stein genähert, so verlassen wir – wir, die Versucher, – den Asketen Gautama, da wir den Gefallen an ihm verloren haben.«

Und das Bild von dem Stein, der aussah wie ein Stück Fett, wächst ins Ungeheuerliche in meinem Hirn:

Ich schreite durch ein ausgetrocknetes Flussbett und hebe glatte Kiesel auf.

Graublaue mit eingesprengtem glitzerndem Staub, über die ich nachgrüble und nachgrüble und doch mit ihnen nichts anzufangen weiß, – dann schwarze mit schwefelgelben Flecken wie die steingewordenen Versuche eines Kindes, plumpe, gesprenkelte Molche nachzubilden.

Und ich will sie weit von mir werfen, diese Kiesel, doch immer fallen sie mir aus der Hand, und ich kann sie aus dem Bereich meiner Augen nicht bannen.

Alle jene Steine, die je in meinem Leben eine Rolle gespielt, tauchen auf rings um mich her.

Manche quälen sich schwerfällig ab, sich aus dem Sand ans Licht emporzuarbeiten – wie große schieferfarbene Taschenkrebse, wenn die Flut zurückkommt, – und als wollten sie alles daran setzen, meine Blicke auf sich zu lenken, um mir Dinge von unendlicher Wichtigkeit zu sagen.

Andere – erschöpft – fallen kraftlos zurück in ihre Löcher und geben es auf, je zu Worte zu kommen.

Zuweilen fahre ich empor aus dem Dämmer dieser halben Träume und sehe für einen Augenblick wiederum den Mondschein auf dem gebauschten Fußende meiner Decke liegen wie einen großen, hellen, flachen Stein, um blind von neuem hinter meinem schwindenden Bewusstsein herzutappen, ruhelos nach jenem Stein suchend, der mich quält – der irgendwo verborgen im Schutt meiner Erinnerung liegen muss und aussieht wie ein Stück Fett.

Eine Regenröhre muss einst neben ihm auf der Erde gemündet haben, male ich mir aus – stumpfwinklig abgebogen, die Ränder von Rost zerfressen, – und trotzig will ich mir im Geist ein solches Bild erzwingen, um meine aufgescheuchten Gedanken zu belügen und in Schlaf zu lullen.

Es gelingt mir nicht.

Immer wieder und immer wieder mit alberner Beharrlichkeit behauptet eine eigensinnige Stimme in meinem Innern – unermüdlich wie ein Fensterladen, den der Wind in regelmäßigen Zwischenräumen an die Mauer schlagen lässt: es sei das ganz anders, das sei gar nicht der Stein, der wie Fett aussehe.

Und es ist von der Stimme nicht loszukommen.

Wenn ich hundertmal einwende, alles das sei doch ganz nebensächlich, so schweigt sie wohl eine kleine Weile, wacht aber dann unvermerkt wieder auf und beginnt hartnäckig von neuem: gut, gut, schon recht, es ist aber doch nicht der Stein, der wie ein Stück Fett aussieht. –

Langsam beginnt sich meiner ein unerträgliches Gefühl von Hilflosigkeit zu bemächtigen.

Wie es weiter gekommen ist, weiß ich nicht. Habe ich freiwillig jeden Widerstand aufgegeben, oder haben sie mich überwältigt und geknebelt, meine Gedanken?

Ich weiß nur, mein Körper liegt schlafend im Bett, und meine Sinne sind losgetrennt und nicht mehr an ihn gebunden. –

Wer ist jetzt »ich«, will ich plötzlich fragen, da besinne ich mich, dass ich doch kein Organ mehr besitze, mit dem ich Fragen stellen könnte; dann fürchte ich, die dumme Stimme werde wieder aufwachen und von neuem das endlose Verhör über den Stein und das Fett beginnen.

Und so wende ich mich ab.

Tag

Da stand ich plötzlich in einem düsteren Hof und sah durch einen rötlichen Torbogen gegenüber – jenseits der engen, schmutzigen Straße – einen jüdischen Trödler an einem Gewölbe lehnen, das an den Mauerrändern mit altem Eisengerümpel, zerbrochenen Werkzeugen, verrosteten Steigbügeln und Schlittschuhen und vielerlei anderen abgestorbenen Sachen behangen war.

Und dieses Bild trug das quälend Eintönige an sich, das alle jene Eindrücke kennzeichnet, die tagtäglich so und so oft wie Hausierer die Schwelle unserer Wahrnehmung überschreiten, und rief in mir weder Neugierde noch Überraschung hervor.

Ich wurde mir bewusst, dass ich schon seit langer Zeit in dieser Umgebung zu Hause war.

Auch diese Empfindung hinterließ mir trotz ihres Gegensatzes zu dem, was ich doch vor kurzem noch wahrgenommen und wie ich hierher gelangt, keinerlei tieferen Eindruck. – –

Ich muss einmal von einem sonderbaren Vergleich zwischen einem Stein und einem Stück Fett gehört oder gelesen haben, drängte sich mir plötzlich der Einfall auf, als ich die ausgetretenen Stufen zu meiner Kammer emporstieg und mir über das speckige Aussehen der Steinschwellen flüchtige Gedanken machte. – Da hörte ich Schritte die oberen Treppen über mir vorauslaufen, und als ich zu meiner Tür kam, sah ich, dass es die vierzehnjährige, rothaarige Rosina des Trödlers Aaron Wassertrum gewesen war.

Ich musste dicht an ihr vorbei, und sie stand mit dem Rücken gegen das Stiegengeländer und bog sich lüstern zurück.

Ihre schmutzigen Hände hatte sie um die Eisenstange gelegt, – zum Halt – und ich sah, wie ihre nackten Unterarme bleich aus dem trüben Halbdunkel hervorleuchteten.

Ich wich ihren Blicken aus.

Mich ekelte vor ihrem zudringlichen Lächeln und diesem wächsernen Schaukelpferdgesicht.

Sie muss schwammiges, weißes Fleisch haben wie der Axolotl, den ich vorhin im Salamanderkäfig bei dem Vogelhändler gesehen habe, fühlte ich.

Die Wimpern Rothaariger sind mir widerwärtig wie die eines Kaninchens.

Und ich sperrte auf und schlug rasch die Türe hinter mir zu. – – –

Von meinem Fenster aus konnte ich den Trödler Aaron Wassertrum vor seinem Gewölbe stehen sehen.

Er lehnte am Eingang der dunklen Wölbung und zwickte mit einer Beißzange an seinen Fingernägeln herum.

War die rothaarige Rosina seine Tochter oder seine Nichte? Er hatte keine Ähnlichkeit mit ihr.

Unter den Judengesichtern, die ich Tag für Tag in der Hahnpassgasse auftauchen sehe, kann ich deutlich verschiedene Stämme unterscheiden, die sich so wenig durch die nahe Verwandtschaft der einzelnen Individuen verwischen lassen, wie sich Öl und Wasser vermengen wird. Da darf man nicht sagen: Die dort sind Brüder oder Vater und Sohn.

Der gehört zu jenem Stamm und dieser zu einem andern, das ist alles, was sich aus den Gesichtszügen lesen lässt.

Was bewiese es auch, wenn selbst Rosina dem Trödler ähnlich sähe!

Diese Stämme hegen einen heimlichen Ekel und Abscheu voreinander, der sogar die Schranken der engen Blutsverwandtschaft durchbricht, – aber sie verstehen ihn geheim zu halten vor der Außenwelt, wie man ein gefährliches Geheimnis hütet.

Kein Einziges lässt ihn durchblicken, und in dieser Übereinstimmung gleichen sie hasserfüllten Blinden, die sich an ein schmutzgetränktes Seil klammern: Der eine mit beiden Fäusten, ein anderer nur widerwillig mit einem Finger, alle aber von abergläubischer Furcht besessen, dass sie dem Untergang verfallen müssen, sobald sie den gemeinsamen Halt aufgeben und sich von den übrigen trennen.

Rosina ist von jenem Stamm, dessen rothaariger Typus noch abstoßender ist, als der der andern. Dessen Männer engbrüstig sind und lange Hühnerhälse haben mit vorstehendem Adamsapfel.

Alles scheint an ihnen sommersprossig, und ihr ganzes Leben leiden sie unter brünstigen Qualen, diese Männer, – und kämpfen heimlich gegen ihre Gelüste einen ununterbrochenen, erfolglosen Kampf, von immerwährender widerlicher Angst um ihre Gesundheit gefoltert.

Ich war mir nicht klar, wieso ich Rosina überhaupt in verwandtschaftliche Beziehungen mit dem Trödler Wassertrum bringen konnte.

Nie habe ich sie doch in der Nähe des Alten gesehen oder bemerkt, dass sie jemals einander etwas zugerufen hätten.

Auch war sie fast immer in unserem Hof oder drückte sich in den dunklen Winkeln und Gängen unseres Hauses umher.

Sicherlich halten sie alle meine Mitbewohner für eine nahe Verwandte oder zumindest Schutzbefohlene des Trödlers, und doch bin ich überzeugt, dass kein einziger einen Grund für solche Vermutungen anzugeben vermöchte.

Ich wollte meine Gedanken von Rosina losreißen und sah von dem offenen Fenster meiner Stube hinab auf die Hahnpassgasse.

Als habe Aaron Wassertrum meinen Blick gefühlt, wandte er plötzlich sein Gesicht zu mir empor.

Sein starres, grässliches Gesicht mit den runden Fischaugen und der klaffenden Oberlippe, die von einer Hasenscharte gespalten ist.

Wie eine menschliche Spinne kam er mir vor, die die feinste Berührung ihres Netzes spürt, so teilnahmslos sie sich auch stellt.

Und wovon er nur leben mag? Was denkt er, und was ist sein Vorhaben?

Ich wusste es nicht.

An den Mauerrändern seines Gewölbes hängen unverändert Tag für Tag, jahraus jahrein dieselben toten wertlosen Dinge.

Mit geschlossenen Augen hätte ich sie hinzeichnen können: Hier die verbogene Blechtrompete ohne Klappen, das vergilbte Bild auf Papier gemalt, mit den so sonderbar zusammengestellten Soldaten. Dann eine Girlande verrosteter Sporen an einem schimmligen Lederriemen und anderes halb vermodertes Gerümpel.

Und vorne auf dem Boden, dicht nebeneinander geschichtet, sodass niemand die Schwelle des Gewölbes überschreiten kann, eine Reihe runder eiserner Herdplatten.

Alle diese Dinge nahmen an Zahl nie zu, nie ab, und blieb wirklich hier und da einmal ein Vorübergehender stehen und fragte nach dem Preis des einen oder anderen, geriet der Trödler in heftige Erregung.

In grauenerregender Weise zog er dann seine Lippen mit der Hasenscharte empor und sprudelte gereizt irgendetwas Unverständliches in einem gurgelnden, stolpernden Bass hervor, dass dem Käufer die Lust weiter zu fragen verging und er abgeschreckt seinen Weg fortsetzte.

Der Blick des Aaron Wassertrum war blitzschnell von meinen Augen abgeglitten und ruhte jetzt mit gespanntem Interesse an den kahlen Mauern, die vom Nebenhaus an mein Fenster stoßen.

Was konnte er dort nur sehen?

Das Haus steht doch mit dem Rücken gegen die Hahnpassgasse, und seine Fenster blicken in den Hof! Nur eines ist in die Straße gekehrt.

Zufällig schienen die Räume, die nebenan in derselben Stockhöhe wie die meinigen liegen – ich glaube, sie gehören zu einem winkligen Atelier – in diesem Moment betreten worden zu sein, denn durch die Mauern hörte ich plötzlich eine männliche und eine weibliche Stimme miteinander reden.

Unmöglich konnte das aber der Trödler von unten aus wahrgenommen haben! –

Vor meiner Tür bewegte sich jemand, und ich erriet: es ist immer noch Rosina, die draußen im Dunkeln steht in begehrlichem Warten, dass ich sie doch vielleicht zu mir hereinrufen wolle.

Und unten, ein halbes Stockwerk tiefer, lauert der blatternarbige, halbwüchsige Loisa auf den Stiegen mit angehaltenem Atem, ob ich die Tür öffnen werde, und ich spüre förmlich den Hauch seines Hasses und seine schäumende Eifersucht bis herauf zu mir.

Er fürchtet sich, näher zu kommen und von Rosina bemerkt zu werden. Er weiß sich von ihr abhängig wie ein hungriger Wolf von seinem Wärter und möchte doch am liebsten aufspringen und besinnungslos seiner Wut die Zügel schießen lassen! –

Ich setzte mich an meinen Arbeitstisch und suchte meine Pinzetten und Stichel hervor.

Aber ich konnte nichts fertigbringen und meine Hand war nicht ruhig genug, die feinen japanischen Gravierungen auszubessern.

Das trübe, düstere Leben, das an diesem Hause hängt, lässt mein Gemüt nicht still werden, und immer tauchen alte Bilder in mir auf.

Loisa und sein Zwillingsbruder Jaromir sind wohl kaum ein Jahr älter als Rosina.

An ihren Vater, der Hostienbäcker gewesen, konnte ich mich kaum mehr erinnern, und jetzt sorgt für sie, glaube ich, ein altes Weib.

Ich wusste nur nicht, welche es war unter den vielen, die versteckt im Hause wohnen wie Kröten in ihrem Schlupfwinkel.

Sie sorgt für die beiden Jungen, das heißt, sie gewährt ihnen Unterkunft; dafür müssen sie ihr abliefern, was sie gelegentlich stehlen oder erbetteln. –

Ob sie ihnen wohl auch zu essen gibt? Ich konnte es mir nicht denken, denn erst spät abends kommt die Alte heim.

Leichenwäscherin soll sie sein.

Loisa, Jaromir und Rosina sah ich, als sie noch Kinder waren, oft harmlos im Hof zu dritt spielen.

Die Zeit aber ist lang vorbei.

Den ganzen Tag ist Loisa jetzt hinter dem rothaarigen Judenmädel her.

Zuweilen sucht er sie lange umsonst, und wenn er sie nirgends finden kann, dann schleicht er sich vor meine Tür und wartet mit verzerrtem Gesicht, dass sie heimlich hierher komme.

Da sehe ich ihn, wenn ich bei meiner Arbeit sitze, im Geiste draußen in dem winkligen Gang lauern, den Kopf mit dem ausgemergelten Genick horchend vorgebeugt.

Manchmal bricht dann durch die Stille plötzlich ein wilder Lärm.

Jaromir, der taubstumm ist, und dessen ganzes Denken eine ununterbrochene wahnsinnige Gier nach Rosina erfüllt, irrt wie ein wildes Tier im Haus umher, und sein unartikuliertes heulendes Gebell, das er, vor Eifersucht und Argwohn halb von Sinnen, ausstößt, klingt so schauerlich, dass einem das Blut in den Adern stockt.

Er sucht die beiden, die er stets beieinander vermutet – irgendwo in einem der tausend schmutzigen Schlupfwinkel versteckt – in blinder Raserei, immer von dem Gedanken gepeitscht, seinem Bruder auf den Fersen sein zu müssen, dass nichts mit Rosina vorgehe, von dem er nicht wisse.

Und gerade diese unaufhörliche Qual des Krüppels ist, ahnte ich, das Reizmittel, das Rosina antreibt, sich stets von neuem mit dem andern einzulassen.

Wird ihre Neigung oder Bereitwilligkeit schwächer, so ersinnt Loisa immer wieder besondere Scheußlichkeiten, um Rosinas Gier von neuem zu entfachen.

Da lassen sie sich scheinbar oder wirklich von dem Taubstummen ertappen und locken den Rasenden heimtückisch hinter sich her in dunkle Gänge, wo sie aus rostigen Fassreifen, die in die Höhe schnellen, wenn man auf sie tritt, und eisernen Rechen – mit den Spitzen nach oben gekehrt – bösartige Fallen errichtet haben, in die er stürzen muss und sich blutig fällt.

Von Zeit zu Zeit denkt sich Rosina, um die Folter aufs Äußerste anzuspannen, auf eigene Faust etwas Höllisches aus.

Dann ändert sie mit einem Schlag ihr Benehmen gegenüber Jaromir und tut, als fände sie plötzlich Gefallen an ihm.

Mit ihrer ewig lächelnden Miene teilt sie dem Krüppel hastig Dinge mit, die ihn in eine fast irrsinnige Erregung versetzen, und sie hat sich dazu eine geheimnisvoll scheinende, nur halbverständliche Zeichensprache ersonnen, die den Taubstummen rettungslos in ein unentwirrbares Netz von Ungewissheit und verzehrenden Hoffnungen verstricken muss. –

Einmal sah ich ihn im Hof vor ihr stehen, und sie sprach mit so heftigen Lippenbewegungen und Gestikulationen auf ihn ein, dass ich glaubte, jeden Augenblick würde er in wilder Aufregung zusammenbrechen.

Der Schweiß lief ihm übers Gesicht vor übermenschlicher Anstrengung, den Sinn der absichtlich so unklaren, hastigen Mitteilungen zu erfassen.

Und den ganzen folgenden Tag lauerte er dann fiebernd in Erwartung auf den finsteren Stiegen eines halb versunkenen Hauses, das in der Fortsetzung der engen, schmutzigen Hahnpassgasse liegt, – bis er die Zeit versäumt hatte, sich an den Ecken ein paar Kreuzer zu erbetteln.

Und als er spät abends halb tot vor Hunger und Aufregung heim wollte, hatte ihn die Pflegemutter längst ausgesperrt. –

Ein fröhliches Frauenlachen drang aus dem anstoßenden Atelier durch die Mauern herüber zu mir.

Ein Lachen? – In diesen Häusern ein fröhliches Lachen? Im ganzen Ghetto wohnt niemand, der fröhlich lachen könnte.

Da fiel mir ein, dass mir vor einigen Tagen der alte Marionettenspieler Zwakh anvertraute, ein junger, vornehmer Herr hätte ihm das Atelier teuer abgemietet – offenbar, um mit der Erwählten seines Herzens unbelauscht zusammenkommen zu können.

Nach und nach, jede Nacht, müssten nun, damit niemand im Haus etwas merke, die kostbaren Möbel des neuen Mieters heimlich Stück für Stück hinaufgeschafft werden.

Der gutmütige Alte hatte sich vor Vergnügen die Hände gerieben, als er es mir erzählte, und sich kindlich gefreut, wie er alles so geschickt angefangen habe: keiner der Mitbewohner könne auch nur eine Ahnung von dem romantischen Liebespaar haben.

Und von drei Häusern aus sei es möglich, unauffällig in das Atelier zu gelangen. – Sogar durch eine Falltüre gäbe es einen Zugang!

Ja, wenn man die eiserne Tür des Bodenraums aufklinke, – und das sei von drüben aus sehr leicht, – könne man an meiner Kammer, vorbei zu den Stiegen unseres Hauses gelangen und diese als Ausgang benützen ...

Wieder klingt das fröhliche Lachen herüber und lässt in mir die undeutliche Erinnerung an eine luxuriöse Wohnung und an eine adlige Familie auftauchen, zu der ich oft gerufen wurde, um an kostbaren Altertümern kleine Ausbesserungen vorzunehmen. –

Plötzlich höre ich nebenan einen gellenden Schrei. Ich horche erschreckt.

Die eiserne Bodentür klirrt heftig, und im nächsten Augenblick stürzt eine Dame in mein Zimmer.

Mit aufgelöstem Haar, weiß wie die Wand, einen goldenen Brokatstoff über die bloßen Schultern geworfen.

»Meister Pernath, verbergen Sie mich, – um Gottes Christi willen! – fragen Sie nicht, verbergen Sie mich hier!«

Ehe ich noch antworten konnte, wurde meine Tür abermals aufgerissen und sofort wieder zugeschlagen. –

Eine Sekunde lang hatte das Gesicht des Trödlers Aaron Wassertrum wie eine scheußliche Maske hereingegrinst. – – –

Ein runder, leuchtender Fleck taucht vor mir auf, und im Schein des Mondlichtes erkenne ich wiederum das Fußende meines Bettes.

Noch liegt der Schlaf auf mir wie ein schwerer, wolliger Mantel und der Name Pernath steht in goldenen Buchstaben vor meiner Erinnerung.

Wo nur habe ich diesen Namen gelesen? – Athanasius Pernath?

Ich glaube, ich glaube vor langer, langer Zeit habe ich einmal irgendwo meinen Hut verwechselt, und ich wunderte mich damals, dass er mir so genau passe, wo ich doch eine höchst eigentümliche Kopfform habe.

Und ich sah in den fremden Hut hinein – damals und – – ja, ja, dort hatte es gestanden in goldenen Papierbuchstaben auf dem weißen Futter:

ATHANASIUS PERNATH.

Ich hatte mich vor dem Hut gescheut und gefürchtet, ich wusste nicht warum.

Da fährt plötzlich die Stimme, die ich vergessen hatte, und die immer von mir wissen wollte, wo der Stein ist, der wie Fett ausgesehen habe, auf mich los wie ein Pfeil. – Schnell male ich mir das scharfe, süßlich grinsende Profil der roten Rosina aus, und es gelingt mir auf diese Weise, dem Pfeil auszuweichen, der sich sogleich in der Finsternis verliert. – Ja, das Gesicht der Rosina! Das ist doch noch stärker als die stumpfsinnige plappernde Stimme; und gar, wo ich jetzt gleich wieder in meinem Zimmer in der Hahnpassgasse geborgen sein werde, kann ich ganz ruhig sein.

I

Wenn ich mich nicht getäuscht habe in der Empfindung, dass jemand in einem gewissen, gleichbleibenden Abstand hinter mir die Treppe heraufkommt, in der Absicht, mich zu besuchen, so muss er jetzt ungefähr auf dem letzten Stiegenabsatz stehen.

Jetzt biegt er um die Ecke, wo der Archivar Schemajah Hillel seine Wohnung hat, und kommt von den ausgetretenen Steinfliesen auf den Flur des oberen Stockwerkes, der mit roten Ziegeln ausgelegt ist.

Nun tastet er sich an der Wand entlang, und jetzt, gerade jetzt, muss er, mühsam im Finstern buchstabierend, meinen Namen auf dem Türschild lesen.

Und ich stellte mich aufrecht in die Mitte des Zimmers und blickte zum Eingang.

Da öffnete sich die Türe, und er trat ein.

Nur wenige Schritte machte er auf mich zu und nahm weder den Hut ab, noch sagte er ein Wort der Begrüßung.

So benimmt er sich, wenn er zu Hause ist, fühlte ich, und ich fand es ganz selbstverständlich, dass er so und nicht anders handelte.

Er griff in die Tasche und nahm ein Buch heraus.

Dann blätterte er lange darin herum.

Der Umschlag des Buches war aus Metall, und die Vertiefungen in Form von Rosetten und Siegeln waren mit Farbe und kleinen Steinen ausgefüllt.

Endlich hatte er die Stelle gefunden, die er suchte, und deutete darauf.

Das Kapitel hieß »Ibbur«, »die Seelenschwängerung«, entzifferte ich.

Das große, in Gold und Rot ausgeführte Initial »I« nahm fast die Hälfte der ganzen Seite ein, die ich unwillkürlich überflog, und war am Rande verletzt.

Ich sollte es ausbessern.

Das Initial war nicht auf das Pergament geklebt, wie ich es bisher in alten Büchern gesehen, schien vielmehr aus zwei Platten dünnen Goldes zu bestehen, die im Mittelpunkt zusammengelötet waren und mit den Enden um die Ränder des Pergaments griffen.

Also musste, wo der Buchstabe stand, ein Loch in das Blatt geschnitten sein?

Wenn das der Fall war, musste auf der nächsten Seite das »I« verkehrt stehen?

Ich blätterte um und fand meine Annahme bestätigt.

Unwillkürlich las ich auch diese Seite durch und die gegenüberliegende.

Und ich las weiter und weiter.

Das Buch sprach zu mir, wie der Traum spricht, klarer nur und viel deutlicher. Und es rührte mein Herz an wie eine Frage.

Worte strömten aus einem unsichtbaren Mund, wurden lebendig und kamen auf mich zu. Sie drehten sich und wandten sich vor mir wie buntgekleidete Sklavinnen, sanken dann in den Boden oder verschwanden wie schillernder Dunst in der Luft und gaben der nächsten Raum. Jede hoffte eine kleine Weile, dass ich sie erwählen würde und auf den Anblick der Kommenden verzichten. – Manche waren unter ihnen, die gingen prunkend einher wie Pfauen, in schimmernden Gewändern, und ihre Schritte waren langsam und gemessen.

Manche wie Königinnen, doch gealtert und verlebt, die Augenlider gefärbt, – mit dirnenhaftem Zug um den Mund und die Runzeln mit hässlicher Schminke verdeckt.

Ich sah an ihnen vorbei und nach den Kommenden, und mein Blick glitt über lange Züge grauer Gestalten mit Gesichtern, so gewöhnlich und ausdrucksarm, dass es unmöglich schien, sie dem Gedächtnis einzuprägen.

Dann brachten sie ein Weib geschleppt, das war splitternackt und riesenhaft wie ein Erzkoloss.

Eine Sekunde blieb das Weib vor mir stehen und beugte sich nieder zu mir.

Ihre Wimpern waren so lang wie mein ganzer Körper, und sie deutete stumm auf den Puls ihrer linken Hand.

Der schlug wie ein Erdbeben, und ich fühlte, es war das Leben einer ganzen Welt in ihr.

Aus der Ferne raste ein Korybantenzug heran.

Ein Mann und ein Weib umschlangen sich. Ich sah sie von weitem kommen, und immer näher brauste der Zug.

Jetzt hörte ich den hallenden Gesang der Verzückten dicht vor mir, und meine Augen suchten das verschlungene Paar.

Das aber hatte sich verwandelt in eine einzige Gestalt und saß, halb männlich, halb weiblich, – ein Hermaphrodit – auf einem Thron von Perlmutter.

Und die Krone des Hermaphroditen endete in einem Brett aus rotem Holz; darein hatte der Wurm der Zerstörung geheimnisvolle Runen genagt.

In einer Staubwolke kam eilig hinterdrein getrappelt eine Herde kleiner, blinder Schafe: die Futtertiere, die der gigantische Zwitter in seinem Gefolge führte, seine Korybantenschar am Leben zu erhalten.

Zuweilen waren unter den Gestalten, die aus dem unsichtbaren Mund strömten, etliche, die kamen aus Gräbern, – Tücher vor dem Gesicht.

Und blieben sie vor mir stehen, ließen sie plötzlich ihre Hüllen fallen und starrten mit Raubtieraugen hungrig auf mein Herz, dass ein eisiger Schreck mir ins Hirn fuhr und sich mein Blut zurückstaute wie ein Strom, in den Felsblöcke vom Himmel herniedergefallen sind – plötzlich und mitten in sein Bett. –

Eine Frau schwebte an mir vorbei. Ich sah ihr Antlitz nicht, sie wandte es ab, und sie trug einen Mantel aus fließenden Tränen. –

Maskenzüge tanzten vorüber, lachten und kümmerten sich nicht um mich.

Nur ein Pierrot sieht sich nachdenklich um nach mir und kehrt zurück. Pflanzt sich vor mich hin und blickt in mein Gesicht hinein, als sei es ein Spiegel.

Er schneidet so seltsame Grimassen, hebt und bewegt seine Arme, bald zögernd, bald blitzschnell, dass sich meiner ein gespenstischer Trieb bemächtigt ihn nachzuahmen, mit den Augen zu zwinkern, mit den Achseln zu zucken und die Mundwinkel zu verziehen.

Da stoßen ihn ungeduldig nachdrängende Gestalten zur Seite, die alle vor meine Blicke wollen.

Doch keines der Wesen hat Bestand.

Gleitende Perlen sind sie, auf eine Seidenschnur gereiht, die einzelnen Töne nur einer Melodie, die dem unsichtbaren Mund entströmen.

Das war kein Buch mehr, das zu mir sprach. Das war eine Stimme. Eine Stimme, die etwas von mir wollte, was ich nicht begriff; wie sehr ich mich auch abmühte. Die mich quälte mit brennenden, unverständlichen Fragen.

Die Stimme aber, die diese sichtbaren Worte redete, war abgestorben und ohne Widerhall.

Jeder Laut, der in der Welt der Gegenwart erklingt, hat viele Echos, wie jegliches Ding einen großen Schatten hat und viele kleine Schatten, doch diese Stimme hatte keine Echos mehr, – lange, lange schon sind sie wohl verweht und verklungen. –

Und bis zu Ende hatte ich das Buch gelesen und hielt es noch in den Händen, da war mir, als hätte ich suchend in meinem Gehirn geblättert und nicht in einem Buch!

Alles, was mir die Stimme gesagt, hatte ich, seit ich lebte, in mir getragen, nur verdeckt war es gewesen und vergessen und hatte sich vor meinem Denken versteckt gehalten bis auf den heutigen Tag. – – – – – – – –

Ich blickte auf.

Wo war der Mann, der mir das Buch gebracht hatte?

Fortgegangen!?

Wird er es holen, wenn es fertig ist?

Oder sollte ich es ihm bringen?

Aber ich konnte mich nicht erinnern, dass er gesagt hätte, wo er wohne.

Ich wollte mir seine Erscheinung ins Gedächtnis zurückrufen, doch es misslang.

Wie war er nur gekleidet gewesen? War er alt, war er jung? – Und welche Farben hatten sein Haar und sein Bart gehabt?

Nichts, gar nichts mehr konnte ich mir vorstellen. – – – Alle Bilder, die ich mir von ihm schuf, zerrannen haltlos, noch ehe ich sie im Geist zusammenzusetzen vermochte.

Ich schloss die Augen und presste die Hand auf die Lider, um einen winzigen Teil nur seines Bildnisses zu erhaschen.

Nichts, nichts.

Ich stellte mich hin, mitten ins Zimmer, und blickte auf die Tür, wie ich es getan – vorhin, als er gekommen war, und malte mir aus: Jetzt biegt er um die Ecke, jetzt schreitet er über den Ziegelsteinboden, liest jetzt draußen mein Türschild »Athanasius Pernath« und jetzt tritt er herein.

Vergebens.

Nicht die leiseste Spur einer Erinnerung, wie seine Gestalt ausgesehen, wollte in mir erwachen.

Ich sah das Buch auf dem Tisch liegen und wünschte mir im Geiste die Hand dazu, die es aus der Tasche gezogen und mir gereicht hatte.

Nicht einmal, ob sie einen Handschuh getragen, ob sie entblößt gewesen, ob jung oder runzlig, mit Ringen geschmückt oder nicht, konnte ich mich entsinnen.

Da kam mir ein seltsamer Einfall.

Wie eine Eingebung war es, der man nicht widerstehen darf.

Ich zog meinen Mantel an, setzte meinen Hut auf und ging hinaus auf den Gang und die Treppen hinab. Dann kam ich langsam wieder zurück in mein Zimmer.

Langsam, ganz langsam, so wie er, als er gekommen war. Und als ich die Tür öffnete, da sah ich, dass meine Kammer voll Dämmerung lag. War es denn nicht heller Tag noch gewesen, als ich soeben hinausging?

Wie lange musste ich da gegrübelt haben, dass ich nicht bemerkte, wie spät es ist! Und ich versuchte den Unbekannten nachzuahmen in Gang und Mienen und konnte mich an sie doch gar nicht erinnern. –

Wie sollte es mir auch glücken, ihn nachzuahmen, wenn ich keinen Anhaltspunkt mehr hatte, wie er ausgesehen haben mochte.

Aber es kam anders. Ganz anders, als ich dachte.

Meine Haut, meine Muskeln, mein Körper erinnerten sich plötzlich, ohne es dem Gehirn zu verraten. Sie machten Bewegungen, die ich nicht wünschte und nicht beabsichtigte.

Als ob meine Glieder nicht mehr mir gehörten!

Mit einem Male war mein Gang tappend und fremdartig geworden, als ich ein paar Schritte im Zimmer machte.

Das ist der Gang eines Menschen, der beständig im Begriff ist, vornüber zu fallen, sagte ich mir.

Ja, ja, ja, so war sein Gang!

Ganz deutlich wusste ich: So ist er.

Ich trug ein fremdes, bartloses Gesicht mit hervorstehenden Backenknochen und schaute aus schrägstehenden Augen.

Ich fühlte es und konnte mich doch nicht sehen.

Das ist nicht mein Gesicht, wollte ich entsetzt aufschreien, wollte es betasten, doch meine Hand folgte meinem Willen nicht und senkte sich in die Tasche und holte ein Buch hervor.

Ganz so, wie er es vorhin getan hatte. –

Da plötzlich sitze ich wieder ohne Hut, ohne Mantel, am Tisch und bin ich. Ich, ich: Athanasius Pernath.

Grausen und Entsetzen schüttelten mich, mein Herz raste zum Zerspringen, und ich fühlte: Gespenstische Finger, die soeben noch in meinem Gehirn herumgetastet, haben von mir abgelassen.

Noch spürte ich im Hinterkopf die kalten Spuren ihrer Berührung. –

Nun wusste ich, wie der Fremde war, und ich hätte ihn wieder in mir fühlen können – jeden Augenblick –, wenn ich nur gewollt hätte; aber sein Bild mir vorzustellen, dass ich es vor mir sehen würde Auge in Auge – das vermochte ich noch immer nicht und werde es auch nie können.

Es ist wie ein Negativ, eine unsichtbare Hohlform, erkannte ich, deren Linien ich nicht erfassen kann – in die ich selber hineinschlüpfen muss, wenn ich mir ihrer Gestalt und ihres Ausdrucks im eigenen Ich bewusst werden will – – –

In der Schublade meines Tisches stand eine eiserne Kassette; – in diese wollte ich das Buch sperren und erst, wenn der Zustand der geistigen Krankheit von mir gewichen sein würde, wollte ich es wieder hervorholen und an die Ausbesserung des zerbrochenen Initialen »I« gehen.

Und ich nahm das Buch vom Tisch.

Da war mir, als hätte ich es gar nicht angefasst; ich griff die Kassette an: Dasselbe Gefühl. Als müsste das Tastempfinden eine lange, lange Strecke voll tiefer Dunkelheit durchlaufen, ehe es in meinem Bewusstsein mündete, als seien die Dinge durch eine jahresgroße Zeitschicht von mir entfernt und gehörten einer Vergangenheit an, die längst an mir vorübergezogen! –

Die Stimme, die nach mir suchend in der Finsternis kreist, um mich mit dem fettigen Stein zu quälen, ist an mir vorbeigekommen und hat mich nicht gesehen. Und ich weiß, dass sie aus dem Reich des Schlafes stammt. Aber was ich erlebt, das war wirkliches Leben, – darum konnte sie mich nicht sehen und sucht vergeblich nach mir, fühle ich.

Prag

Neben mir stand der Student Charousek, den Kragen seines dünnen, fadenscheinigen Überziehers aufgeschlagen, und ich hörte, wie ihm vor Kälte die Zähne aufeinanderschlugen.

Er kann sich den Tod holen in diesem zugigen, eisigen Torbogen, sagte ich mir, und ich forderte ihn auf, mit hinüber in meine Wohnung zu kommen.

Er aber lehnte ab.

»Ich danke Ihnen, Meister Pernath«, murmelte er fröstelnd, »leider habe ich nicht mehr so viel Zeit übrig; – ich muss eilends in die Stadt. – Auch würden wir bis auf die Haut nass, wenn wir jetzt auf die Gasse treten wollten – schon nach wenigen Schritten! – – Der Platzregen will nicht schwächer werden!«

Die Wasserschauer fegten über die Dächer hin und liefen an den Gesichtern der Häuser herunter wie ein Tränenstrom.

Wenn ich den Kopf ein wenig vorbog, konnte ich da drüben im vierten Stock mein Fenster sehen, das, vom Regen überrieselt, aussah, als seien seine Scheiben aufgeweicht, – undurchsichtig und höckerig geworden wie Hausenblase.

Ein gelber Schmutzbach floss die Gasse herab, und der Torbogen füllte sich mit Vorübergehenden, die alle das Nachlassen des Unwetters abwarten wollten.

»Dort schwimmt ein Brautbukett«, sagte plötzlich Charousek und deutete auf einen Strauß aus welken Myrten, der in dem Schmutzwasser vorbeigetrieben kam.

Darüber lachte jemand hinter uns laut auf. – Als ich mich umdrehte, sah ich, dass es ein alter, vornehm gekleideter Herr mit weißem Haar und einem aufgedunsenen, krötenartigen Gesicht gewesen war. – Charousek blickte ebenfalls einen Augenblick zurück und brummte etwas vor sich hin.

Unangenehmes ging von dem Alten aus; – ich wandte meine Aufmerksamkeit von ihm ab und musterte die missfarbigen Häuser, die da vor meinen Augen wie verdrossene alte Tiere im Regen nebeneinander hockten.

Wie unheimlich und verkommen sie alle aussahen! – – Ohne Überlegung hingebaut standen sie da, wie Unkraut, das aus dem Boden dringt.

An eine niedrige, gelbe Steinmauer, den einzigen standhaltenden Überrest eines früheren, langgestreckten Gebäudes, hat man sie angelehnt – vor zwei, drei Jahrhunderten, wie es eben kam, ohne Rücksicht auf die übrigen zu nehmen. Dort ein halbes, schiefwinkliges Haus mit zurückspringender Stirn; – ein anderes daneben, vorstehend wie ein Eckzahn.

Unter dem trüben Himmel sahen sie aus, als lägen sie im Schlaf, und man spürte nichts von dem tückischen, feindseligen Leben, das zuweilen von ihnen ausstrahlt, wenn der Nebel der Herbstabende in den Gassen liegt und ihr leises, kaum merkliches Mienenspiel verbergen hilft.

In dem Menschenalter, das ich nun hier wohne, hat sich der Eindruck in mir festgesetzt, den ich nicht loswerden kann, als ob es gewisse Stunden des Nachts und im frühesten Morgengrauen für sie gäbe, wo sie erregt eine lautlose, geheimnisvolle Beratung pflegen. Und manchmal fährt da ein schwaches Beben durch ihre Mauern, das sich nicht erklären lässt, Geräusche laufen über ihre Dächer und fallen in den Regenrinnen nieder, – und wir nehmen sie mit stumpfen Sinnen achtlos hin, ohne nach ihrer Ursache zu forschen.

Oft träumte mir, ich hätte diese Häuser belauscht in ihrem spukhaften Treiben und mit angstvollem Staunen erfahren, dass sie die heimlichen, eigentlichen Herren der Gasse seien, sich ihres Lebens und Fühlens entäußern und es wieder an sich ziehen können, – es tagsüber den Bewohnern, die hier hausen, borgen, um es in kommender Nacht mit Wucherzinsen wieder zurückzufordern.

Und lasse ich die seltsamen Menschen, die in ihnen wohnen wie Schemen, wie Wesen – nicht von Müttern geboren, – die in ihrem Denken und Tun wie aus Stücken wahllos zusammengefügt scheinen, im Geist an mir vorüberziehen, so bin ich mehr denn je geneigt zu glauben, dass solche Träume in sich dunkle Wahrheiten bergen, die mir im Wachsein nur noch wie Eindrücke von farbigen Märchen in der Seele fortglimmen.

Dann wacht in mir heimlich die Sage von dem gespenstischen Golem, jenem künstlichen Menschen, wieder auf, den einst hier im Ghetto ein kabbalakundiger Rabbiner aus dem Element formte und ihn zu einem gedankenlosen automatischen Dasein berief, indem er ihm ein magisches Zahlenwort hinter die Zähne schob.

Und wie jener Golem zu einem Lehmbild in derselben Sekunde erstarrte, in der die geheime Silbe des Lebens aus seinem Mund genommen ward, so müssten auch, dünkt mich, alle diese Menschen entseelt in einem Augenblick zusammenfallen, löschte man irgendeinen winzigen Begriff, ein nebensächliches Streben, vielleicht eine zwecklose Gewohnheit bei dem einen, bei einem andern gar nur ein dumpfes

Warten auf etwas gänzlich Unbestimmtes, Haltloses – in ihrem Hirn aus.

Was ist dabei für ein immerwährendes, schreckhaftes Lauern in diesen Geschöpfen!

Niemals sieht man sie arbeiten, diese Menschen, und dennoch sind sie früh beim ersten Leuchten des Morgens wach und warten mit angehaltenem Atem – wie auf ein Opfer, das doch nie kommt.

Und hat es wirklich einmal den Anschein, als träte jemand in ihren Bereich, irgendein Wehrloser, an dem sie sich bereichern könnten, dann fällt plötzlich eine lähmende Angst über sie her, scheucht sie in ihre Winkel zurück und lässt sie von jeglichem Vorhaben zitternd abstehen.

Niemand scheint schwach genug, dass ihnen noch so viel Mut bliebe, sich seiner zu bemächtigen. – »Entartete, zahnlose Raubtiere, von denen die Kraft und die Waffe genommen ist«, sagte Charousek zögernd und sah mich an. – – –

Wie konnte er wissen, woran ich dachte? – So stark facht man zuweilen seine Gedanken an, dass sie imstande sind, auf das Gehirn des Nebenstehenden überzuspringen wie sprühende Funken, fühlte ich. » – – – wovon sie nur leben mögen?« fragte ich nach einer Weile.

»Leben? Wovon? Mancher unter ihnen ist ein Millionär!«

Ich blickte Charousek an. Was konnte er damit meinen!

Der Student aber schwieg und sah nach den Wolken.

Für einen Augenblick hatte das Stimmengemurmel in dem Torbogen gestockt, und man hörte bloß das Zischen des Regens.

Was er nur damit sagen will: »Mancher unter ihnen ist ein Millionär!?«

Wieder war es, als hätte Charousek meine Gedanken erraten.

Er wies auf den Trödlerladen neben uns, an dem das Wasser den Rost des Eisengerümpels in fließenden, braunroten Pfützen vorbeispülte.

»Aaron Wassertrum! Er zum Beispiel ist Millionär, – fast ein Drittel der Judenstadt ist sein Besitz. Wissen Sie es denn nicht, Herr Pernath?!«

Mir blieb förmlich der Atem im Mund stecken. »Aaron Wassertrum! Der Trödler Aaron Wassertrum Millionär?!«

»Oh, ich kenne ihn genau«, fuhr Charousek verbissen fort, und als hätte er nur darauf gewartet, dass ich ihn frage. »Ich kannte auch seinen Sohn, den *Dr.* Wassory. Haben Sie nie von ihm gehört? Von *Dr.* Wassory, dem – berühmten – Augenarzt? – Vor einem Jahr noch hat die ganze Stadt begeistert von ihm gesprochen, – – von dem großen – Gelehrten. Niemand wusste damals, dass er seinen Namen abgelegt und früher Wassertrum geheißen hat. – Er spielte sich gerne auf als den weltabgewandten Mann der Wissenschaft, und wenn einmal auf Herkunft die Rede kam, warf er bescheiden und tiefbewegt so mit halben Worten hin, dass sein Vater noch aus dem Ghetto stamme, – sich aus den niedrigsten Anfängen heraus unter Kummer aller Art und unsäglichen Sorgen empor ans Licht habe arbeiten müssen.

Ja! Unter Kummer und Sorgen!

Unter wessen Kummer und unsäglichen Sorgen aber und mit welchen Mitteln, das hat er nicht dazu gesagt!

Ich aber weiß, was es mit dem Ghetto für eine Bewandtnis hat!« Charousek fasste meinen Arm und schüttelte ihn heftig.

»Meister Pernath, ich bin so arm, dass ich es selbst kaum mehr begreife; ich muss halbnackt gehen wie ein Vagabund, sehen Sie her, und ich bin doch Student der Medizin, – bin doch ein gebildeter Mensch!«

Er riss seinen Überzieher auf und ich sah zu meinem Entsetzen, dass er weder Hemd noch Rock anhatte und den Mantel über der nackten Haut trug.

»Und so arm war ich bereits, als ich diese Bestie, diesen allmächtigen, angesehenen *Dr.* Wassory zu Fall brachte, – und noch heute ahnt keiner, dass ich, ich der eigentliche Urheber war.

Man meint in der Stadt, ein gewisser *Dr.* Savioli sei es gewesen, der seine Praktiken ans Tageslicht gezogen und ihn dann zum Selbstmord getrieben hat. – *Dr.* Savioli war nichts als mein Werkzeug! sage ich Ihnen. Ich allein habe den Plan erdacht und das Material zusammengetragen, habe die Beweise geliefert und leise und unmerklich Stein um Stein in dem Gebäude *Dr.* Wassorys gelockert, bis der Zustand erreicht war, wo kein Geld der Erde, keine List des Ghettos mehr vermocht hätten, den Zusammenbruch, zu dem es nur noch eines unmerklichen Anstoßes bedurfte, abzuwenden.

Wissen Sie, so – so wie man Schach spielt.

Gerade so wie man Schach spielt.

Und niemand weiß, dass ich es war!

Den Trödler Aaron Wassertrum, den lässt wohl manchmal eine furchtbare Ahnung nicht schlafen, dass einer, den er nicht kennt, der immer in seiner Nähe ist und den er doch nicht fassen kann, – ein anderer als *Dr.* Savioli – die Hand im Spiel gehabt haben müsse.

Wiewohl Wassertrum einer von jenen ist, deren Augen durch Mauern zu schauen vermögen, so fasst er es doch nicht, dass es Gehirne gibt, die auszurechnen imstande sind, wie man mit langen, unsichtbaren, vergifteten Nadeln durch solche Mauern stechen kann, an Quadern, an Gold und Edelsteinen vorbei, um die verborgene Lebensader zu treffen.«

Und Charousek schlug sich vor die Stirn und lachte wild.

»Aaron Wassertrum wird es bald erfahren; genau an dem Tage, an dem er *Dr.* Savioli an den Hals will! Genau an demselben Tag!

Auch diese Schachpartie habe ich ausgerechnet bis zum letzten Zug. – Diesmal wird es ein Königsläufergambit sein. Da gibt es keinen einzigen Zug bis zum bittern Ende, gegen den ich nicht eine verderbliche Entgegnung wüsste.

Wer sich mit mir in ein solches Königsläufergambit einlässt, der hängt in der Luft, sage ich Ihnen, wie eine hilflose Marionette an feinen Fäden, – an Fäden, die ich zupfe, – hören Sie wohl, die ich zupfe, und mit dessen freiem Willen ist's dahin.«

Der Student redete wie im Fieber, und ich sah ihm entsetzt ins Gesicht.

»Was haben Ihnen Wassertrum und sein Sohn denn getan, dass Sie so voll Hass sind?«

Charousek wehrte heftig ab: »Lassen wir das – fragen Sie lieber, was *Dr.* Wassory den Hals gebrochen hat! – Oder wünschen Sie, dass wir ein anderes Mal darüber sprechen? – Der Regen hat nachgelassen. Vielleicht wollen Sie nach Hause gehen?«

Er senkte seine Stimme, wie jemand, der plötzlich ganz ruhig wird. Ich schüttelte den Kopf.

»Haben Sie jemals gehört, wie man heutzutage den grünen Star heilt? – Nicht? – So muss ich Ihnen das deutlich machen, damit Sie alles genau verstehen, Meister Pernath!

Hören Sie zu: Der ›grüne Star‹ also ist eine bösartige Erkrankung des Augeninnern, die mit Erblinden endet, und es gibt nur ein Mittel, dem Fortschreiten des Übels Einhalt zu tun, nämlich die sogenannte Iridektomie, die darin besteht, dass man aus der Regenbogenhaut des Auges ein keilförmiges Stückchen herauszwickt.

Die unvermeidlichen Folgen davon sind gräuliche Blendungserscheinungen, die fürs ganze Leben bleiben; der Prozess des Erblindens jedoch ist meistens aufgehalten. – Mit der Diagnose des grünen Stars hat es aber eine eigene Bewandtnis.

Es gibt nämlich Zeiten, besonders bei Beginn der Krankheit, wo die deutlichsten Symptome scheinbar ganz zurücktreten, und in solchen Fällen darf ein Arzt, obwohl er keine Spur einer Krankheit finden kann, dennoch niemals mit Bestimmtheit sagen, dass sein Vorgänger, der anderer Meinung gewesen, sich notwendigerweise geirrt haben müsse.

Hat aber einmal die erwähnte Iridektomie, die sich natürlich genauso an einem gesunden Auge wie an einem kranken ausführen lässt, stattgefunden, so kann man unmöglich mehr feststellen, ob früher wirklich grüner Star vorgelegen hat oder nicht.

Und auf diese und noch andere Umstände hatte *Dr.* Wassory einen scheußlichen Plan aufgebaut.

Unzählige Male – besonders an Frauen – konstatierte er grünen Star, wo harmlose Sehstörungen vorlagen, nur um zu einer Operation zu kommen, die ihm keine Mühe machte und viel Geld eintrug. Da endlich hatte er vollkommen Wehrlose in der Hand; da gehörte zum Ausplündern auch keine Spur von Mut mehr! Sehen Sie, Meister Pernath, da war das degenerierte Raubtier in jene Lebensbedingungen versetzt, wo es auch ohne Waffe und Kraft seine Opfer zerfleischen konnte.

Ohne etwas aufs Spiel zu setzen! – Begreifen Sie?! Ohne das Geringste wagen zu müssen!

Durch eine Menge fauler Veröffentlichungen in Fachblättern hatte sich *Dr.* Wassory in den Ruf eines hervorragenden Spezialisten zu setzen verstanden und sogar seinen Kollegen, die viel zu arglos und anständig waren, um ihn zu durchschauen, Sand in die Augen zu streuen gewusst.

Ein Strom von Patienten, die alle bei ihm Hilfe suchten, war die natürliche Folge.

Kam nun jemand mit geringfügigen Sehstörungen zu ihm und ließ sich untersuchen, so ging *Dr.* Wassory sofort mit tückischer Planmäßigkeit zu Werke.

Zuerst stellte er das übliche Krankenverhör an, notierte aber geschickt immer nur, um für alle Fälle gedeckt zu sein, jene Antworten, die eine Deutung auf grünen Star zuließen. Und vorsichtig sondierte er, ob nicht schon eine frühere Diagnose vorläge.

Gesprächsweise ließ er einfließen, dass ein dringender Ruf aus dem Ausland behufs wichtiger wissenschaftlicher Maßnahmen an ihn ergangen sei und er daher schon morgen verreisen müsse. –

Bei der Augenspiegelung mit elektrischen Lichtstrahlen, die er sodann vornahm, bereitete er dem Kranken absichtlich so viel Schmerzen wie möglich.

Alles mit Vorbedacht! Alles mit Vorbedacht!

Wenn das Verhör vorüber und die übliche bange Frage des Patienten, ob Grund zur Befürchtung vorhanden sei, erfolgt war, da tat Wassory seinen ersten Schachzug. Er setzte sich dem Kranken gegenüber, ließ eine Minute verstreichen und sprach dann gemessen und mit sonorer Stimme den Satz: »Erblindung beider Augen ist bereits in der allernächsten Zeit wohl unvermeidlich!« – – – – – – – – – – – –

Die Szene, die naturgemäß folgte, war entsetzlich. Oft fielen die Leute in Ohnmacht, weinten und schrien und warfen sich in wilder Verzweiflung zu Boden.

Das Augenlicht verlieren, heißt alles verlieren.

Und wenn der wiederum übliche Moment eintrat, wo das arme Opfer die Knie *Dr.* Wassorys umklammerte und flehte, ob es denn auf Gottes Erde gar keine Hilfe mehr gäbe, da tat die Bestie den zweiten Schachzug und verwandelte sich selbst in jenen – Gott, der helfen konnte!

Alles, alles in der Welt ist wie ein Schachzug, Meister Pernath! –

Schleunigste Operation, sagte *Dr.* Wassory dann nachdenklich, sei das einzige, was vielleicht Rettung bringen könne, und mit einer wilden, gierigen Eitelkeit, die plötzlich über ihn kam, erging er sich mit einem Redeschwall in weitschweifigem Ausmalen dieses und jenes Falles, die alle mit dem vorliegenden eine ungemein große Ähnlichkeit gehabt hätten, – wie unzählige Kranke ihm allein die Erhaltung des Augenlichts verdankten und dergleichen mehr.

Er schwelgte förmlich in dem Gefühl, für eine Art höheren Wesens gehalten zu werden, in dessen Hände das Wohl und Wehe seines Mitmenschen gelegt ist.

Das hilflose Opfer aber saß, das Herz voll brennender Fragen, gebrochen vor ihm, Angstschweiß auf der Stirn, und wagte ihm nicht einmal in die Rede zu fallen, aus Furcht, ihn – den einzigen, der noch Hilfe bringen konnte – zu erzürnen.

Und mit den Worten, dass er zur Operation leider erst in einigen Monaten schreiten könne, wenn er von seiner Reise wieder zurück sei, schloss *Dr.* Wassory seine Rede. Hoffentlich – man solle in solchen Fällen immer das Beste hoffen – sei es dann nicht zu spät, sagte er.

Natürlich sprangen dann die Kranken entsetzt auf, erklärten, dass sie unter gar keinen Umständen auch nur einen Tag länger warten wollten, und baten flehentlich um Rat, wer von den andern Augenärzten in der Stadt sonst wohl als Operateur in Betracht käme.

Da war der Augenblick gekommen, wo *Dr.* Wassory den entscheidenden Schlag führte.

Er ging in tiefem Nachdenken auf und ab, legte seine Stirn in Falten des Grams und lispelte schließlich bekümmert, ein Eingriff seitens eines andern Arztes bedinge leider eine abermalige Bespiegelung des Auges mit elektrischem Licht, und das müsse – der Patient wisse ja selbst, wie schmerzhaft es sei – wegen der blendenden Strahlen geradezu verhängnisvoll wirken.

Ein anderer Arzt also, ganz abgesehen davon, dass so manchem von ihnen gerade in der Iridektomie die nötige Übung fehle – dürfe, eben weil er wiederum von neuem untersuchen müsse, gar nicht vor Ablauf längerer Zeit, bis sich die Sehnerven wieder erholt hätten, zu einem chirurgischen Eingriff schreiten.«

Charousek ballte die Fäuste.

»Das nennen wir in der Schachsprache ›Zugzwang‹, lieber Meister Pernath! – – Was weiter folgte, war wiederum Zugzwang, – ein erzwungener Zug nach dem andern.

Halb wahnsinnig vor Verzweiflung beschwor nun der Patient den *Dr.* Wassory, er möge doch Erbarmen haben, einen Tag nur seine Abreise verschieben und die Operation selber vornehmen. – Es handle sich doch um mehr als um schnellen Tod, die grauenhafte, folternde Angst, jeden Augenblick erblinden zu müssen, sei ja das Schrecklichste, was es geben könne.

Und je mehr das Scheusal sich sträubte und jammerte, ein Aufschub seiner Reise könne ihm unabsehbaren Schaden bringen, desto höhere Summen boten freiwillig die Kranken.

Schien schließlich die Summe *Dr.* Wassory hoch genug, gab er nach und fügte bereits am selben Tage, ehe noch ein Zufall seinen Plan aufdecken konnte, den Bedauernswerten an beiden gesunden Augen jenen unheilbaren Schaden zu, jenes immerwährende Gefühl des Geblendetseins, das das Leben zu stetiger Qual gestalten musste, die Spuren des Schurkenstreiches aber ein für allemal verwischte.

Durch solche Operationen an gesunden Augen vermehrte *Dr.* Wassory nicht nur seinen Ruhm und seinen Ruf als unvergleichlicher Arzt, dem es noch jedes Mal gelungen sei, die drohende Erblindung aufzuhalten, – es befriedigte gleichzeitig seine maßlose Geldgier und frönte seiner Eitelkeit, wenn die ahnungslosen, an Körper und Vermögen geschädigten Opfer zu ihm wie zu einem Helfer aufsahen und ihn als Retter priesen.

Nur ein Mensch, der mit allen Fasern im Ghetto und seinen zahllosen, unscheinbaren, jedoch unüberwindlichen Hilfsquellen wurzelte und von Kindheit an gelernt hat, auf der Lauer zu liegen wie eine Spinne, der jeden Menschen in der Stadt kannte und bis ins Kleinste seine Beziehungen und Vermögensverhältnisse erriet und durchschaute, – nur ein solcher – »Halbhellsehender« möchte man es beinahe nennen, – konnte jahrelang derartige Scheußlichkeiten verüben.

Und wäre ich nicht gewesen, bis heute triebe er sein Handwerk noch, würde es bis ins hohe Alter weiterbetrieben haben, um schließlich als ehrwürdiger Patriarch im Kreise seiner Lieben, angetan mit hohen Ehren, künftigen Geschlechtern ein leuchtendes Vorbild, seinen Lebensabend zu genießen, bis – bis endlich auch über ihn das große Verrecken hinweggezogen wäre.

Ich aber wuchs ebenfalls im Ghetto auf, und auch mein Blut ist mit jener Atmosphäre höllischer List gesättigt, und so vermochte ich ihn zu Fall zu bringen, – so wie die Unsichtbaren einen Menschen zu Fall bringen, – wie aus heiterm Himmel heraus ein Blitz trifft.

Dr. Savioli, ein junger deutscher Arzt, hat das Verdienst der Entlarvung, – ihn schob ich vor und häufte Beweis auf Beweis, bis der Tag anbrach, wo der Staatsanwalt seine Hand nach *Dr.* Wassory ausstreckte.

Da beging die Bestie Selbstmord! – Gesegnet sei die Stunde!

Als hätte mein Doppelgänger neben ihm gestanden und ihm die Hand geführt, nahm er sich das Leben mit jener Phiole Amylnitrit, die ich absichtlich in seinem Ordinationszimmer bei der Gelegenheit hatte stehen lassen, als ich selbst ihn einmal verleitet, auch an mir die falsche Diagnose des grünen Stars zu stellen, – absichtlich und mit dem glühenden Wunsch, dass es dieses Amylnitrit sein möchte, das ihm den letzten Stoß geben sollte.

Der Gehirnschlag hätte ihn getroffen, hieß es in der Stadt.

Amylnitrit tötet, eingeatmet, wie Gehirnschlag. Aber lange konnte das Gerücht nicht aufrechterhalten werden.« –

Charousek starrte plötzlich geistesabwesend, als habe er sich in ein tiefes Problem verloren, vor sich hin, dann zuckte er mit der Achsel nach der Richtung, wo Aaron Wassertrums Trödlerladen lag.

»Jetzt ist er allein«, murmelte er, »ganz allein mit seiner Gier und – und – und mit der Wachspuppe!« –

Mir schlug das Herz bis zum Halse. Ich sah Charousek voll Entsetzen an.

War er wahnsinnig? Es mussten Fieberphantasien sein, die ihn diese Dinge erfinden ließen. – Gewiss, gewiss! Er hat alles erfunden, geträumt!

Es kann nicht wahr sein, was er da über den Augenarzt Grauenhaftes erzählt hat. Er ist schwindsüchtig, und die Fieber des Todes kreisen in seinem Hirn.

Und ich wollte ihn mit ein paar scherzenden Worten beruhigen, seine Gedanken in eine freundliche Richtung lenken.

Da fuhr, noch ehe ich die Worte fand, wie ein Blitz in meine Erinnerung das Gesicht Wassertrums mit der gespaltenen Oberlippe, wie es damals in mein Zimmer mit runden Fischaugen durch die aufgerissene Tür hereingeschaut hatte.

Dr. Savioli! *Dr.* Savioli! – Ja, ja, so war auch der Name des jungen Mannes gewesen, den mir der Marionettenspieler Zwakh flüsternd anvertraut als den des vornehmen Zimmerherrn, der von ihm das Atelier gemietet hatte.

Dr. Savioli! – Wie ein Schrei tauchte es in meinem Innern auf. Eine Reihe nebelhafter Bilder zuckte durch meinen Geist, jagte sich mit schreckhaften Vermutungen, die auf mich einstürmten.

Ich wollte Charousek fragen, ihm voll Angst rasch alles erzählen, was ich damals erlebt, da sah ich, dass ein heftiger Hustenanfall sich seiner bemächtigt hatte und ihn fast umwarf. Ich konnte nur noch unterscheiden, wie er, sich mühsam mit den Händen an der Mauer stützend, in den Regen hinaustappte und mir einen flüchtigen Gruß zunickte.

Ja, ja, er hat recht, er sprach nicht im Fieber, – fühlte ich, – das unfassbare Gespenst des Verbrechens ist es, das durch diese Gassen schleicht Tag und Nacht und sich zu verkörpern sucht.

Es liegt in der Luft, und wir sehen es nicht. Plötzlich schlägt es sich nieder in einer Menschenseele, – wir ahnen es nicht, – da, dort, und ehe wir es fassen können, ist es gestaltlos geworden und alles längst vorüber.

Und nur noch dunkle Worte über irgendein entsetzliches Geschehnis kommen an uns heran.

Mit einem Schlag begriff ich diese rätselhaften Geschöpfe, die rings um mich wohnten, in ihrem innersten Wesen: Sie treiben willenlos durchs Dasein von einem unsichtbaren magnetischen Strom belebt – – so, wie vorhin das Brautbukett in dem schmutzigen Rinnsal vorüberschwamm.

Mir war, als starrten die Häuser alle mit tückischen Gesichtern voll namenloser Bosheit zu mir herüber, – die Tore: aufgerissene schwarze Mäuler, aus denen die Zungen ausgefault waren, – Rachen, die jeden Augenblick einen gellenden Schrei ausstoßen konnten, so gellend und hasserfüllt, dass es uns bis ins Innerste erschrecken müsste.

Was hatte zum Schluss noch der Student über den Trödler gesagt? – Ich flüsterte mir seine Worte vor: – Aaron Wassertrum sei jetzt allein mit seiner Gier und – seiner Wachspuppe.

Was kann er nur mit der Wachspuppe gemeint haben? – Es muss ein Gleichnis gewesen sein, beschwichtigte ich mich, – eines jener krankhaften Gleichnisse, mit denen er einen zu überfallen pflegt, die man nicht versteht, und die einen, wenn sie später unerwartet sichtbar werden, so tief erschrecken können wie die Dinge von ungewohnter Form, auf die plötzlich ein greller Lichtstreif fällt.

Ich holte tief Atem, um mich zu beruhigen und den furchtbaren Eindruck, den mir Charouseks Erzählung verursacht hatte, abzuschütteln.

Ich sah die Leute genauer an, die mit mir in dem Hausflur warteten: Neben mir stand jetzt der dicke Alte. Derselbe, der vorhin so widerlich gelacht hatte.

Er hatte einen schwarzen Gehrock an und Handschuhe und starrte mit vorquellenden Augen unverwandt auf den Torbogen des Hauses gegenüber.

Sein glattrasiertes Gesicht mit den breiten, gemeinen Zügen zuckte vor Erregung.

Unwillkürlich folgte ich seinen Blicken und bemerkte, dass sie wie gebannt an der rothaarigen Rosina hingen, die drüben jenseits der Gasse stand, ihr immerwährendes Lächeln um die Lippen.

Der Alte war bemüht, ihr Zeichen zu geben, und ich sah, dass sie es wohl wusste, aber sich benahm, als verstünde sie nicht.

Endlich hielt es der Alte nicht länger aus, watete auf den Fußspitzen hinüber und hüpfte mit lächerlicher Elastizität wie ein großer schwarzer Gummiball über die Pfützen.

Man schien ihn zu kennen, denn ich hörte allerhand Glossen fallen, die darauf hinzielten. Ein Strolch hinter mir, ein rotes, gestricktes Tuch um den Hals, mit blauer Militärmütze, die Virginia hinter dem Ohr, machte mit grinsendem Mund Anspielungen, die ich nicht verstand.

Ich begriff nur, dass sie den Alten in der Judenstadt den »Freimaurer« nannten und in ihrer Sprache mit diesem Spitznamen jemand bezeichnen wollten, der sich an halbwüchsigen Mädchen zu vergehen pflegt, aber durch intime Beziehungen zur Polizei vor jeder Strafe sicher ist. – – –

Dann waren das Gesicht Rosinas und der Alte drüben im Dunkel des Hausflures verschwunden.

Punsch

Wir hatten das Fenster geöffnet, um den Tabakrauch aus meinem kleinen Zimmer strömen zu lassen. Der kalte Nachtwind blies herein und wehte an die zottigen Mäntel, die an der Türe hingen, dass sie leise hin und her schwankten.

»Prokops würdige Haupteszierde möchte am liebsten davonfliegen«, sagte Zwakh und deutete auf des Musikers großen Schlapphut, der die breite Krempe bewegte wie schwarze Flügel.

Josua Prokop zwinkerte lustig mit den Augenlidern. »Er will«, sagte er, »er will wahrscheinlich – – – «

»Er will zum ›Loisitschek‹ zur Tanzmusik«, nahm ihm Vrieslander das Wort vorweg.

Prokop lachte und schlug mit der Hand den Takt zu den Klängen, die die dünne Winterluft her über die Dächer trug.

Dann nahm er meine alte, zerbrochene Gitarre von der Wand, tat, als zupfe er die zerbrochenen Saiten und sang mit kreischendem Falsett und gespreizter Betonung in Rotwelsch ein wunderliches Lied:

»An Bein-del von Ei-sen
recht alt
An Stran-zen net gar
a so kalt
Messinung, a' Räucherl
und Rohn
und immerrr nurr putz-en« –

»Wie großartig er mit einem Mal die Gaunersprache beherrscht!« und Vrieslander lachte laut auf und brummte mit:

»Und stok-en sich Aufzug
und Pfiff
Und schmallern an eisernes
G'süff.
Juch, –
Und Handschuhkren, Harom net san« –

»Dieses kuriose Lied schnarrt jeden Abend beim ›Loisitschek‹ der meschuggene Nephtali Schaffranek mit dem grünen Augenschirm, und ein geschminktes Weibsbild spielt Harmonika und grölt den Text dazu«, erklärte mir Zwakh. »Sie sollten auch einmal mit uns in diese Schenke gehen, Meister Pernath. Später vielleicht, wenn wir mit dem Punsch zu Ende sind, – was meinen Sie? Zur Feier Ihres heutigen Geburtstages?«

»Ja, ja kommen Sie nachher mit uns«, sagte Prokop und klinkte das Fenster zu, – »man muss so etwas gesehen haben.«

Dann tranken wir den heißen Punsch und hingen unsern Gedanken nach.

Vrieslander schnitzte an einer Marionette.

»Sie haben uns förmlich von der Außenwelt abgeschnitten, Josua«, unterbrach Zwakh die Stille, »seit Sie das Fenster geschlossen haben, hat niemand mehr ein Wort gesprochen.«

»Ich dachte nur darüber nach, als vorhin die Mäntel so flogen, wie seltsam es ist, wenn der Wind leblose Dinge bewegt«, antwortete Prokop schnell, wie um sich wegen seines Schweigens zu entschuldigen. »Es sieht gar so wunderlich aus, wenn Gegenstände plötzlich zu flattern anheben, die sonst immer tot daliegen. Nicht? – Ich sah einmal auf einem menschenleeren Platz zu, wie große Papierfetzen, – ohne dass ich vom Wind etwas spürte, denn ich stand durch ein Haus gedeckt, – in toller Wut im Kreis herumjagten und einander verfolgten, als hätten sie sich den Tod geschworen. Einen Augenblick später schienen sie sich beruhigt zu haben, aber plötzlich kam wieder eine wahnwitzige Erbitterung über sie, und in sinnlosem Grimm rasten sie umher, drängten sich in einen Winkel zusammen, um von neuem besessen auseinander zu stieben und schließlich hinter einer Ecke zu verschwinden. Nur eine dicke Zeitung konnte nicht mitkommen; sie blieb auf dem Pflaster liegen und klappte hasserfüllt auf und zu, als sei ihr der Atem ausgegangen und als schnappe sie nach Luft.

Ein dunkler Verdacht stieg damals in mir auf. Was, wenn am Ende wir Lebewesen auch so etwas Ähnliches wären wie solche Papierfetzen? – Ob nicht vielleicht ein unsichtbarer, unbegreiflicher ›Wind‹ auch uns hin und her treibt und unsere Handlungen bestimmt, während wir in unserer Einfalt glauben unter eigenem, freien Willen zu stehen? Wie, wenn das Leben in uns nichts anderes wäre als ein rätselhafter Wirbelwind? Jener Wind, von dem die Bibel sagt: Weißt du, von wannen er kommt und wohin er geht? – – – Träumen wir nicht auch zuweilen, wir griffen in tiefes Wasser und fingen silberne Fische, und nichts anderes ist geschehen, als dass ein kalter Luftzug unsere Hände traf?«

»Prokop, Sie sprechen in Worten wie Pernath, was ist's mit Ihnen?« sagte Zwakh und sah den Musiker misstrauisch an.

»Die Geschichte vom Buch Ibbur, die vorhin erzählt wurde, – schade, dass Sie so spät kamen und sie nicht mit anhörten, – hat ihn so nachdenklich gestimmt«, meinte Vrieslander.

»Eine Geschichte von einem Buch?«

»Eigentlich von einem Menschen, der ein Buch brachte und seltsam aussah. – Pernath weiß nicht, wie er heißt, wo er wohnt, was er wollte, und obwohl sein Aussehen sehr auffallend gewesen sein soll, lasse es sich doch nicht recht schildern.«

Zwakh horchte auf. »Das ist sehr merkwürdig«, sagte er nach einer Pause, »war der Fremde vielleicht bartlos, und hatte er schrägstehende Augen?«

»Ich glaube«, antwortete ich, »das heißt, ich – ich – weiß es ganz bestimmt. Kennen Sie ihn denn?«

Der Marionettenspieler schüttelte den Kopf: »Er erinnerte mich nur an den ›Golem‹.«

Der Maler Vrieslander ließ sein Schnitzmesser sinken: »Golem? – Ich habe schon so viel davon reden hören. Wissen Sie etwas über den Golem, Zwakh?«

»Wer kann sagen, dass er über den Golem etwas wisse?«, antwortete Zwakh und zuckte die Achseln. »Man verweist ihn ins Reich der Sage, bis sich eines Tages in den Gassen ein Ereignis vollzieht, das ihn plötzlich wieder aufleben lässt. Und eine Zeitlang spricht dann jeder von ihm, und die Gerüchte wachsen ins Ungeheuerliche. Werden so übertrieben und aufgebauscht, dass sie schließlich an der eigenen Unglaubwürdigkeit zugrunde gehen. Der Ursprung der Geschichte reicht wohl ins siebzehnte Jahrhundert zurück, sagt man. Nach verlorengegangenen Vorschriften der Kabbala soll ein Rabbiner da einen künstlichen Menschen – den sogenannten Golem – verfertigt haben, damit er ihm als Diener helfe, die Glocken in der Synagoge zu läuten, und allerhand grobe Arbeit tue.

Es sei aber doch kein richtiger Mensch daraus geworden und nur ein dumpfes, halbbewusstes Vegetieren habe ihn belebt. Wie es heißt, auch das nur tagsüber und kraft des Einflusses eines magischen Zettels, der ihm hinter den Zähnen stak und die freien siderischen Kräfte des Weltalls herabzog. Und als eines Abends vor dem Nachtgebet der Rabbiner das Siegel aus dem Mund des Golem zu nehmen versäumt, da wäre dieser in Tobsucht verfallen, in der Dunkelheit durch die Gassen gerast und hätte zerschlagen, was ihm in den Weg kam. Bis der Rabbi sich ihm entgegengeworfen und den Zettel vernichtet habe. Und da sei das Geschöpf leblos niedergestürzt. Nichts blieb von ihm übrig als die zwerghafte Lehmfigur, die heute noch drüben in der Altneusynagoge gezeigt wird.«

»Derselbe Rabbiner soll einmal auch zum Kaiser auf die Burg berufen worden sein und die Schemen der Toten beschworen und sichtbar gemacht haben«, warf Prokop ein, »moderne Forscher behaupten, er habe sich dazu einer *Laterna magica* bedient.«

»Jawohl, keine Erklärung ist abgeschmackt genug, dass sie bei den Heutigen nicht Beifall fände«, fuhr Zwakh unbeirrt fort. – »Eine *Laterna magica*!! Als ob Kaiser Rudolf, der sein ganzes Leben solchen Dingen nachging, einen so plumpen Schwindel nicht auf den ersten Blick hätte durchschauen müssen!

Ich kann freilich nicht wissen, worauf sich die Golemsage zurückführen lässt, dass aber irgendetwas, was nicht sterben kann, in diesem Stadtviertel sein Wesen treibt und damit zusammenhängt, dessen bin ich sicher. Von Geschlecht zu Geschlecht haben meine Vorfahren hier gewohnt, und niemand kann wohl auf mehr erlebte und ererbte Erinnerungen an das periodische Auftauchen des Golem zurückblicken als gerade ich!«

Zwakh hatte plötzlich aufgehört zu reden, und man fühlte mit ihm, wie seine Gedanken in vergangene Zeiten zurückwanderten.

Wie er, den Kopf aufgestützt, dort am Tisch saß und beim Schein der Lampe seine roten, jugendlichen Bäckchen fremdartig von dem weißen Haar abstachen, verglich ich unwillkürlich im Geiste seine Züge mit den maskenhaften Gesichtern seiner Marionetten, die er mir so oft gezeigt.

Seltsam, wie ähnlich ihnen der alte Mann doch sah! Derselbe Ausdruck und derselbe Gesichtsschnitt!

Manche Dinge der Erde können nicht loskommen voneinander, fühlte ich, und wie ich Zwakhs einfaches Schicksal an mir vorüberziehen ließ, da schien es mir mit einem Mal gespenstisch und ungeheuerlich, dass ein Mensch wie er, obschon er eine bessere Erziehung als seine Vorfahren genossen hatte und Schauspieler hätte werden sollen, plötzlich wieder zu dem schäbigen Marionettenkasten zurückkehren konnte, um nun abermals auf die Jahrmärkte zu ziehen und dieselben Puppen, die schon seiner Vorväter kümmerliches Erwerbsmittel gewesen, von neuem ihre ungelenken Verbeugungen machen und schläfrigen Erlebnisse vorführen zu lassen.

Er vermag es nicht, sich von ihnen zu trennen, begriff ich; sie leben mit von seinem Leben, und als er fern von ihnen war, da haben sie sich in Gedanken verwandelt, haben in seinem Hirn gewohnt und ihn rast- und ruhelos gemacht, bis er wieder heimkehrte. Darum hält er sie jetzt so liebevoll und kleidet sie stolz in Flitter.

»Zwakh, wollen Sie uns nicht weitererzählen?« forderte Prokop den Alten auf und sah fragend nach Vrieslander und mir hin, ob auch wir gleichen Wunsches seien.

»Ich weiß nicht, wo ich anfangen soll«, meinte der Alte zögernd, »die Geschichte mit dem Golem lässt sich schwer fassen. So wie Pernath vorhin sagte: er wisse genau, wie jener Unbekannte ausgesehen habe, und doch könne er ihn nicht schildern. Ungefähr alle dreiunddreißig Jahre wiederholt sich ein Ereignis in unseren Gassen, das gar nichts besonders Aufregendes an sich trägt und dennoch ein Entsetzen verbreitet, für das weder eine Erklärung noch eine Rechtfertigung ausreicht:

Immer wieder begibt es sich nämlich, dass ein vollkommen fremder Mensch, bartlos, von gelber Gesichtsfarbe und mongolischem Typus, aus der Richtung der Altschulgasse her, in altmodische, verschossene Kleider gehüllt, gleichmäßigen und eigentümlich stolpernden Ganges, so, als wolle er jeden Augenblick vornüber fallen, durch die Judenstadt schreitet und plötzlich – unsichtbar wird. Gewöhnlich biegt er in eine Gasse und ist dann verschwunden.

Ein andermal heißt es, er habe auf seinem Weg einen Kreis beschrieben und sei zu dem Punkt zurückgekehrt, von dem er ausgegangen: einem uralten Haus in der Nähe der Synagoge.

Einige Aufgeregte wiederum behaupten, sie hätten ihn um eine Ecke auf sich zukommen sehen. Wiewohl er ihnen aber ganz deutlich entgegengeschritten, sei er dennoch, genau wie jemand, dessen Gestalt sich in weiter Ferne verliert, immer kleiner und kleiner geworden und – schließlich ganz verschwunden.

Vor sechsundsechzig Jahren nun muss der Eindruck, den er hervorgebracht, besonders tief gegangen sein, denn ich erinnere mich – ich war noch ein ganz kleiner Junge –, dass man das Gebäude in der Altschulgasse damals von oben bis unten durchsuchte.

Es wurde auch festgestellt, dass wirklich in diesem Haus ein Zimmer mit Gitterfenster vorhanden ist, zu dem es keinen Zugang gibt.

Aus allen Fenstern hatte man Wäsche gehängt, um von der Gasse aus einen Augenschein zu gewinnen, und war auf diese Weise der Tatsache auf die Spur gekommen.

Da es anders nicht zu erreichen gewesen, hatte sich ein Mann an einem Strick vom Dach herabgelassen, um hineinzusehen. Kaum aber war er in die Nähe des Fensters gelangt, da riss das Seil, und der Unglückliche zerschmetterte sich auf dem Pflaster den Schädel. Und als später der Versuch nochmals wiederholt werden sollte, gingen die Ansichten über die Lage des Fensters derart auseinander, dass man davon abstand.

Ich selber begegnete dem ›Golem‹ das erste Mal in meinem Leben vor ungefähr dreiunddreißig Jahren. Er kam in einem sogenannten Durchhaus auf mich zu, und wir rannten fast aneinander.

Es ist mir heute noch unbegreiflich, was damals in mir vorgegangen sein muss. Man trägt doch um Gottes willen nicht immerwährend, tagaus tagein die Erwartung mit sich herum, man werde dem Golem begegnen.

In jenem Augenblick aber, bestimmt – ganz bestimmt, noch ehe ich seiner ansichtig werden konnte, schrie etwas in mir gellend auf: der Golem! Und im selben Moment stolperte jemand aus dem Dunkel des Torflures hervor, und jener Unbekannte ging an mir vorüber. Eine Sekunde später drang eine Flut bleicher, aufgeregter Gesichter mir entgegen, die mich mit Fragen bestürmten, ob ich ihn gesehen hätte. Und als ich antwortete, da fühlte ich, dass sich meine Zunge wie aus einem Krampf löste, von dem ich vorher nichts gespürt hatte.

Ich war förmlich überrascht, dass ich mich bewegen konnte, und deutlich kam mir zum Bewusstsein, dass ich mich, wenn auch nur den Bruchteil eines Herzschlags lang – in einer Art Starrkrampf befunden haben musste.

Über all das habe ich oft und lange nachgedacht, und mich dünkt, ich komme der Wahrheit am nächsten, wenn ich sage: Immer einmal in der Zeit eines Menschenalters geht blitzschnell eine geistige Epidemie durch die Judenstadt, befällt die Seelen der Lebenden zu irgendeinem Zweck, der uns verhüllt bleibt, und lässt wie eine Luftspiegelung die Umrisse eines charakteristischen Wesens erstehen, das vielleicht vor Jahrhunderten hier gelebt hat und nach Form und Gestaltung dürstet.

Vielleicht ist es mitten unter uns, Stunde für Stunde, und wir nehmen es nicht wahr. Hören wir doch auch den Ton einer schwirrenden Stimmgabel nicht, bevor sie das Holz berührt und es mitschwingen macht.

Vielleicht ist es nur so etwas wie ein seelisches Kunstwerk, ohne innewohnendes Bewusstsein, – ein Kunstwerk, das entsteht, wie ein Kristall nach stets sich gleichbleibendem Gesetz aus dem Gestaltlosen herauswächst. Wer weiß das?

Wie in schwülen Tagen die elektrische Spannung sich bis zur Unerträglichkeit steigert und endlich den Blitz gebiert, könnte es da nicht sein, dass auch auf die stetige Anhäufung jener niemals wechselnden Gedanken, die hier im Ghetto die Luft vergiften, eine plötzliche, ruckweise Entladung folgen muss? – eine seelische Explosion, die unser Traumbewußtsein ans Tageslicht peitscht, um – dort den Blitz der Natur – hier ein Gespenst zu schaffen, das in Mienen, Gang und Gehaben, in allem und jedem das Symbol der Massenseele unfehlbar offenbaren müsste, wenn man die geheime Sprache der Formen nur richtig zu deuten verstünde?

Und wie mancherlei Erscheinungen das Einschlagen des Blitzes ankünden, so verraten auch hier gewisse grauenhafte Vorzeichen das drohende Hereinbrechen jenes Phantoms ins Reich der Tat. Der abblätternde Bewurf einer alten Mauer nimmt eine Gestalt an, die einem schreitenden Menschen gleicht; und in Eisblumen am Fenster bilden sich Züge starrer Gesichter. Der Sand vom Dach scheint anders zu fallen als sonst und drängt dem argwöhnischen Beobachter den Verdacht auf, eine unsichtbare Intelligenz, die sich lichtscheu verborgen hält, werfe ihn herab und übe sich in heimlichen Versuchen, allerlei seltsame Umrisse hervorzubringen. – Ruht das Auge auf eintönigem Geflecht oder den Unebenheiten der Haut, bemächtigt sich unser die unerfreuliche Gabe, überall mahnende, bedeutsame Formen zu sehen, die in unseren Träumen ins Riesengroße auswachsen. Und immer zieht sich durch solche schemenhaften Versuche der angesammelten Gedankenherden, die Wälle der Alltäglichkeit zu durchnagen, für uns wie ein roter Faden die qualvolle Gewissheit, dass unser eigenstes Inneres mit Vorbedacht und gegen unseren Willen ausgesogen wird, nur damit die Gestalt des Phantoms plastisch werden könne.

Wie ich nun vorhin Pernath bestätigen hörte, dass ihm ein Mensch begegnet sei, bartlos, mit schiefgestellten Augen, da stand der ›Golem‹ vor mir, wie ich ihn damals gesehen. Wie aus dem Boden gewachsen stand er vor mir.

Und eine gewisse dumpfe Furcht, es stehe wieder etwas Unerklärliches nahe bevor, befiel mich einen Augenblick lang; dieselbe Angst, die ich schon einmal in meinen Kinderjahren verspürt, als die ersten spukhaften Äußerungen des Golem ihre Schatten vorauswarfen.

Sechsundsechzig Jahre ist das wohl jetzt her und knüpft sich an einen Abend, an dem der Bräutigam meiner Schwester zu Besuch gekommen war, und in der Familie der Tag der Hochzeit festgesetzt werden sollte.

Es wurde damals Blei gegossen – zum Scherz – und ich stand mit offenem Munde dabei und begriff nicht, was das zu bedeuten habe, – in meiner wirren, kindlichen Vorstellung brachte ich es in Zusammenhang mit dem Golem, von dem ich meinen Großvater oft hatte erzählen hören, und bildete mir ein, jeden Augenblick müsse die Tür aufgehen und der Unbekannte eintreten.

Meine Schwester leerte dann den Löffel mit dem flüssigen Metall in das Wasserschaff und lachte mich, der ich aufgeregt zusah, lustig an.

Mit welken, zitternden Händen holte mein Großvater den blitzenden Bleiklumpen heraus und hielt ihn ans Licht. Gleich darauf entstand eine allgemeine Erregung. Man redete laut durcheinander; ich wollte mich hinzudrängen, aber man wehrte mich ab.

Später, als ich älter geworden, erzählte mir mein Vater, es wäre damals das geschmolzene Metall zu einem kleinen, ganz deutlichen Kopf erstarrt gewesen, – glatt und rund, wie nach einer Form gegossen, und von unheimlicher Ähnlichkeit mit den

Zügen des ›Golem‹, dass sich alle entsetzt hätten.

Oft sprach ich mit dem Archivar Schemajah Hillel, der die Requisiten der Altneusynagoge in Verwahrung hat und auch die gewisse Lehmfigur aus Kaiser Rudolfs Zeiten, darüber. Er hat sich mit Kabbala befasst und meint, jener Erdklumpen mit den menschlichen Gliedmaßen sei vielleicht nichts anderes als ein ehemaliges Vorzeichen, ganz so wie in meinem Fall der bleierne Kopf. Und der Unbekannte, der da umgehe, müsse das Phantasie- oder Gedankenbild sein, das jener mittelalterliche Rabbiner zuerst lebendig gedacht habe, ehe er es mit Materie bekleiden konnte, und das nun in regelmäßigen Zeitabschnitten, bei den gleichen astrologischen Sternstellungen, unter denen es erschaffen worden – wiederkehre, vom Triebe nach stofflichem Leben gequält.

Auch Hillels verstorbene Frau hatte den ›Golem‹ von Angesicht zu Angesicht erblickt und ebenso wie ich gefühlt, dass man sich im Starrkrampf befindet, solange das rätselhafte Wesen in der Nähe weilt.

Sie sagte, sie sei felsenfest überzeugt gewesen, dass es damals nur ihre eigene Seele habe sein können, die – aus dem Körper getreten – ihr einen Augenblick gegenübergestanden und mit den Zügen eines fremden Geschöpfes ins Gesicht gestarrt hätte. Trotz eines furchtbaren Grauens, das sich ihrer damals bemächtigt, habe sie doch keine Sekunde die Gewissheit verlassen, dass jener andere nur ein Stück ihres eignen Innern sein konnte.« –

»Es ist unglaublich«, murmelte Prokop in Gedanken verloren.

Auch der Maler Vrieslander schien ganz in Grübeln versunken.

Da klopfte es an die Tür und das alte Weib, das mir des Abends Wasser bringt und was ich sonst noch nötig habe, trat ein, stellte den tönernen Krug auf den Boden und ging stillschweigend wieder hinaus.

Wir alle hatten aufgeblickt und sahen wie erwacht im Zimmer umher, aber noch lange Zeit sprach niemand ein Wort. Als sei ein neuer Einfluss mit der Alten zur Tür hereingeschlüpft, an den man sich erst gewöhnen musste.

»Ja! Die rothaarige Rosina, das ist auch so ein Gesicht, das man nicht loswerden kann und aus den Winkeln und Ecken immer wieder auftauchen sieht«, sagte plötzlich Zwakh ganz unvermittelt. »Dieses erstarrte, grinsende Lächeln kenne ich nun schon ein ganzes Menschenleben. Erst die Großmutter, dann die Mutter! – Und stets das gleiche Gesicht, kein Zug anders! Derselbe Name Rosina; – es ist immer eine die Auferstehung der anderen.«

»Ist Rosina nicht die Tochter des Trödlers Aaron Wassertrum?« fragte ich.

»Man spricht so«, meinte Zwakh, – – »Aaron Wassertrum aber hat manchen Sohn und manche Tochter, von denen man nicht weiß. Auch bei Rosinas Mutter wusste man nicht, wer ihr Vater gewesen, – auch nicht, was aus ihr geworden ist. – Mit fünfzehn Jahren hatte sie ein Kind geboren und war seitdem nicht mehr aufgetaucht. Ihr Verschwinden hing mit einem Mord zusammen, soweit ich mich entsinnen kann, der ihretwegen in diesem Haus begangen wurde.

Wie jetzt ihre Tochter, spukte damals sie den halbwüchsigen Jungen im Kopfe. Einer von ihnen lebt noch, – ich sehe ihn öfter, – doch sein Name ist mir entfallen.

Die anderen sind bald gestorben, und ich meine, sie hat sie alle frühzeitig unter die Erde gebracht. Ich erinnere mich aus jener Zeit überhaupt nur noch an kurze Episoden, die wie verblichene Bilder durch mein Gedächtnis treiben. So hat es damals einen halbblödsinnigen Menschen gegeben, der nachts von Schenke zu Schenke zog und den Gästen gegen ein paar Kreuzer Silhouetten aus schwarzem Papier schnitt. Und wenn man ihn betrunken machte, geriet er in eine unsägliche Traurigkeit, und unter Tränen und Schluchzen schnitzelte er, ohne aufzuhören, immer das gleiche scharfe Mädchenprofil, bis sein ganzer Papiervorrat verbraucht war.

Aus Zusammenhängen zu schließen, die ich längst vergessen, hatte er – fast als Kind noch – eine gewisse Rosina, wohl die Großmutter der heutigen, so heftig geliebt, dass er den Verstand darüber verlor.

Wenn ich die Jahre zurückzähle, kann es keine andere als die Großmutter der jetzigen Rosina gewesen sein.« – – – – – – – – – – – – – – – – – – –

Zwakh schwieg und lehnte sich zurück. – – – – – –

Das Schicksal in diesem Haus irrt im Kreis umher und kehrt immer wieder zum selben Punkt zurück, fuhr es mir durch den Sinn, und ein hässliches Bild, das ich einmal mit angesehen – eine Katze mit verletzter Gehirnhälfte im Kreis herumtaumelnd – trat vor mein Auge. –

»Jetzt kommt der Kopf«, hörte ich plötzlich den Maler Vrieslander mit heller Stimme sagen. Und er nahm einen runden Holzklotz aus der Tasche und begann an ihm zu schnitzen.

Eine schwere Müdigkeit legte sich mir über die Augen, und ich rückte meinen Lehnstuhl aus dem Lichtschein in den Hintergrund.

Das Wasser für den Punsch brodelte im Kessel, und Josua Prokop füllte wiederum die Gläser. Leise, ganz leise klangen die Klänge der Tanzmusik durch das geschlossene Fenster; – manchmal verstummten sie vollends, dann wiederum wachten sie ein wenig auf, wie sie der Wind unterwegs verlor oder zu uns von der Gasse emportrug.

Ob ich denn nicht anstoßen wolle, fragte mich nach einer Weile der Musiker.

Ich aber gab keine Antwort, – so vollkommen war mir der Wille, mich zu bewegen, abhanden gekommen, dass ich gar nicht auf den Gedanken, den Mund zu öffnen, verfiel. Ich dachte ich schliefe, so steinern war die innere Ruhe, die sich meiner bemächtigt hatte. Und ich musste hinüber auf Vrieslanders funkelndes Messer blinzeln, das ruhelos aus dem Holz kleine Späne biss, – um die Gewissheit zu erlangen, dass ich wach sei.

In weiter Ferne brummte Zwakhs Stimme und erzählte wieder allerlei wunderliche Geschichten über Marionetten und krause Märchen, die er für seine Puppenspiele erdacht.

Auch von *Dr.* Savioli war die Rede und von der vornehmen Dame, der Gattin eines Adeligen, die in das versteckte Atelier heimlich zu Savioli zu Besuch komme.

Und wiederum sah ich im Geiste Aaron Wassertrums höhnische, triumphierende Miene. – Ob ich Zwakh nicht mitteilen sollte, was sich damals ereignet hatte, überlegte ich, – dann hielt ich es nicht der Mühe für wert und für belanglos. Auch wusste ich, dass mein Wille versagen würde, wollte ich jetzt den Versuch machen zu sprechen.

Plötzlich sahen die drei am Tisch aufmerksam zu mir herüber, und Prokop sagte ganz laut: »Er ist eingeschlafen«, – so laut, dass es fast klang, als ob es eine Frage sein sollte. Sie redeten mit gedämpfter Stimme weiter, und ich erkannte, dass sie von mir sprachen.

Vrieslanders Schnitzmesser tanzte hin und her und fing das Licht auf, das von der Lampe niederfloss, und der spiegelnde Schein brannte mir in den Augen.

Es fiel ein Wort wie »irr sein«, und ich horchte auf die Rede, die in der Runde ging. »Gebiete, wie das vom ›Golem‹ sollte man vor Pernath nie berühren«, sagte Josua Prokop vorwurfsvoll, »als er vorhin von dem Buche Ibbur erzählte, schwiegen wir still und fragten nicht weiter. Ich möchte wetten, er hat alles nur geträumt.«

Zwakh nickte: »Sie haben ganz recht. Es ist, wie wenn man mit offenem Licht eine verstaubte Kammer betreten wollte, in der morsche Tücher Decke und Wände bespannen und der dürre Zunder der Vergangenheit fußhoch den Boden bedeckt; ein flüchtiges Berühren nur und schon schlägt das Feuer aus allen Ecken.«

»War Pernath lange im Irrenhaus? Schade um ihn, er kann doch erst vierzig sein«, sagte Vrieslander.

»Ich weiß es nicht, ich habe auch keine Vorstellung, woher er stammen mag und was früher sein Beruf gewesen ist. Aussehen tut er ja wie ein altfranzösischer Edelmann mit seiner schlanken Gestalt und dem Spitzbart. Vor vielen, vielen Jahren hat mich ein befreundeter alter Arzt gebeten, ich möchte mich seiner ein wenig annehmen und ihm eine kleine Wohnung hier in diesen Gassen, wo sich niemand um ihn kümmern und mit Fragen nach früheren Zeiten beunruhigen würde, aussuchen.« – Wieder sah Zwakh bewegt zu mir herüber. – »Seit jener Zeit lebt er hier, bessert Antiquitäten aus und schneidet Gemmen und hat sich damit einen kleinen Wohlstand gegründet. Es ist ein Glück für ihn, dass er alles, was mit seinem Wahnsinn zusammenhängt, vergessen zu haben scheint. Fragen Sie ihn beileibe nur niemals nach Dingen, die die Vergangenheit in seiner Erinnerung wachrufen könnten, – wie oft hat mir das der alte Arzt ans Herz gelegt! Wissen Sie, Zwakh, sagte er immer, wir haben so eine gewisse Methode; wir haben seine Krankheit mit vieler Mühe eingemauert, möchte ich's nennen, – so wie man eine Unglücksstätte einfriedet, weil sich an sie eine traurige Erinnerung knüpft.« – – – – – – – – – – –

Die Rede des Marionettenspielers war auf mich zugekommen wie ein Schlächter auf ein wehrloses Tier und presste mir mit rohen, grausamen Händen das Herz zusammen.

Von jeher hatte eine dumpfe Qual an mir genagt, – ein Ahnen, als wäre mir etwas genommen worden und als hätte ich in meinem Leben eine lange Strecke Wegs an einem Abgrund hin durchschritten wie ein Schlafwandler. Und nie war es mir gelungen, die Ursache zu ergründen.

Jetzt lag des Rätsels Lösung offen vor mir und brannte mich unerträglich wie eine bloßgelegte Wunde.

Mein krankhafter Widerwillen, der Erinnerung an verflossene Ereignisse nachzuhängen, – dann der seltsame, von Zeit zu Zeit immer wiederkehrende Traum, ich sei in ein Haus mit einer Flucht mir unzugänglicher Gemächer gesperrt, – das beängstigende Versagen meines Gedächtnisses in Dingen, die meine Jugendzeit betrafen, – alles das fand mit einem Male seine furchtbare Erklärung: Ich war wahnsinnig gewesen und man hatte Hypnose angewandt, hatte das – »Zimmer« verschlossen, das die Verbindung zu jenen Gemächern meines Gehirns bildete, und mich zum Heimatlosen inmitten des mich umgebenden Lebens gemacht.

Und keine Aussicht, die verlorene Erinnerung je wiederzugewinnen!

Die Triebfedern meines Denkens und Handelns liegen in einem andern, vergessenen Dasein verborgen, begriff ich, – nie würde ich sie erkennen können: Eine verschnittene Pflanze bin ich, ein Reis, das aus einer fremden Wurzel sprosst. Gelänge es mir auch, den Eingang in jenes verschlossene »Zimmer« zu erzwingen, müsste ich nicht abermals den Gespenstern, die man darein gebannt, in die Hände fallen?!

Die Geschichte von dem ›Golem‹, die Zwakh vor einer Stunde erzählte, zog mir durch den Sinn, und plötzlich erkannte ich einen riesengroßen, geheimnisvollen Zusammenhang zwischen dem sagenhaften Gemach ohne Zugang, in dem jener Unbekannte wohnen sollte, und meinem bedeutungsvollen Traum.

Ja! Auch in meinem Fall »würde der Strick reißen«, wollte ich versuchen, in das vergitterte Fenster meines Innern zu blicken.

Der seltsame Zusammenhang wurde mir immer deutlicher und nahm etwas unbeschreiblich Erschreckendes für mich an.

Ich fühlte: es sind da Dinge – unfassbare – zusammengeschmiedet und laufen wie blinde Pferde, die nicht wissen wohin der Weg führt, nebeneinander her.

Auch im Ghetto: Ein Zimmer, ein Raum, dessen Eingang niemand finden kann, – ein schattenhaftes Wesen, das darin wohnt und nur zuweilen durch die Gassen tappt, um Grauen und Entsetzen unter die Menschen zu tragen! – – –

Immer noch schnitzte Vrieslander an dem Kopf, und das Holz knirschte unter der Klinge des Messers. Es tat mir fast weh, wie ich es hörte, und ich sah hin, ob es denn nicht bald zu Ende sei.

Wie der Kopf sich in des Malers Hand hin und her wandte, war es, als habe er Bewusstsein und spähe von Winkel zu Winkel. Dann ruhten seine Augen lange auf mir, befriedigt, dass sie mich endlich gefunden.

Auch ich vermochte meine Blicke nicht mehr abzuwenden und starrte unverwandt auf das hölzerne Antlitz. Eine Weile schien das Messer des Malers zögernd etwas zu suchen, dann ritzte es entschlossen eine Linie ein, und plötzlich gewannen die Züge des Holzklotzes schreckhaftes Leben. Ich erkannte das gelbe Gesicht des Fremden, der mir damals das Buch gebracht. Dann konnte ich nichts mehr unterscheiden, der Anblick hatte nur eine Sekunde gedauert, und ich spürte, dass mein Herz zu schlagen aufhörte und ängstlich flatterte.

Dennoch blieb ich mir – wie damals – des Gesichtes bewusst. Ich war es selber geworden und lag auf Vrieslanders Schoß und spähte umher. Meine Augen wanderten im Zimmer umher, und eine fremde Hand bewegte meinen Schädel.

Dann sah ich mit einem Male Zwakhs aufgeregte Miene und hörte seine Worte:

Um Gottes Willen, das ist ja der Golem!

Und ein kurzes Ringen entstand, und man wollte Vrieslander mit Gewalt das Schnitzwerk entreißen, doch der wehrte sich und rief lachend: »Was wollt ihr, es ist doch ganz und gar misslungen.« Und er wand sich los, öffnete das Fenster und warf den Kopf auf die Gasse hinunter. Da schwand mein Bewusstsein, und ich tauchte in eine tiefe Finsternis, die von schimmernden Goldfäden durchzogen war, und als ich, wie es mir schien, nach ei-ner langen, langen Zeit erwachte, da erst hörte ich das Holz klappernd auf das Pflaster fallen. – – – — –

»Sie haben so fest geschlafen, dass Sie nicht merkten, wie wir Sie schüttelten«, – sagte Josua Prokop zu mir, »der Punsch ist aus, und Sie haben alles versäumt.«

Der heiße Schmerz, über das, was ich vorhin mitangehört, übermannte mich wieder, und ich wollte aufschreien, dass ich nicht geträumt habe, als ich ihnen von dem Buche Ibbur erzählte – und es aus der Kassette nehmen und ihnen zeigen könne.

Aber diese Gedanken kamen nicht zu Wort und konnten die Stimmung allgemeinen Aufbruchs, die meine Gäste ergriffen hatte, nicht durchdringen.

Zwakh hängte mir mit Gewalt den Mantel um und rief: »Kommen Sie nur mit zum Loisitschek, Meister Pernath, es wird Ihre Lebensgeister erfrischen.«

Nacht

Willenlos hatte ich mich von Zwakh die Treppe hinunterführen lassen.

Ich spürte den Geruch des Nebels, der von der Straße ins Haus drang, deutlicher und deutlicher werden. Josua Prokop und Vrieslander waren einige Schritte vorausgegangen, und man hörte, wie sie draußen vor dem Torweg miteinander sprachen.

»Er muss rein in das Kanalgitter gefallen sein. Es ist doch zum Teufelholen.«

Wir traten hinaus auf die Gasse, und ich sah, wie Prokop sich bückte und die Marionette suchte.

»Freut mich, dass du den dummen Kopf nicht finden kannst«, brummte Vrieslander. Er hatte sich an die Mauer gestellt und sein Gesicht leuchtete grell auf und erlosch wieder in kurzen Intervallen – wie er das Feuer eines Streichholzes zischend in seine kurze Pfeife sog.

Prokop machte eine heftig abwehrende Bewegung mit dem Arm und beugte sich noch tiefer hinab. Er kniete beinahe auf dem Pflaster: »Still doch! Hört ihr denn nichts?« Wir traten an ihn heran. Er deutete stumm auf das Kanalgitter und legte horchend die Hand ans Ohr. Eine Weile standen wir unbeweglich und lauschten in den Schacht hinab. – Nichts. – »Was war's denn?« flüsterte endlich der alte Marionettenspieler; doch sofort packte ihn Prokop heftig beim Handgelenk.

Einen Augenblick – kaum einen Herzschlag lang – hatte es mir geschienen, als klopfte da unten eine Hand gegen eine Eisenplatte – fast unhörbar. Wie ich eine Sekunde später darüber nachdachte, war alles vorbei; nur in meiner Brust hallte es wie ein Erinnerungsecho weiter und löste sich langsam in ein unbestimmtes Gefühl des Grauens auf. – Schritte, die die Gasse heraufkamen, verscheuchten den Eindruck.

»Gehen wir; was stehen wir da herum!« mahnte Vrieslander.

Wir schritten die Häuserreihe entlang. Prokop folgte nur widerwillig.

»Meinen Hals möcht' ich wetten, da unten hat jemand geschrien in Todesangst.«

Niemand von uns antwortete ihm, aber ich fühlte, dass etwas wie leise dämmernde Angst uns die Zunge in Fesseln hielt.

Bald darauf standen wir vor einem rotverhängten Schenkenfenster.

»SALON LOISITSCHEK«
»Heinte großes Konzehr«

stand auf einem Pappendeckel geschrieben, dessen Rand mit verblichenen Fotografien von Frauenzimmern bedeckt war.

Ehe noch Zwakh die Hand auf die Klinke legen konnte, öffnete sich die Eingangstür nach innen, und ein vierschrötiger Kerl mit gewichstem schwarzem Haar, ohne Kragen – eine grünseidene Krawatte um den bloßen Hals geschlungen und die Frackweste mit einem Klumpen aus Schweinszähnen geschmückt – empfing uns mit Bücklingen.

»Jä, jä, das sin mir Gästäh. Pane Schaffranek, rasch einen Tusch!« setzte er, über die Schulter in das von Menschen überfüllte Lokal gewendet, hastig seinem Willkommensgruß hinzu.

Ein klimperndes Geräusch, wie wenn eine Ratte über Klaviersaiten liefe, war die Antwort.

»Jä, jä, das sin mir Gästäh, das sin mir Gästäh. Da schaut man«, murmelte der Vierschrötige immerwährend eifrig vor sich hin, während er uns aus den Mänteln half.

»Ja, ja, heinte ist der ganze verehrliche Hochadel des Landes bei mir versammelt«, beantwortete er triumphierend Vrieslanders erstaunte Miene, als im Hintergrund auf einer Art Estrade, die durch Geländer und eine zweistufige Treppe vom vorderen Teil der Schenke getrennt war, ein paar vornehme junge Herren in Abendtoilette sichtbar wurden.

Schwaden beißenden Tabakrauches lagerten über den Tischen, hinter denen die langen Holzbänke an den Wänden vollbesetzt von zerlumpten Gestalten waren: Dirnen von den Schanzen, ungekämmt, schmutzig, barfuß, die festen Brüste kaum verhüllt von missfarbigen Umhängetüchern, Zuhälter daneben mit blauen Militärmützen und Zigaretten hinter dem Ohr, Viehhändler mit haarigen Fäusten und schwerfälligen Fingern, die bei jeder Bewegung eine stumme Sprache der Niedertracht redeten, vazierende Kellner mit frechen Augen und blatternarbige Kommis mit karierten Hosen.

»Ich stell' ich Ihnen spanische Plente umadum, damit Sie schön ungestört sein«, krächzte die feiste Stimme des Vierschrötigen, und eine Rollwand, beklebt mit kleinen, tanzenden Chinesen, schob sich langsam vor den Ecktisch, an den wir uns gesetzt hatten.

Schnarrende Klänge einer Harfe machten das Stimmengewirr im Zimmer verlöschen. Eine Sekunde eine rhythmische Pause. Totenstille, als hielte alles den Atem an.

Mit erschreckender Deutlichkeit hörte man plötzlich wie die eisernen Gasstäbe fauchend die flachen herzförmigen Flammen aus ihren Mündern in die Luft bliesen. Dann fiel die Musik über das Geräusch her und verschlang es.

Als wären sie soeben erst entstanden, tauchten da zwei seltsame Gestalten aus dem Tabakqualm vor meinem Blick empor.

Mit langem, wallendem, weißen Prophetenbart, ein schwarzseidenes Käppchen – wie es die alten jüdischen Familienväter tragen – auf dem Kahlkopf, die blinden Augen milchbläulich und gläsern – starr zur Decke gerichtet – saß dort ein Greis, bewegte lautlos die Lippen und fuhr mit dürren Fingern wie mit Geierkrallen in die Saiten einer Harfe. Neben ihm in speckglänzendem, schwarzen Taftkleid, Jettschmuck und Jettkreuz an Hals und Armen – ein Sinnbild erheuchelter Bürgermoral – ein schwammiges Weibsbild, die Ziehharmonika auf dem Schoß.

Ein wildes Gestolper von Klängen drängte sich aus den Instrumenten, dann sank die Melodie ermattet zur bloßen Begleitung herab.

Der Greis hatte ein paar Mal in die Luft gebissen und riss den Mund weit auf, dass man die schwarzen Zahnstumpen sehen konnte. Langsam aus der Brust herauf rang sich ihm, von seltsamen hebräischen Röchellauten begleitet, ein wilder Bass: »Roo – n – te, blau – we Stern – – « – »Rititit« (schrillte das Weibsbild dazwischen und schnappte sofort die keifigen Lippen zusammen, als habe sie schon zu viel gesagt)

»Roonte blaue Steern
Hörndlach ess i' ach geern«;
»Rititit«
»Rotboart, Grienboart
allerlaj Stern« – –
»Rititit, rititit.« –

Die Paare traten zum Tanze an.

»Es ist das Lied vom ›chomezigen Borchu‹«, erklärte uns lächelnd der Marionettenspieler und schlug leise mit dem Zinnlöffel, der sonderbarerweise mit einer Kette am Tisch befestigt war, den Takt. »Vor wohl hundert Jahren oder mehr noch hatten zwei Bäckergesellen, Rotbart und Grünbart, am Abend des ›Schabbes Hagodel‹ das Brot – Sterne und Hörnchen – vergiftet, um ein ausgiebiges Sterben in der Judenstadt hervorzurufen; aber der ›Meschores‹ – der Gemeindediener – war infolge göttlicher Erleuchtung noch rechtzeitig draufgekommen und konnte die beiden Verbrecher der Stadtpolizei überliefern. Zur Erinnerung an die wundersame Errettung aus Todesgefahr dichteten damals die ›Landonim‹ und ›Bocherlech‹ jenes seltsame Lied, das wir hier jetzt als Bordellquadrille hören.«

»Rititit – Rititit«
»Roote blaue Steern – – – –«

immer hohler und fanatischer erscholl das Gebell des Greises.

Plötzlich wurde die Melodie konfuser und ging allmählich in den Rhythmus des böhmischen »Schlapak« – eines schleifenden Schiebetanzes – über, bei dem die

Paare die schwitzigen Wangen innig aneinander pressten.

»So recht. Bravo. Äh da! fang, hep, hep!« rief von der Estrade ein schlanker, junger Kavalier im Frack, das Monokel im Auge, dem Harfenisten zu, griff in die Westentasche und warf ein Silberstück in der Richtung. Es erreichte sein Ziel nicht: Ich sah noch, wie es über das Tanzgewühl hinblitzte; da war es plötzlich verschwunden. Ein Strolch – sein Gesicht kam mir so bekannt vor; ich glaube, es muss derselbe gewesen sein, der neulich bei dem Regenguss neben Charousek gestanden – hatte seine Hand hinter dem Busentuch seiner Tänzerin, wo er sie bisher hartnäckig ruhen gehabt, hervorgezogen – ein Griff in die Luft mit affenhafter Geschwindigkeit, ohne auch nur einen Takt der Musik auszulassen, und die Münze war geschnappt. Nicht ein Muskel zuckte im Gesicht des Burschen auf, nur zwei, drei Paare in der Nähe grinsten leise.

»Wahrscheinlich einer vom ›Bataillon‹, nach der Geschicklichkeit zu schließen«, sagte Zwakh lachend.

»Meister Pernath hat sicherlich noch nie etwas vom ›Bataillon‹ gehört«, fiel Vrieslander auffallend rasch ein und zwinkerte heimlich dem Marionettenspieler zu, dass ich es nicht sehen sollte. – Ich verstand gar wohl: Es war wie vorhin, oben auf meinem Zimmer. Sie hielten mich für krank. Wollten mich aufheitern. Und Zwakh sollte etwas erzählen. Irgendetwas.

Wie mich der gute Alte so mitleidig ansah, stieg es mir heiß vom Herzen in die Augen. Wenn er wüsste, wie weh mir sein Mitleid tat!

Ich überhörte die ersten Worte, mit denen der Marionettenspieler seine Worte einleitete, – ich weiß nur, mir war, als verblutete ich langsam. Mir wurde immer kälter und starrer, wie vorhin, als ich als hölzernes Gesicht auf Vrieslanders Schoß gelegen hatte. Dann war ich plötzlich mitten drin in der Erzählung, die mich fremdartig umfing, – einhüllte, wie ein lebloses Stück aus einem Lesebuch.

Zwakh begann: »Die Erzählung vom Rechtsgelehrten Dr. Hulbert und seinem Bataillon. – – – No, was soll ich Ihnen sagen: Das Gesicht hatte er voller Warzen und krumme Beine wie ein Dachshund. Schon als Jüngling kannte er nichts als Studium. Trockenes, entnervendes Studium. Von dem, was er sich durch Stundengeben mühsam erwarb, musste er noch seine kranke Mutter erhalten. Wie grüne Wiesen aussehen und Hecken und Hügel voll Blumen und Wälder, erfuhr er, glaube ich, nur aus Büchern. Und wie wenig von Sonnenschein in Prags schwarze Gassen fällt, wissen Sie ja selbst.

Sein Doktorat hatte er mit Auszeichnung gemacht; das war eigentlich selbstverständlich.

Nun, und mit der Zeit wurde er ein berühmter Rechtsgelehrter. So berühmt, dass alle Leute – Richter und alte Advokaten – zu ihm fragen kamen, wenn sie irgendetwas nicht wussten. Dabei lebte er ärmlich wie ein Bettler in einer Dachkammer, deren Fenster hinaus auf den Teinhof schaute.

So vergingen Jahre um Jahre und Dr. Hulberts Ruf als Leuchte seiner Wissenschaft wurde allmählich Sprichwort im ganzen Land. Dass ein Mann wie er weichen Herzensempfindungen zugänglich sein konnte, zumal sein Haar schon anfing weiß zu werden und sich niemand erinnerte, ihn je von etwas anderem als von Jurisprudenz sprechen gehört zu haben, hatte wohl keiner geglaubt. Doch gerade in solchen verschlossenen Herzen glüht die Sehnsucht am heißesten.

An dem Tag, als Dr. Hulbert das Ziel erreichte, das ihm wohl schon als Höchstes seit seiner Studentenzeit vorgeschwebt hatte, als nämlich Seine Majestät der Kaiser von Wien aus ihn zum Rector magnificus an unserer Universität ernannte, da ging es von Mund zu Mund, er habe sich mit einem jungen, bildschönen Fräulein aus zwar armer, aber adliger Familie verlobt.

Und wirklich schien von da an das Gluck bei Dr. Hulbert eingezogen zu sein. Wenn auch seine Ehe kinderlos blieb, so trug er doch seine junge Gattin auf Händen, und jeden Wunsch zu erfüllen, den er ihr nur irgend von den Augen abzulesen vermochte, war seine höchste Freude.

In seinem Glück vergaß er jedoch keineswegs, wie es wohl so mancher andere getan hätte, seine leidenden Mitmenschen. »Mir hat Gott meine Sehnsucht gestillt«, soll er einmal gesagt haben, – »er hat mir ein Traumgesicht zur Wahrheit werden lassen, das wie ein Glanz vor mir hergegangen ist seit Kindheit an; er hat mir das lieblichste Wesen zu eigen gegeben, das die Erde trägt. Und so will ich, dass ein Schimmer von diesem Glück, soweit es in meiner Macht steht, auch auf andere fällt.« – – – – – – – –

Und so kam es, dass er sich bei Gelegenheit eines armen Studenten annahm wie seines eigenen Sohnes. Vermutlich in der Erwägung, wie wohl ihm selbst ein solch gutes Werk getan hätte, wäre es ihm am eigenen Leib und Leben in den Tagen seiner kummervollen Jugendzeit passiert. Wie aber nun auf Erden manche Tat, die dem Menschen gut und edel scheint, Folgen nach sich zieht gleich der einer fluchwürdigen, weil wir wohl doch nicht richtig unterscheiden können zwischen dem, was giftigen Samen in sich tragt und was heilsamen, so begab es sich auch hier, dass aus Dr. Hulberts mitleidsvollem Werk das bitterste Leid für ihn selbst spross.

Die junge Frau entbrannte gar bald in heimlicher Liebe zu dem Studenten, und ein erbarmungsloses Schicksal wollte, dass sie der Rektor gerade in dem Augenblick, als er unerwartet nach Hause kam, um sie zum Zeichen seiner Liebe mit einem Strauß Rosen als Geburtstagspräsent zu überraschen, in den Armen dessen antraf, auf den er Wohltat über Wohltat gehäuft hatte.

Man sagt, dass die blaue Muttergottesblume für immer ihre Farbe verlieren kann, wenn der fahle, schweflige Schein eines Blitzes, der ein Hagelwetter verkündet, plötzlich auf sie fällt; gewiss ist, dass die Seele des alten Mannes für immer erblindete an dem Tag, wo sein Glück in Scherben ging. Am selben Abend noch saß er, er, der bis dahin nicht gewusst, was Unmäßigkeit ist, hier beim »Loisitschek« – fast bewusstlos vom Fusel – bis zum Morgengrauen. Und der »Loisitschek« wurde seine Heimstätte für den Rest seines zerstörten Lebens. Im Sommer schlief er irgendwo auf dem Schutt eines Neubaus, im Winter hier auf den hölzernen Bänken.

Den Titel eines Professors und Doktors beider Rechte beließ man ihm stillschweigend. Niemand hatte das Herz dazu, gegen ihn, den einst berühmten Gelehrten, den Vorwurf zu erheben, dass man Ärgernis nähme an seinem Wandel.

Allmählich sammelte sich um ihn, was an lichtscheuem Gesindel in der Judenstadt sein Wesen trieb, und so kam es zur Gründung jener seltsamen Gemeinschaft, die man noch heutigentags »das Bataillon« nennt.

Dr. Hulberts umfassende Gesetzeskenntnis wurde das Bollwerk für alle die, denen die Polizei zu scharf auf die Finger sah. War irgendein entlassener Sträfling daran zu verhungern, schickte ihn Dr. Hulbert splitternackt hinaus auf den Altstädter Ring – und das Amt auf der sogenannten »Fischbanka« sah sich genötigt, einen Anzug beizustellen. Sollte eine unterstandslose Dirne aus der Stadt gewiesen werden, so heiratete sie schnell einen Strolch, der bezirkszuständig war, und wurde dadurch ansässig.

Hundert solcher Auswege wusste Dr. Hulbert, und seinem Rat gegenüber stand die Polizei machtlos da. – Was diese Ausgestoßenen der menschlichen Gesellschaft »verdienten«, übergaben sie getreulich auf Heller und Kreuzer der gemeinsamen Kassa, aus der der nötige Lebensunterhalt bestritten wurde. Niemals ließ sich auch nur einer die geringste Unehrlichkeit zuschulden kommen. Mag sein, dass angesichts dieser eisernen Disziplin der Name »das Bataillon« entstand.

Pünktlich am ersten Dezember, wo sich der Tag des Unglücks jährte, das den alten Mann betroffen hatte, fand jedes Mal nachts beim »Loisitschek« eine seltsame Feier statt. Kopf an Kopf gedrängt standen sie hier: Bettler, Vagabunden, Zuhälter und Dirnen, Trunkenbolde und Lumpensammler, und eine lautlose Stille herrschte wie beim Gottesdienst. – Und dann erzählte ihnen Dr. Hulbert dort von der Ecke aus, wo jetzt die beiden Musikanten sitzen, gerade unter dem Krönungsbild Seiner Majestät des Kaisers, seine Lebensgeschichte: – wie er sich emporgerungen, den Doktortitel erworben und später Rektor magnificus geworden war. Wenn er zu der Stelle kam, wo er mit dem Busch Rosen in der Hand ins Zimmer seiner jungen Frau trat, – zur Feier ihres Geburtstages und zugleich zum Gedächtnis jener Stunde, da er dereinst um sie anhalten gekommen und sie seine liebe Braut geworden war, – da versagte ihm jedes Mal die Stimme, und weinend sank er am Tisch zusammen. Dann geschah es wohl zuweilen, dass irgendein liederliches Frauenzimmer ihm verschämt und heimlich, damit es keiner sehen sollte, eine halbwelke Blume auf die Hand legte.

Von den Zuhörern rührte sich dann noch lange Zeit keiner. Zum Weinen sind diese Menschen zu hart, aber an ihren Kleidern blickten sie herunter und drehten unsicher die Finger.

Eines Morgens fand man Dr. Hulbert tot auf einer Bank unten an der Moldau. Er wird, denke ich, erfroren sein.

Sein Leichenbegängnis sehe ich noch heute vor mir. Das »Bataillon« hatte sich fast zerfleischt, um alles so prunkvoll wie möglich zu gestalten.

Voran ging der Pedell der Universität in vollem Ornat: in den Händen das purpurne Kissenpolster mit der güldenen Kette darauf und hinter dem Leichenwagen in unabsehbarer Reihe – – das »Bataillon« barfuß, schmutzstarrend, zerlumpt und zerfetzt. Einer von ihnen hatte sein Letztes verkauft und ging daher: Leib, Beine und Arme mit Lagen aus altem Zeitungspapier umwickelt und umbunden.

So erwiesen sie ihm die letzte Ehre.

Auf seinem Grab, draußen im Friedhof, steht ein weißer Stein, darein sind drei Figuren gemeißelt: Der Heiland gekreuzigt zwischen zwei Räubern. Von unbekannter Hand gestiftet. Man munkelt, Dr. Hulberts Frau habe das Denkmal errichtet. – – – – – – – – – – –

Im Testament des toten Rechtsgelehrten aber war ein Legat vorgesehen, danach bekommt jeder vom »Bataillon« mittags beim »Loisitschek« umsonst eine Suppe; zu diesem Zweck hängen hier am Tisch die Löffel an den Ketten, und die ausgehöhlten Mulden in der Tischplatte sind die Teller. Um 12 Uhr kommt die Kellnerin und spritzt mit einer großen, blechernen Spritze die Brühe hinein und, wenn sich einer nicht ausweisen kann als »vom Bataillon«, so zieht sie die Suppe mit der Spritze wieder zurück.

Von diesem Tisch aus machte die Gepflogenheit als Witz die Runde durch die ganze Welt.« – – – – – – – – – – – – – – – – – – –

Der Eindruck eines Tumultes im Lokal weckte mich aus meiner Lethargie. Die letzten Sätze, die Zwakh gesprochen, wehten über mein Bewusstsein hinweg. Ich sah noch, wie er seine Hände bewegte, um das Vor- und Zurückschieben eines Spritzenkolbens klarzumachen, dann jagten die Bilder, die sich rings um uns abrollten, so rasch und automatenhaft und dennoch mit so gespenstischer Deutlichkeit an meinem Auge vorüber, dass ich in Momenten ganz mich selbst vergaß und mir wie ein Rad vorkam in einem lebendigen Uhrwerk. Das Zimmer war ein einziges Menschengewühl geworden. Oben auf der Estrade: Dutzende Herren in schwarzen Fräcken. Weiße Manschetten, blitzende Ringe. Eine Dragoneruniform mit Rittmeisterschnüren. Im Hintergrund ein Damenhut mit lachsfarbigen Straußenfedern.

Durch die Stäbe des Geländers stierte das verzerrte Gesicht Loisas hinauf. Ich sah, er konnte sich kaum aufrecht halten. Auch Jaromir war da und schaute unverwandt hinauf, mit dem Rücken dicht, ganz dicht, an der Seitenwand, als presse ihn eine unsichtbare Hand dagegen.

Die Gestalten hielten plötzlich im Tanzen inne; der Wirt musste ihnen etwas zugerufen haben, was sie erschreckt hatte. Die Musik spielte noch, aber leise; sie traute sich nicht mehr recht. Sie zitterte; man fühlte es deutlich. Und doch lag der Ausdruck hämischer wilder Freude in dem Gesicht des Wirtes.

– – – – In der Eingangstür steht mit einem Mal der Polizeikommissar in Uniform. Er hatte die Arme ausgebreitet, um niemand hinauszulassen. Hinter ihm ein Kriminalschutzmann.

»Wird also doch hier getanzt? Trotz Verbotes? Ich sperre die Spelunke. Sie kommen mit, Wirt! Und was hier ist, marsch auf die Wachstube!«

Es klingt wie Kommandos.

Der Vierschrötige gibt keine Antwort, aber das hämische Grinsen bleibt in seinen Zügen. Bloß starrer ist es geworden.

Die Harmonika hat sich verschluckt und pfeift nur noch.

Auch die Harfe zieht den Schwanz ein.

Die Gesichter sind plötzlich alle im Profil zu sehen: sie glotzen erwartungsvoll hinauf auf die Estrade.

Und da kommt eine vornehme schwarze Gestalt gelassen die paar Stufen herab und geht langsam auf den Kommissar zu.

Die Augen des Kriminalschutzmannes hängen gebannt an den heranschlendernden schwarzen Lackschuhen.

Der Kavalier ist einen Schritt vor dem Polizeibeamten stehen geblieben und lässt den Blick gelangweilt ihm von Kopf bis zu den Füßen und wieder zurückschweifen.

Die andern jungen Adligen oben auf der Estrade haben sich über das Geländer gebeugt und verbeißen das Lachen hinter ihren grauseidenen Taschentüchern.

Der Dragonerrittmeister klemmt ein Goldstück ins Auge und spuckt einem Mädchen, das unter ihm lehnt, seinen Zigarettenstummel ins Haar.

Der Polizeikommissar hat sich verfärbt und starrt in der Verlegenheit immerwährend auf die Perle in der Hemdbrust des Aristokraten.

Er kann den gleichgültigen, glanzlosen Blick dieses glattrasierten, unbeweglichen Gesichtes mit der Hakennase nicht ertragen.

Er bringt ihn aus der Ruhe. Schmettert ihn nieder. Die Totenstille im Lokal wird immer quälender.

»So sehen die Ritterstatuen aus, die mit gefalteten Händen auf den Steinsärgen liegen in den gotischen Kirchen«, flüstert der Maler Vrieslander mit einem Blick auf den Kavalier.

Da bricht der Aristokrat endlich das Schweigen: »Äh – Hm.« – – – er kopiert die Stimme des Wirtes: »Jä, jä, das sin mir Gästäh – da schaut man.« Ein schallendes Gejohle explodiert im Lokal, dass die Gläser klirren; die Strolche halten sich den Bauch vor Lachen. Eine Flasche fliegt an die Wand und zerschellt. Der vierschrötige Wirt meckert uns erläuternd und ehrfurchtsvoll zu: »Seine Durchlaucht Exzellenz Fürst Ferri Athenstädt.«

Der Fürst hat dem Beamten eine Visitenkarte hingehalten. Der Ärmste nimmt sie, salutiert wiederholt und schlägt die Hacken zusammen.

Es wird von neuem still, die Menge lauscht atemlos, was weiter geschehen wird.

Der Kavalier spricht wieder: »Die Damen und Herren, die Sie hier versammelt sehen, – äh – sind meine lieben Gäste.« Seine Durchlaucht deutet mit einer nachlässigen Armbewegung auf das Gesindel, »wünschen Sie, Herr Kommissar, – äh – vielleicht vorgestellt zu werden?«

Der Kommissar verneint mit erzwungenem Lächeln, stottert verlegen etwas von »leidiger Pflichterfüllung« und rafft sich schließlich zu den Worten auf: »Ich sehe ja, dass es hier anständig zugeht.«

Das bringt Leben in den Dragonerrittmeister; er eilt in den Hintergrund auf den Damenhut mit der Straußenfeder zu und zerrt im nächsten Augenblick unter dem Jubel der jungen Adligen – Rosina am Arm herunter in den Saal.

Sie schwankt vor Trunkenheit und hält die Augen geschlossen. Der große, kostbare Hut sitzt ihr schief, und sie hat nichts an als lange rosa Strümpfe und – einen Herrenfrack auf dem bloßen Körper. – Ein Zeichen: Die Musik fällt ein wie rasend – – – »Rititit – Rititit« – – – und schwemmt den gurgelnden Schrei fort, den der taubstumme Jaromir, als er Rosina gesehen, an der Wand drüben ausgestoßen hat. – – – Wir wollen gehen. Zwakh ruft nach der Kellnerin. Der allgemeine Lärm verschlingt seine Worte.

Die Szenen vor mir werden phantastisch wie ein Opiumrausch.

Der Rittmeister hält die halbnackte Rosina im Arm und dreht sich langsam mit ihr im Takt.

Die Menge hat respektvoll Platz gemacht.

Dann murmelt es von den Bänken: »Der Loisitschek, der Loisitschek«, die Hälse werden lang und zu dem tanzenden Paar gesellt sich ein zweites noch seltsameres. Ein weibisch aussehender Bursche in rosa Trikots, mit langem blondem Haar bis zu den Schultern, Lippen und Wangen geschminkt wie eine Dirne und die Augen niedergeschlagen in koketter Verwirrung, hängt schmachtend an der Brust des Fürsten Athenstädt.

Ein süßlicher Walzer quillt aus der Harfe.

Wilder Ekel vor dem Leben schnürt mir die Kehle zusammen.

Mein Blick sucht voller Angst die Tür. Der Kommissar steht dort abgewendet, um nichts zu sehen, und flüstert hastig mit dem Kriminalschutzmann, der etwas einsteckt. Es klirrt wie Handschellen.

Die beiden spähen hinüber auf den blatternarbigen Loisa, der einen Augenblick sich zu verstecken sucht und dann gelähmt – das Gesicht kalkweiß und verzerrt vor Entsetzen – stehen bleibt.

Ein Bild zuckt in der Erinnerung vor mir auf und erlischt sofort: Das Bild, wie »Prokop lauscht, wie ich es vor einer Stunde gesehen, – über das Kanalgitter gebeugt – und ein Todesschrei gellt aus der Erde empor.« – – – – – –

Ich will rufen und kann nicht. Kalte Finger greifen mir in den Mund und biegen mir die Zunge nach unten gegen die Vorderzähne, dass es wie ein Klumpen meinen Gaumen erfüllt und ich kein Wort hervorbringen kann.

Ich kann die Finger nicht sehen, weiß, dass sie unsichtbar sind, und doch empfinde ich sie wie etwas Körperliches.

Und klar steht es in meinem Bewusstsein. Sie gehören zu der gespenstischen Hand, die mir in meinem Zimmer in der Hahnpassgasse das Buch »Ibbur« gegeben haben.

»Wasser, Wasser!« schreit Zwakh neben mir. Sie halten mir den Kopf und leuchten mir mit einer Kerze in die Pupillen.

»In seine Wohnung schaffen, Arzt holen – der Archivar Hillel kennt sich aus in solchen Dingen – – zu ihm bringen!« – beraten sie murmelnd.

Dann liege ich starr wie eine Leiche auf einer Bahre und Prokop und Vrieslander tragen mich hinaus.

Wach

Zwakh war vor uns die Treppen hinaufgelaufen, und ich hörte, wie Mirjam, die Tochter des Archivars Hillel, ihn ängstlich ausfragte und er sie zu beruhigen trachtete.

Ich gab mir keine Mühe, hinzuhorchen, was sie miteinander sprachen, und erriet mehr, als ich es in Worten verstand, dass Zwakh erzählte, mir sei ein Unfall zugestoßen und sie kämen bitten, mir die erste Hilfe zu leisten und mich wieder zu Bewusstsein zu bringen.

Noch immer konnte ich kein Glied rühren, und die unsichtbaren Finger hielten meine Zunge; aber mein Denken war fest und sicher und das Gefühl des Grauens hatte von mir abgelassen. Ich wusste genau, wo ich war und was mit mir geschah, und empfand es nicht einmal als absonderlich, dass man mich wie einen Toten hinauftrug, samt der Bahre im Zimmer Schemajah Hillels niedersetzte und – allein ließ.

Eine ruhige, natürliche Zufriedenheit, wie man sie beim Heimkommen nach einer langen Wanderung genießt, erfüllte mich.

Es war finster in der Stube, und mit verschwimmenden Umrissen hoben sich die Fensterrahmen in Kreuzesformen von dem mattleuchtenden Dunst ab, der von der Gasse heraufschimmerte.

Alles kam mir selbstverständlich vor und ich wunderte mich weder darüber, dass Hillel mit einem jüdischen siebenflammigen Sabbatleuchter eintrat, noch, dass er mir gelassen »Guten Abend« wünschte wie jemandem, dessen Kommen er erwartet hatte.

Was ich die ganze Zeit, die ich im Hause wohnte, nie als etwas Besonderes bemerkt hatte, – trotzdem wir einander oft drei- bis viermal in der Woche auf den Stiegen begegnet waren, – fiel mir plötzlich stark an ihm auf, wie er so hin und her ging, einige Gegenstände auf der Kommode zurechtrückte und schließlich mit dem Leuchter einen zweiten, gleichfalls siebenflammigen anzündete.

Nämlich, sein Ebenmaß an Leib und Gliedern und der schmale, feine Schnitt des Gesichtes mit dem edlen Stirnaufbau. – Er konnte, wie ich jetzt beim Schein der Kerzen sah, nicht älter sein als ich, höchstens 45 Jahre zählen.

»Du bist um einige Minuten früher gekommen«, – begann er nach einer Weile – »als anzunehmen war, sonst hätte ich die Lichter schon vorher angezündet.« – Er deutete auf die beiden Leuchter, trat an die Bahre und richtete seine dunklen, tiefliegenden Augen, wie es schien, auf jemand, der mir zu Häupten stand oder kniete, den ich aber nicht zu sehen vermochte. Dabei bewegte er seine Lippen und sprach lautlos einen Satz.

Sofort ließen die unsichtbaren Finger meine Zunge los und der Starrkrampf wich von mir. Ich richtete mich auf und blickte hinter mich. Niemand außer Schemajah Hillel und mir war im Zimmer. Sein »Du« und die Bemerkung, dass er mich erwartet habe, hatten also mir gegolten!? – Viel befremdender als diese beiden Umstände an sich wirkte es auf mich, dass ich nicht imstande war, auch nur die geringste Verwunderung darüber zu empfinden.

Hillel erriet offenbar meine Gedanken, denn er lächelte freundlich, wobei er mir von der Bahre aufstehen half und mit der Hand auf einen Sessel wies, und sagte: »Es ist auch nichts Wunderbares dabei. Schreckhaft wirken nur die gespenstischen Dinge – die Kischuph – auf den Menschen; das Leben kratzt und brennt wie ein härener Mantel, aber die Sonnenstrahlen der geistigen Welt sind mild und erwärmend.«

Ich schwieg, da mir nichts einfiel, was ich ihm hätte erwidern sollen. Er schien auch keine Gegenrede erwartet zu haben, setzte sich mir gegenüber und fuhr gelassen fort: »Auch ein silberner Spiegel, hätte er Empfindung, litte nur Schmerzen, wenn er poliert wird. Glatt und glänzend geworden, gibt er alle Bilder wieder, die auf ihn fallen, ohne Leid und Erregung.«

»Wohl dem Menschen«, setzte er leise hinzu, »der von sich sagen kann: Ich bin geschliffen.« – Einen Augenblick versank er in Nachdenken, und ich hörte ihn einen hebräischen Satz murmeln: »*Lischuosècho Kiwisi Adoschem.*« Dann drang seine Stimme wieder klar an mein Ohr:

»Du bist zu mir gekommen in tiefem Schlaf und ich habe dich wach gemacht. Im Psalm David heißt es: »Da sprach ich in mir selbst: Jetzt fange ich an: Die Rechte Gottes ist es, welche diese Veränderung gemacht hat.«

Wenn die Menschen aufstehen von ihren Lagerstätten, so wähnen sie, sie hätten den Schlaf abgeschüttelt, und wissen nicht, dass sie ihren Sinnen zum Opfer fallen und die Beute eines neuen viel tieferen Schlafes werden, als der war, dem sie soeben entronnen sind. Es gibt nur ein wahres Wachsein und das ist das, dem du dich jetzt näherst. Sprich den Menschen davon und sie werden sagen, du seiest krank, denn sie können dich nicht verstehen. Darum ist es zwecklos und grausam, ihnen davon zu reden.

Sie fahren dahin wie ein Strom –
Und sind wie ein Schlaf,
Gleich wie ein Gras, das doch bald welk wird –
Das des Abends abgehauen wird und verdorret.« –

»Wer war der Fremde, der mich in meiner Kammer aufgesucht hat und mir das Buch »Ibbur« gab? Habe ich ihn im Wachen oder im Traum gesehen?«, wollte ich fragen, doch Hillel antwortete mir, noch ehe ich den Gedanken in Worte fassen konnte: »Nimm an, der Mann, der zu Dir kam und den Du den Golem nennst, bedeute die Erweckung des Toten durch das innerste Geistesleben. Jedes Ding auf Erden ist nichts als ein ewiges Symbol in Staub gekleidet!

Wie denkst Du mit dem Auge? Jede Form, die Du siehst, denkst Du mit dem Auge. Alles, was zur Form geronnen ist, war vorher ein Gespenst.«

Ich fühlte, wie Begriffe, die bisher in meinem Hirn verankert gewesen, sich losrissen und gleich Schiffen ohne Steuer hinaustrieben in ein uferloses Meer.

Ruhevoll fuhr Hillel fort: »Wer aufgeweckt worden ist, kann nicht mehr sterben; Schlaf und Tod sind dasselbe.«

» – – kann nicht mehr sterben?« – ein dumpfer Schmerz ergriff mich. – »Zwei Pfade laufen nebeneinander hin: Der Weg des Lebens und der Weg des Todes. Du hast das Buch »Ibbur« genommen und darin gelesen. Deine Seele ist schwanger geworden vom Geist des Lebens«, hörte ich ihn reden.

»Hillel, Hillel, lass mich den Weg gehen, den alle Menschen gehen: Den des Sterbens!«, schrie alles wild in mir auf.

Schemajah Hillels Gesicht wurde starr vor Ernst.

»Die Menschen gehen keinen Weg, weder den des Lebens, noch den des Todes. Sie treiben daher wie Spreu im Sturm. Im Talmud steht: »Ehe Gott die Welt schuf, hielt er den Wesen einen Spiegel vor; darin sahen sie die geistigen Leiden des Daseins und die Wonnen, die darauf folgten. Da nahmen die einen die Leiden auf sich. Die anderen aber weigerten sich, und diese strich Gott aus dem Buch der Lebenden.« Du aber gehst einen Weg und hast ihn aus freiem Willen beschritten, – wenn Du es jetzt auch selbst nicht mehr weißt. Du bist berufen von dir selbst. Gräm' dich nicht. Allmählich, wenn das Wissen kommt, kommt auch die Erinnerung. Wissen und Erinnerung sind dasselbe.«

Der freundliche, fast liebenswürdige Ton, in den Hillels Rede ausgeklungen war, gab mir meine Ruhe wieder, und ich fühlte mich geborgen wie ein krankes Kind, das seinen Vater bei sich weiß.

Ich blickte auf und sah, dass mit einem Mal viele Gestalten im Zimmer waren und uns im Kreis umstanden: Einige in weißen Sterbegewändern, wie sie die alten Rabbiner trugen, andere mit dreieckigem Hut und Silberschnallen an den Schuhen – aber Hillel fuhr mir mit der Hand über die Augen, und die Stube war wieder leer.

Dann geleitete er mich hinaus zur Treppe und gab mir eine brennende Kerze mit, damit ich mir hinaufleuchten könne in mein Zimmer. – – – – – – – – – – – –

Ich legte mich zu Bett und wollte schlafen, aber der Schlummer kam nicht, und ich geriet stattdessen in einen sonderbaren Zustand, der weder Träumen war, noch Wachen, noch Schlafen.

Das Licht hatte ich ausgelöscht, aber trotzdem war alles in der Stube so deutlich, dass ich jede einzelne Form genau unterscheiden konnte. Dabei fühlte ich mich vollkommen behaglich und frei von der gewissen qualvollen Unruhe, die einen foltert, wenn man sich in ähnlicher Verfassung befindet.

Nie vorher in meinem Leben wäre ich imstande gewesen, so scharf und präzis zu denken wie eben jetzt. Der Rhythmus der Gesundheit durchströmte meine Nerven und ordnete meine Gedanken in Reih' und Glied wie eine Armee, die nur auf meine Befehle wartete. Ich brauchte bloß zu rufen, und sie traten vor mich und erfüllten, was ich wünschte.

Eine Gemme, die ich in den letzten Wochen aus Aventurinstein zu schneiden versucht hatte, – ohne damit zurechtzukommen, da sich die vielen zerstreuten Flimmer in dem Mineral niemals mit den Gesichtszügen decken wollten, die ich mir vorgestellt, – fiel mir ein, und im Nu sah ich die Lösung vor mir und wusste genau, wie ich den Stichel zu führen hatte, um der Struktur der Masse gerecht zu werden.

Ehedem Sklave einer Horde phantastischer Eindrücke und Traumgesichter, von denen ich oft nicht gewusst, waren es Ideen oder Gefühle, sah ich mich jetzt plötzlich als Herr und König im eigenen Reich.

Rechenexempel, die ich früher nur mit Ächzen und auf dem Papier hätte bewältigen können, fügten sich mir mit einem Mal im Kopf spielend zum Resultat. Alles mit Hilfe einer neuen, in mir erwachten Fähigkeit, das zu sehen und festzuhalten, was ich gerade brauchte: Ziffern, Formen, Gegenstände oder Farben. Und wenn es sich um Fragen handelte, die durch derlei Werkzeuge nicht zu lösen waren: – philosophische Probleme und Ähnliches –, so trat an Stelle des inneren Sehens das Gehör, wobei die Stimme Schemajah Hillels die Rolle des Sprechers übernahm.

Erkenntnisse seltsamster Art wurden mir zuteil.

Was ich tausendmal im Leben achtlos als bloßes Wort an meinem Ohr hatte vorübergehen lassen, stand wertgetränkt bis in die tiefste Faser vor mir; was ich »auswendig« gelernt, »erfasste« ich mit einem Schlag als mein »Eigen«tum. Der Wortbildung Geheimnisse, die ich nie geahnt, lagen nackt vor mir.

Die »hohen« Ideale der Menschheit, die vordem mit kommerzienrätlich biederer Miene, die Pathosbrust mit Orden bekleckst, mich von oben herab behandelt hatten, – demütig nahmen sie jetzt die Maske von der Fratze und entschuldigten sich, sie seien selber ja nur Bettler, aber immerhin Krücken für – einen noch frecheren Schwindel. – Träumte ich nicht vielleicht doch? Hatte ich etwa gar nicht mit Hillel gesprochen? Ich griff nach dem Sessel neben meinem Bett.

Richtig. Dort lag die Kerze, die mir Schemajah mitgegeben hatte; und selig wie ein kleiner Junge in der Christfestnacht, der sich überzeugt hat, dass der wundervolle Hampelmann wirklich und leibhaftig vorhanden ist, wühlte ich mich wieder in die Kissen.

Und wie ein Spürhund drang ich weiter vor in das Dickicht der geistigen Rätsel, die mich rings umgaben.

Zuerst versuchte ich zu dem Punkt in meinem Leben zurückzugelangen, bis zu dem meine Erinnerung reichte. Nur von dort aus – glaubte ich – könnte es mir möglich sein, jenen Teil meines Daseins zu überblicken, der für mich, durch eine seltsame Fügung des Schicksals in Finsternis gehüllt lag.

Aber wie sehr ich mich auch bemühte, ich kam nicht weiter, als dass ich mich wie einst in dem düsteren Hof unseres Hauses stehen sah und durch den Torbogen den Trödlerladen des Aaron Wassertrum unterschied – als ob ich ein Jahrhundert lang als Gemmenschneider in diesem Haus gewohnt hätte, immer gleich alt und ohne jemals ein Kind gewesen zu sein!

Schon wollte ich es als hoffnungslos aufgeben, weiter zu schürfen in den Schächten der Vergangenheit, da begriff ich plötzlich mit leuchtender Klarheit, dass in meiner Erinnerung wohl die breite Heerstraße der Geschehnisse mit dem gewissen Torbogen endete, nicht aber eine Menge winzig schmaler Fußsteige, die wohl bisher den Hauptpfad ständig begleitet hatten, von mir jedoch nicht beachtet worden waren. »Woher«, schrie es mir fast in die Ohren, »hast du denn die Kenntnisse, dank derer du jetzt dein Leben fristest? Wer hat dich Gemmenschneiden gelehrt – und Gravieren und all das andere? Lesen, schreiben, sprechen – und essen – und gehen, atmen, denken und fühlen?«

Sofort griff ich den Rat meines Innern auf. Systematisch ging ich mein Leben zurück. Ich zwang mich in verkehrter aber ununterbrochener Reihenfolge zu überlegen: was ist soeben geschehen, was war der Ausgangspunkt dazu, was lag vor diesem und so weiter?

Wieder war ich bei dem gewissen Torbogen angelangt – – jetzt! Jetzt! Nur ein kleiner Sprung ins Leere und der Abgrund, der mich von dem Vergessen trennte, musste überflogen sein – da trat ein Bild vor mich, das ich auf der Rückwanderung meiner Gedanken übersehen hatte: Schemajah Hillel fuhr mir mit der Hand über die Augen – genau wie vorhin unten in seinem Zimmer.

Und weggewischt war alles. Sogar der Wunsch, weiter zu forschen.

Nur eins stand fest als bleibender Gewinn: die Erkenntnis: Die Reihe der Begebenheiten im Leben ist eine Sackgasse, so breit und gangbar sie auch zu sein scheint. Die schmalen, verborgenen Steige sind's, die in die verlorene Heimat zurückführen: Das, was mit feiner, kaum sichtbarer Schrift in unserem Körper eingraviert ist, und nicht die scheußliche Narbe, die die Raspel des äußeren Lebens hinterlässt, – birgt die Lösung der letzten Geheimnisse.

So, wie ich zurückfinden könnte in die Tage meiner Jugend, wenn ich in der Fibel das Alphabet in verkehrter Folge vornähme von Z bis A, um dort anzulangen, wo ich in der Schule zu lernen begonnen, – so, begriff ich, musste ich auch wandern können in die andere ferne Heimat, die jenseits allen Denkens liegt.

Eine Weltkugel an Arbeit wälzte sich auf meine Schultern. Auch Herkules trug eine Zeitlang das Gewölbe des Himmels auf seinem Haupt, fiel mir ein, und versteckte Bedeutung schimmerte mir aus der Sage entgegen. Und wie Herkules wieder loskam durch eine List, indem er den Riesen Atlas bat: »Lass mich nur einen Bausch von Stricken um den Kopf binden, damit mir die entsetzliche Last nicht das Gehirn zersprengt«, so gäbe es vielleicht einen dunklen Weg – dämmerte mir – von dieser Klippe weg.

Ein tiefer Argwohn, der Führerschaft meiner Gedanken weiter blind zu vertrauen, beschlich mich plötzlich. Ich legte mich gerade und verschloss mit den Fingern Augen und Ohren, um nicht abgelenkt zu werden durch die Sinne. Um jeden Gedanken zu töten.

Doch mein Wille zerschellte an dem ehernen Gesetz: Ich konnte immer nur einen Gedanken durch einen anderen vertreiben, und starb der eine, schon mästete sich der nächste an seinem Fleisch. Ich flüchtete in den brausenden Strom meines Blutes, aber die Gedanken folgten mir auf dem Fuß; ich verbarg mich im Hämmerwerk meines Herzens: nur eine kleine Weile, und sie hatten mich entdeckt.

Abermals kam mir da Hillels freundliche Stimme zu Hilfe und sagte: »Bleib auf deinem Weg und wanke nicht! Der Schlüssel zur Kunst des Vergessens gehört unseren Brüdern, die den Pfad des Todes wandeln; du aber bist geschwängert vom Geiste des – Lebens.«

Das Buch Ibbur erschien vor mir, und zwei Buchstaben flammten darin auf: der eine, der das erzene Weib bedeutete, mit dem Pulsschlag, mächtig, gleich einem Erdbeben, – der andere in unendlicher Ferne: der Hermaphrodit auf dem Thron von Perlmutter, auf dem Haupt die Krone aus rotem Holz.

Dann fuhr Schemajah Hillel ein drittes Mal mit der Hand über meine Augen, und ich schlummerte ein.

Schnee

»Mein lieber und verehrter Meister Pernath!

Ich schreibe Ihnen diesen Brief in fliegender Eile und höchster Angst. Bitte, vernichten Sie ihn sofort, nachdem Sie ihn gelesen haben, – oder besser noch, bringen Sie ihn mir samt Kuvert mit. – Ich hätte keine Ruhe sonst.

Sagen Sie keiner Menschenseele, dass ich Ihnen geschrieben habe. Auch nicht, wohin Sie heute gehen werden!

Ihr ehrliches gutes Gesicht hat mir – »neulich« – (Sie werden durch diese kurze Anspielung auf ein Ereignis, dessen Zeuge Sie waren, erraten, wer Ihnen diesen Brief schreibt, denn ich fürchte mich, meinen Namen darunter zu setzen) – so viel Vertrauen eingeflößt, und weiter, dass Ihr lieber, seliger Vater mich als Kind unterrichtet hat, – alles das gibt mir den Mut, mich an Sie, als vielleicht den einzigen Menschen, der noch helfen kann, zu wenden.

Ich flehe Sie an, kommen Sie heute, abends um 5 Uhr, in die Domkirche auf dem Hradschin.«

Eine Ihnen bekannte Dame.

Wohl eine Viertelstunde lang saß ich da und hielt den Brief in der Hand. Die seltsame, weihevolle Stimmung, die mich von gestern Nacht her umfangen gehalten, war mit einem Schlag gewichen, – weggeweht von dem frischen Windhauch eines neuen irdischen Tages. Ein junges Schicksal kam lächelnd und verheißungsvoll – ein Frühlingskind – auf mich zu. Ein Menschenherz suchte Hilfe bei mir. – Bei mir! Wie sah meine Stube plötzlich so anders aus! Der wurmstichige, geschnitzte Schrank blickte so zufrieden drein, und die vier Sessel kamen mir vor wie alte Leute, die um den Tisch herumsitzen und behaglich kichernd Tarock spielen.

Meine Stunden hatten einen Inhalt bekommen, einen Inhalt voll Reichtum und Glanz.

So sollte der morsche Baum noch Früchte tragen?

Ich fühlte, wie mich eine lebendige Kraft durchrieselte, die bisher schlafen gelegen in mir – verborgen gewesen in den Tiefen meiner Seele, verschüttet von dem Geröll, das der Alltag häuft, wie eine Quelle losbricht aus dem Eis, wenn der Winter zerbricht.

Und ich wusste so gewiss, wie ich den Brief in der Hand hielt, dass ich würde helfen können, um was es auch ginge. Der Jubel in meinem Herzen gab mir die Sicherheit.

Wieder und wieder las ich die Stelle: »und weiter, dass Ihr lieber seliger Vater mich als Kind unterrichtet hat – – «; – mir stand der Atem still. Klang das nicht wie Verheißung: »Heute noch wirst du mit mir im Paradiese sein?« Die Hand, die sich mir hinstreckte, Hilfe suchend, hielt mir das Geschenk entgegen: Die Rückerinnerung, nach der ich dürstete, – würde mir das Geheimnis offenbaren, den Vorhang heben helfen, der sich hinter meiner Vergangenheit geschlossen hatte!

»Ihr lieber seliger Vater« – –, wie fremdartig die Worte klangen, als ich sie mir vorsagte! – Vater! – Einen Augenblick sah ich das müde Gesicht eines alten Mannes mit weißem Haar in dem Lehnstuhl neben meiner Truhe auftauchen – fremd, ganz fremd und doch so schauerlich bekannt; – – dann kamen meine Augen wieder zu sich, und die Hammerlaute meines Herzens schlugen die greifbare Stunde der Gegenwart.

Erschreckt fuhr ich auf: hatte ich die Zeit verträumt? Ich blickte auf die Uhr: Gott sei Lob, erst halb fünf.

Ich ging in meine Schlafkammer nebenan, holte Hut und Mantel und schritt die Treppen hinab. Was kümmerte mich heute das Geraune der dunklen Winkel, die bösartigen, engherzigen, verdrossenen Bedenken, die immer von ihnen aufstiegen: »Wir lassen dich nicht, – du bist unser, – wir wollen nicht, dass du dich freust – das wäre noch schöner, Freude hier im Haus!«

Der feine, vergiftete Staub, der sich sonst aus allen diesen Gängen und Ecken her um mich gelegt mit würgenden Händen; heute wich er vor dem lebendigen Hauch meines Mundes. Einen Augenblick blieb ich stehen an Hillels Tür.

Sollte ich eintreten?

Eine heimliche Scheu hielt mich ab zu klopfen. Mir war so ganz anders heute, – so, als dürfe ich gar nicht hinein zu ihm. Und schon trieb mich die Hand des Lebens vorwärts, die Stiegen hinab. – –

Die Gasse lag weiß im Schnee.

Ich glaube, dass viele Leute mich gegrüßt haben; ich erinnere mich nicht, ob ich ihnen gedankt. Immer wieder fühlte ich an die Brust, ob ich den Brief auch bei mir trüge? Es ging eine Wärme von der Stelle aus. – – – – –

Ich wanderte durch die Bogen der gequaderten Laubengänge auf dem Altstädter Ring und an dem Erzbrunnen vorbei, dessen barockes Gitter voll Eiszapfen hing, hinüber über die steinerne Brücke mit ihren Heiligenstatuen und dem Standbild des Johannes von Nepomuk.

Unten schäumte der Fluss voll Hass gegen die Fundamente.

Halb im Traum fiel mein Blick auf den gehöhlten Sandstein der heiligen Luitgard mit »den Qualen der Verdammten« darin; dicht lag der Schnee auf den Lidern der Büßenden und den Ketten an ihren betend erhobenen Händen.

Torbogen nahmen mich auf und entließen mich, Paläste zogen langsam an mir vorüber, mit geschnitzten, hochmütigen Portalen, darinnen Löwenköpfe in bronzene Ringe bissen.

Auch hier überall Schnee, Schnee. Weich, weiß wie das Fell eines riesigen Eisbären.

Hohe, stolze Fenster, die Simse beglitzert und vereist, schauten teilnahmslos zu den Wolken empor.

Ich wunderte mich, wie der Himmel so voll ziehender Vögel war.

Wie ich die unzähligen Granitstufen emporstieg zum Hradschin, jede so breit, wie wohl vier Menschenleiber lang sind, versank Schritt um Schritt die Stadt mit ihren Dächern und Giebeln vor meinem Sinn. – – – – – – – – –

Schon schlich die Dämmerung die Häuserreihen entlang, da trat ich auf den einsamen Platz, aus dessen Mitte der Dom aufragt zum Thron der Engel.

Fußtapfen – die Ränder mit Krusten aus Eis – führten hin zum Nebentor.

Von irgendwo aus einer fernen Wohnung klangen leise, verlorene Töne eines Harmoniums in die Abendstille hinaus. Wie Tränentropfen der Schwermut fielen sie in die Verlassenheit.

Ich hörte hinter mir das Seufzen des Schlagpolsters, wie die Kirchentüre mich aufnahm, dann stand ich im Dunkel, und der goldene Altar blinkte in starrer Ruhe herüber zu mir durch den grünen und blauen Schimmer sterbenden Lichtes, das durch die farbigen Fenster auf die Betstühle niedersank. Funken sprühten aus roten, gläsernen Ampeln.

Welker Duft von Wachs und Weihrauch.

Ich lehnte mich in eine Bank. Mein Blut ward seltsam still in diesem Reich der Regungslosigkeit.

Ein Leben ohne Herzschlag erfüllte den Raum – ein heimliches, geduldiges Warten.

Die silbernen Reliquienschreine lagen im ewigen Schlaf.

Da! – Aus weiter, weiter Ferne drang das Geräusch von Pferdehufen gedämpft, kaum merklich an mein Ohr, wollte näherkommen und verstummte.

Ein matter Schall, wie wenn ein Wagenschlag zufällt. – – – – – – – – – –

Das Rauschen eines seidenen Kleides war auf mich zugekommen, und eine zarte, schmale Damenhand hatte leicht meinen Arm berührt.

»Bitte, bitte, gehen wir doch dort neben den Pfeiler; es widerstrebt mir, hier in den Betstühlen von den Dingen zu sprechen, die ich Ihnen sagen muss.«

Die weihevollen Bilder ringsum zerrannen zu nüchterner Klarheit. Der Tag hatte mich plötzlich angefasst.

»Ich weiß gar nicht, wie ich Ihnen danken soll, Meister Pernath, dass Sie mir zuliebe bei dem schlechten Wetter den langen Weg hier herauf gemacht haben.«

Ich stotterte ein paar banale Worte.

»– – Aber ich wusste keinen andern Ort, wo ich sicherer vor Nachforschung und Gefahr bin, als diesen. Hierher, in den Dom, ist uns gewiss niemand nachgegangen.«

Ich zog den Brief hervor und reichte ihn der Dame.

Sie war fast ganz vermummt in einen kostbaren Pelz, aber schon am Klang ihrer Stimme hatte ich sie wiedererkannt als dieselbe, die damals voll Entsetzen vor Wassertrum in mein Zimmer in der Hahnpassgasse flüchtete. Ich war auch nicht erstaunt darüber, denn ich hatte niemand anderen erwartet.

Meine Augen hingen an ihrem Gesicht, das in der Dämmerung der Mauernische wohl noch blasser schien, als es in Wirklichkeit sein mochte. Ihre Schönheit benahm mir fast den Atem, und ich stand wie gebannt. Am liebsten wäre ich vor ihr niedergefallen und hätte ihre Füße geküsst, dass sie es war, der ich helfen sollte, dass sie mich dazu erwählt hatte. – – – – – – – – – –

»Vergessen Sie, ich bitte Sie von Herzen darum, – wenigstens solange wir hier sind – die Situation, in der Sie mich damals gesehen haben«, sprach sie gepresst weiter, »ich weiß auch gar nicht, wie Sie über solche Dinge denken – – «

»Ich bin ein alter Mann geworden, aber kein einziges Mal in meinem Leben war ich so vermessen, dass ich mich Richter gedünkt hätte über meine Mitmenschen«, war das einzige, was ich hervorbrachte.

»Ich danke Ihnen, Meister Pernath«, sagte sie warm und schlicht. »Und jetzt hören Sie mich geduldig an, ob Sie mir in meiner Verzweiflung nicht helfen oder wenigstens einen Rat geben können.« – Ich fühlte, wie eine wilde Angst sie packte, und hörte ihre Stimme zittern. – »Damals – – im Atelier – – – damals brach die schreckliche Gewissheit über mich herein, dass jener grauenhafte Oger mir mit Vorbedacht nachgespürt hat. – Schon durch Monate war mir aufgefallen, dass, wohin ich auch immer ging, – ob allein, oder mit meinem Gatten, oder mit – – – mit – mit Dr. Savioli, – stets das entsetzliche Verbrechergesicht dieses Trödlers irgendwo in der Nähe auftauchte. Im Schlaf und im Wachen verfolgten mich seine schielenden Augen. Noch macht sich ja kein Zeichen bemerkbar, was er vorhat, aber um so qualvoller drosselt mich nachts die Angst: Wann wirft er mir die Schlinge um den Hals!?

Anfangs wollte mich Dr. Savioli damit beruhigen, was denn so ein armseliger Trödler wie dieser Aaron Wassertrum überhaupt vermöchte – schlimmsten Falles könnte es sich nur um eine geringfügige Erpressung oder dergleichen handeln, aber jedes Mal wurden seine Lippen weiß, wenn der Name Wassertrum fiel. Ich ahne: Dr. Savioli hält mir etwas geheim, um mich zu beruhigen, – irgendetwas Furchtbares, was ihn oder mich das Leben kosten kann.

Und dann erfuhr ich, was er mir sorgsam verheimlichen wollte: dass ihn der Trödler mehrere Male des Nachts in seiner Wohnung besucht hat! – Ich weiß es, ich spüre es in jeder Faser meines Körpers; es geht etwas vor, das sich langsam um uns zusammenzieht wie die Ringe einer Schlange. – Was hat dieser Mörder dort zu suchen? Warum kann Dr. Savioli ihn nicht abschütteln? Nein, nein, ich sehe das nicht länger mit an; ich muss etwas tun. Irgendetwas, ehe es mich in den Wahnsinn treibt.«

Ich wollte ihr ein paar Worte des Trostes entgegnen, aber sie ließ mich nicht zu Ende sprechen.

»Und in den letzten Tagen nahm der Alb, der mich zu erwürgen droht, immer greifbarere Formen an. Dr. Savioli ist plötzlich erkrankt, – ich kann mich nicht mehr mit ihm verständigen – darf ihn nicht besuchen, wenn ich nicht stündlich gewärtigen soll, dass meine Liebe zu ihm entdeckt wird –; er liegt in Delirien, und das einzige, was ich erkunden konnte, ist, dass er sich im Fieber von einem Scheusal verfolgt wähnt, dessen Lippen von einer Hasenscharte gespalten sind: – Aaron Wassertrum!

Ich weiß, wie mutig Dr. Savioli ist; um so entsetzlicher – können Sie sich das vorstellen? – wirkt es auf mich, ihn jetzt gelähmt vor einer Gefahr, die ich selbst nur wie die dunkle Nähe eines grauenhaften Würgengels empfinde, zusammengebrochen zu sehen. – Sie werden sagen, ich sei feige, und warum ich mich denn nicht offen zu Dr. Savioli bekenne, alles von mir würfe, wenn ich ihn doch so liebe –: Alles, Reichtum, Ehre, Ruf und so weiter, aber –« sie schrie es förmlich heraus, dass es widerhallte von den Chorgalerien, – »ich kann nicht! – Ich hab' doch mein Kind, mein liebes, blondes, kleines Mädel! Ich kann doch mein Kind nicht hergeben! – Glauben Sie denn, mein Mann ließe es mir?! Da, da, nehmen Sie das, Meister Pernath« – sie riss im Wahnwitz ein Täschchen auf, das vollgestopft war mit Perlenschnüren und Edelsteinen – »und bringen Sie es dem Verbrecher; – ich weiß, er ist habsüchtig – er soll sich alles holen, was ich besitze, aber mein Kind soll er mir lassen. – Nicht wahr, er wird schweigen? – So reden Sie doch um Jesu Christi willen, sagen Sie nur ein Wort, dass Sie mir helfen wollen!«

Es gelang mir mit größter Mühe, die Rasende wenigstens so weit zu beruhigen, dass sie sich auf eine Bank niederließ.

Ich sprach zu ihr, wie es mir der Augenblick eingab. Wirre, zusammenhanglose Sätze.

Gedanken jagten dabei in meinem Hirn, sodass ich selbst kaum verstand, was mein Mund redete, – Ideen phantastischer Art, die zusammenbrachen, kaum dass sie geboren waren.

Geistesabwesend haftete mein Blick auf einer bemalten Mönchsstatue in der Wandnische. Ich redete und redete. Allmählich verwandelten sich die Züge der Statue, die Kutte wurde ein fadenscheiniger Überzieher mit hochgeklapptem Kragen, und ein jugendliches Gesicht mit abgezehrten Wangen und hektischen Flecken wuchs daraus empor.

Ehe ich die Vision verstehen konnte, war der Mönch wieder da. Meine Pulse schlugen zu laut.

Die unglückliche Frau hatte sich über meine Hand gebeugt und weinte still.

Ich gab ihr von der Kraft, die in mich eingezogen war in der Stunde, als ich den Brief gelesen hatte, und mich jetzt abermals übermächtig erfüllte, und ich sah, wie sie langsam daran genas.

»Ich will Ihnen sagen, warum ich mich gerade an Sie gewendet habe, Meister Pernath«, fing sie nach langem Schweigen leise wieder an. »Es waren ein paar Worte, die Sie mir einmal gesagt haben – und die ich nie vergessen konnte die vielen Jahre hindurch –«

Vor vielen Jahren? Mir gerann das Blut.

»– – Sie nahmen Abschied von mir – ich weiß nicht mehr, weshalb und wieso, ich war ja noch ein Kind, – und Sie sagten so freundlich und doch so traurig: ›Es wird wohl nie die Zeit kommen, aber gedenken Sie meiner, wenn Sie je im Leben nicht aus noch ein wissen. Vielleicht gibt mir Gott der Herr, dass ich es dann sein darf, der Ihnen hilft.‹ – Ich habe mich damals abgewendet und rasch meinen Ball in den Springbrunnen fallen lassen, damit Sie meine Tränen nicht sehen sollten. Und dann wollte ich Ihnen das rote Korallenherz schenken, das ich an einem Seidenband um den Hals trug, aber ich schämte mich, weil das gar so lächerlich gewesen wäre.«

– – – – Erinnerung! Die Finger des Starrkrampfes tasteten nach meiner Kehle. Ein Schimmer wie aus einem vergessenen, fernen Land der Sehnsucht trat vor mich – unvermittelt und schreckhaft: Ein kleines Mädchen in weißem Kleid und ringsum die dunkle Wiese eines Schlossparks, von alten Ulmen umsäumt. Deutlich sah ich es wieder vor mir.

Ich musste mich verfärbt haben; ich merkte es an der Hast, mit der sie fortfuhr: »Ich weiß ja, dass Ihre Worte damals nur der Stimmung des Abschieds entsprangen, aber sie waren mir oft ein Trost und – und ich danke Ihnen dafür.«

Mit aller Kraft biss ich die Zähne zusammen und jagte den heulenden Schmerz, der mich zerfetzte, in die Brust zurück.

Ich verstand: Eine gnädige Hand war es gewesen, die die Riegel vor meiner Erinnerung zugeschoben hatte. Klar stand jetzt in meinem Bewusstsein geschrieben, was ein kurzer Schimmer aus alten Tagen herübergetragen: Eine Liebe, die für mein Herz zu stark gewesen, hatte für Jahre mein Denken zernagt, und die Nacht des Irrsinns war damals der Balsam für meinen wunden Geist geworden.

Allmählich senkte sich die Ruhe des Erstorbenseins über mich und kühlte die Tränen hinter meinen Augenlidern. Der Hall von Glocken zog ernst und stolz durch den Dom, und ich konnte freudig lächelnd der in die Augen sehen, die gekommen war, Hilfe bei mir zu suchen. – – – – – – – – – Wieder hörte ich das dumpfe Fallen des Wagenschlags und das Trappen der Hufe. – – – – – – – – –

Durch nachtblauglitzernden Schnee ging ich hinab in die Stadt.

Die Laternen staunten mich an mit zwinkernden Augen, und aus geschichteten Bergen von Tannenbäumen raunte es von Flitter und silbernen Nüssen und vom kommenden Christfest.

Auf dem Rathausplatz an der Mariensäule murmelten bei Kerzenglanz die alten Bettelweiber mit den grauen Kopftüchern der Muttergottes ihren Rosenkranz.

Vor dem dunklen Eingang zur Judenstadt hockten die Buden des Weihnachtsmarktes. Mitten darin, mit rotem Tuch bespannt, leuchtete grell, von schwelenden Fackeln beschienen, die offene Bühne eines Marionettentheaters.

Zwakhs Policinell in Purpur und Violett, die Peitsche in der Hand und daran an der Schnur einen Totenschädel, ritt klappernd auf hölzernem Schimmel über die Bretter.

In Reihen fest aneinandergedrängt starrten die Kleinen – die Pelzmützen tief über die Ohren gezogen – mit offenem Munde hinauf und lauschten gebannt den Versen des Prager Dichters Oskar Wiener, die mein Freund Zwakh da drinnen im Kasten sprach:

»Ganz vorne schritt ein Hampelmann,
Der Kerl war mager wie ein Dichter
Und hatte bunte Lappen an
Und torkelte und schnitt Gesichter.« –

Ich bog in die Gasse ein, die schwarz und winklig auf den Platz mündete. Dicht, Kopf an Kopf, stand lautlos eine Menschenmenge da in der Finsternis vor einem Anschlagszettel.

Ein Mann hatte ein Streichholz angezündet, und ich konnte einige Zeilen bruchstückweise lesen. Mit dumpfen Sinnen nahm mein Bewusstsein ein paar Worte auf:

Vermisst!
1000 fl Belohnung
Älterer Herr ....schwarz gekleidet .....
................Signalement:
.... fleischiges, glattrasiertes Gesicht ....
.....................Haarfarbe: weiß ....
.... Polizeidirektion .... Zimmer Nr. .....

Wunschlos, teilnahmslos, ein lebender Leichnam, ging ich langsam hinein in die lichtlosen Häuserreihen.

Eine Handvoll winziger Sterne glitzerte auf dem schmalen, dunklen Himmelsweg über den Giebeln.

Friedvoll schweiften meine Gedanken zurück in den Dom, und die Ruhe meiner Seele wurde noch beseligender und tiefer, da drang vom Platz herüber, schneidend klar – als stünde sie dicht an meinem Ohr – die Stimme des Marionettenspielers durch die Winterluft:

»Wo ist das Herz aus rotem Stein?
Es hing an einem Seidenbande,
Und funkelte im Frührotschein.«

Spuk

Bis tief in die Nacht hatte ich ruhelos mein Zimmer durchmessen und mir das Gehirn zermartert, wie ich »ihr« Hilfe bringen könnte.

Oft war ich nahe daran gewesen, hinunter zu Schemajah Hillel zu gehen, ihm zu erzählen, was mir anvertraut worden, und ihn um Rat zu bitten. Aber jedes Mal verwarf ich den Entschluss.

Er stand im Geist so riesengroß vor mir, dass es eine Entweihung schien, ihn mit Dingen, die das äußere Leben betrafen, zu behelligen, dann wieder kamen Momente, wo mich brennende Zweifel befielen, ob ich in Wirklichkeit alles das erlebt hätte, was nur eine kurze Spanne Zeit zurücklag und doch so seltsam verblasst schien, verglichen mit den lebenstrotzenden Erlebnissen des verflossenen Tages.

Hatte ich nicht doch geträumt? Durfte ich – ein Mensch, dem das Unerhörte geschehen war, dass er seine Vergangenheit vergessen hatte, – auch nur eine Sekunde lang als Gewissheit annehmen, wofür als einziger Zeuge bloß meine Erinnerung die Hand aufhob?

Mein Blick fiel auf die Kerze Hillels, die immer noch auf dem Sessel lag. Gott sei Dank, wenigstens das eine stand fest: Ich war mit ihm in persönlicher Berührung gewesen!

Sollte ich nicht ohne Besinnen hinunterlaufen zu ihm, seine Knie umfassen und wie Mensch zu Mensch ihm klagen, dass ein unsägliches Weh an meinem Herzen fraß?

Schon hielt ich die Klinke in der Hand, da ließ ich wieder los; ich sah voraus, was kommen würde: Hillel würde mir mild über die Augen fahren und – – – nein, nein, nur das nicht! Ich hatte kein Recht, Linderung zu begehren. »Sie« vertraute auf mich und meine Hilfe, und wenn die Gefahr, in der sie sich fühlte, mir in Momenten auch klein und nichtig erscheinen mochte, – sie empfand sie sicherlich als riesengroß!

Hillel um Rat zu bitten, blieb morgen Zeit. – Ich zwang mich, kalt und nüchtern zu denken; – Ihn jetzt – mitten in der Nacht zu stören? – Es ging nicht an. So würde nur ein Verrückter handeln.

Ich wollte die Lampe anzünden; dann ließ ich es wieder sein: Der Abglanz des Mondlichts fiel von den Dächern gegenüber herein in mein Zimmer und gab mehr Helle, als ich brauchte. Und ich fürchtete, die Nacht könnte noch langsamer vergehen, wenn ich Licht machte. Es lag so viel Hoffnungslosigkeit in dem Gedanken, die Lampe anzuzünden, nur um den Tag zu erwarten, – eine leise Angst sagte mir, der Morgen rücke dadurch in unerlebbare Ferne.

Ich trat ans Fenster: Wie ein gespenstischer, in der Luft schwebender Friedhof lagen die Reihen verschnörkelter Giebel dort oben – Leichensteine mit verwitterten Jahreszahlen, getürmt über die dunklen Modergrüfte, diese »Wohnstätten«, darein sich das Gewimmel der Lebenden Höhlen und Gänge genagt.

Lange stand ich so und starrte hinauf, bis ich mich leise, ganz leise zu wundern begann, warum ich denn nicht aufschräke, wo doch ein Geräusch von verhaltenen Schritten durch die Mauern neben mir deutlich an mein Ohr drang.

Ich horchte hin. Kein Zweifel, wieder ging da ein Mensch. Das kurze Ächzen der Dielen verriet, wie seine Sohle zögernd schlich.

Mit einem Schlage war ich ganz bei mir. Ich wurde förmlich kleiner, so presste sich alles in mir zusammen unter dem Druck des Willens zu hören. Jedes Zeitempfinden gerann zu Gegenwart.

Noch ein rasches Knistern, das vor sich selbst erschrak und hastig abbrach. Dann Totenstille. Jene lauernde, grauenhafte Stille, die ihr eigener Verräter ist und Minuten ins Ungeheuerliche wachsen macht.

Regungslos stand ich, das Ohr an die Wand gedrückt, das drohende Gefühl in der Kehle, dass drüben einer stand, genauso wie ich und dasselbe tat.

Ich lauschte und lauschte: Nichts. Der Atelierraum nebenan schien wie abgestorben.

Lautlos – auf den Zehenspitzen – stahl ich mich an den Sessel bei meinem Bett, nahm Hillels Kerze und zündete sie an.

Dann überlegte ich: Die eiserne Speichertür draußen auf dem Gang, die zum Atelier Saviolis führte, ging nur von drüben aufzuklinken.

Aufs Geratewohl ergriff ich ein hakenförmiges Stück Draht, das unter meinen Gravierstcheln auf dem Tisch lag: Derlei Schlösser springen leicht auf. Schon beim ersten Druck auf die Riegelfeder! Und was würde dann geschehen? – Nur Aaron Wassertrum konnte es sein, der da nebenan spionierte, – vielleicht in Kästen wühlte, um neue Waffen und Beweise in die Hand zu bekommen, legte ich mir zurecht.

Ob es viel nützen würde, wenn ich dazwischentrat?

Ich besann mich nicht lang: Handeln, nicht denken! Nur dies furchtbare Warten auf den Morgen zerfetzen!

Und schon stand ich vor der eisernen Bodentür, drückte dagegen, schob vorsichtig den Haken ins Schloss und horchte. Richtig: Ein schleifendes Geräusch drinnen im Atelier, wie wenn jemand eine Schublade aufzieht.

Im nächsten Augenblick schnellte der Riegel zurück.

Ich konnte das Zimmer überblicken und sah, obwohl es fast finster war und meine Kerze mich nur blendete, wie ein Mann in langem schwarzem Mantel entsetzt vor einem Schreibtisch aufsprang, – eine Sekunde lang unschlüssig, wohin sich wenden, – eine Bewegung machte, als wolle er auf mich losstürzen, sich dann den Hut vom Kopf riss und hastig damit sein Gesicht bedeckte.

»Was suchen Sie hier!« wollte ich rufen, doch der Mann kam mir zuvor: »Pernath! Sie sind's? Gotteswillen! Das Licht weg!« Die Stimme kam mir bekannt vor, war aber keinesfalls die des Trödlers Wassertrum.

Automatisch blies ich die Kerze aus.

Das Zimmer lag halbdunkel da – nur von dem schimmrigen Dunst, der aus der Fensternische hereindrang, matt erhellt – genau wie meines, und ich musste meine Augen aufs Äußerste anstrengen, ehe ich in dem abgezehrten, hektischen Gesicht, das plötzlich über dem Mantel auftauchte, die Züge des Studenten Charousek erkennen konnte.

»Der Mönch!« drängte es sich mir auf die Zunge und ich verstand mit einem Mal die Vision, die ich gestern im Dom gehabt! Charousek! Das war der Mann, an den ich mich wenden sollte! – Und ich hörte seine Worte wieder, die er damals im Regen unter dem Torbogen gesagt hatte: »Aaron Wassertrum wird es schon erfahren, dass man mit vergifteten, unsichtbaren Nadeln durch Mauern stechen kann. Genau an dem Tag, an dem er Dr. Savioli an den Hals will.«

Hatte ich an Charousek einen Bundesgenossen? Wusste er ebenfalls, was sich zugetragen? Sein Hiersein zu so ungewöhnlicher Stunde ließ fast darauf schließen, aber ich scheute mich, die direkte Frage an ihn zu richten.

Er war ans Fenster geeilt und spähte hinter dem Vorhang hinunter auf die Gasse.

Ich erriet, er fürchtete, Wassertrum könne den Lichtschein meiner Kerze wahrgenommen haben.

»Sie denken gewiss, ich sei ein Dieb, dass ich nachts hier in einer fremden Wohnung herumsuche, Meister Pernath«, fing er nach langem Schweigen mit unsicherer Stimme an, »aber ich schwöre Ihnen – – – «

Ich fiel ihm sofort in die Rede und beruhigte ihn. Und um ihm zu zeigen, dass ich keinerlei Misstrauen gegen ihn hegte, in ihm vielmehr einen Bundesgenossen sah, erzählte ich ihm mit kleinen Einschränkungen, die ich für nötig hielt, welche Bewandtnis es mit dem Atelier habe, und dass ich fürchte, eine Frau, die mir nahestehe, sei in Gefahr, den erpresserischen Gelüsten des Trödlers in irgendwelcher Art zum Opfer zu fallen.

Aus der höflichen Weise, mit der er mir zuhörte, ohne mich mit Fragen zu unterbrechen, entnahm ich, dass er das meiste bereits wusste, wenn auch vielleicht nicht in Einzelheiten.

»Es stimmt schon«, sagte er grübelnd, als ich zu Ende gekommen war. »Habe ich mich also doch nicht geirrt! Der Kerl will Savioli an die Gurgel fahren, das ist klar, aber offenbar hat er noch nicht genug Material beisammen. Weshalb würde er sich sonst noch hier immerwährend herumdrücken! Ich ging nämlich gestern, sagen wir mal ›zufällig‹, durch die Hahnpassgasse«, erklärte er, als er meine fragende Miene bemerkte, »da fiel mir auf, dass Wassertrum erst lange – scheinbar unbefangen – vor dem Tor unten auf und ab schlenderte, dann aber, als er sich unbeobachtet glaubte, rasch ins Haus bog. Ich ging ihm sofort nach und tat so, als wollte ich Sie besuchen, das heißt, ich klopfte bei Ihnen an, und dabei überraschte ich ihn, wie er draußen an der eisernen Bodentür mit einem Schlüssel herumhantierte. Natürlich gab er es augenblicklich auf, als ich kam, und klopfte ebenfalls als Vorwand bei Ihnen an. Sie schienen übrigens nicht zu Hause gewesen zu sein, denn es öffnete niemand.

Als ich mich dann vorsichtig in der Judenstadt erkundigte, erfuhr ich, dass jemand, der nach den Schilderungen nur Dr. Savioli sein konnte, hier heimlich ein Absteigequartier besäße. Da Dr. Savioli schwerkrank liegt, reimte ich mir das übrige zurecht.

Sehen Sie, und das da habe ich aus den Schubladen zusammengesucht, um Wassertrum für alle Fälle zuvorzukommen«, schloss Charousek und deutete auf ein Paket Briefe auf dem Schreibtisch; »es ist alles, was ich an Schriftstücken finden konnte. Hoffentlich ist sonst nichts mehr vorhanden. Wenigstens habe ich in sämtlichen Truhen und Schränken gestöbert, so gut das in der Finsternis ging.«

Meine Augen durchforschten bei seiner Rede das Zimmer und blieben unwillkürlich auf einer Falltüre am Boden haften. Ich entsann mich dabei dunkel, dass Zwakh mir irgendwann erzählt hatte, ein geheimer Zugang führe von unten herauf ins Atelier.

Es war eine viereckige Platte mit einem Ring daran als Griff.

»Wo sollen wir die Briefe aufheben?«, fing Charousek wieder an. »Sie, Herr Pernath, und ich sind wohl die einzigen im ganzen Ghetto, die Wassertrum harmlos vorkommen, – warum gerade ich, das – hat – seine – besonderen – Gründe«, – (ich sah, dass sich seine Züge in wildem Hass verzerrten, wie er so den letzten Satz förmlich zerbiss –) »und Sie hält er für – – « Charousek erstickte das Wort »verrückt« mit einem raschen, erkünstelten Husten, aber ich erriet, was er hatte sagen wollen. Es tat mir nicht weh; das Gefühl, »ihr« helfen zu können, machte mich so glückselig, dass jede Empfindlichkeit ausgelöscht war.

Wir kamen schließlich überein, das Paket bei mir zu verstecken, und gingen hinüber in meine Kammer. – – – – – – – – – – –

Charousek war längst fort, aber immer noch konnte ich mich nicht entschließen, zu Bette zu gehen. Eine gewisse innere Unzufriedenheit nagte an mir und hielt mich davon ab. Irgendetwas sollte ich noch tun, fühlte ich, aber was? Was?

Einen Plan für den Studenten entwerfen, was weiter zu geschehen hätte?

Das allein konnte es nicht sein. Charousek ließ den Trödler sowieso nicht aus den Augen, darüber bestand kein Zweifel. Ich schauderte, wenn ich an den Hass dachte, der aus seinen Worten geweht hatte.

Was ihm Wassertrum wohl angetan haben mochte?

Die seltsame innere Unruhe in mir wuchs und brachte mich fast zur Verzweiflung. Ein Unsichtbares, Jenseitiges rief nach mir, und ich verstand nicht.

Ich kam mir vor wie ein Gaul, der dressiert wird, das Reißen am Zügel spürt und nicht weiß, welches Kunststück er machen soll, den Willen seines Herrn nicht erfasst.

Hinuntergehen zu Schemajah Hillel? Jede Faser in mir verneinte.

Die Vision des Mönchs in der Domkirche, auf dessen Schultern gestern der Kopf Charouseks aufgetaucht war als Antwort auf eine stumme Bitte um Rat, gab mir Fingerzeig genug, von nun an dumpfe Gefühle nicht ohne weiteres zu verachten. Geheime Kräfte keimten in mir auf seit geraumer Zeit, das war gewiss: Ich empfand es zu übermächtig, als dass ich auch nur den Versuch gemacht hätte, es wegzuleugnen.

Buchstaben zu empfinden, sie nicht nur mit den Augen in Büchern zu lesen, – einen Dolmetsch in mir selbst aufzustellen, der mir übersetzt, was die Instinkte ohne Worte raunen, darin muss der Schlüssel liegen, sich mit dem eigenen Innern durch klare Sprache zu verständigen, begriff ich.

»Sie haben Augen und sehen nicht; sie haben Ohren und hören nicht«, fiel mir eine Bibelstelle wie eine Erklärung dazu ein.

»Schlüssel, Schlüssel, Schlüssel«, wiederholten mechanisch meine Lippen, derweilen mir der Geist jene sonderbaren Ideen vorgaukelte, bemerkte ich plötzlich.

»Schlüssel, Schlüssel – – ?« Mein Blick fiel auf den krummen Draht in meiner Hand, der mir vorhin zum Öffnen der Speichertüre gedient hatte, und eine heiße Neugier, wohin wohl die viereckige Falltür aus dem Atelier führen könnte, peitschte mich auf.

Und ohne zu überlegen, ging ich nochmals hinüber in Saviolis Atelier und zog an dem Griffring der Falltür, bis es mir schließlich gelang, die Platte zu heben.

Zuerst nichts als Dunkelheit. Dann sah ich: Schmale, steile Stufen liefen hinab in tiefste Finsternis. Ich stieg hinunter. Eine Zeitlang tastete ich mich mit den Händen die Mauern entlang, aber es wollte kein Ende nehmen: Nischen, feucht von Schimmel und Moder, – Windungen, Ecken und Winkel, – Gänge geradeaus, nach links und nach rechts, Reste einer alten Holztür, Wegteilungen und dann wieder Stufen, Stufen, Stufen hinauf und hinab. Matter, erstickender Geruch nach Schwamm und Erde überall. Und noch immer kein Lichtstrahl. – Wenn ich nur Hillels Kerze mitgenommen hätte!

Endlich flacher, ebener Weg. Aus dem Knirschen unter meinen Füßen schloss ich, dass ich auf trockenem Sand dahinschritt. Es konnte nur einer jener zahllosen Gänge sein, die scheinbar ohne Zweck und Ziel unter dem Ghetto hinführen bis zum Fluss. Ich wunderte mich nicht: Die halbe Stadt stand doch seit unvordenklichen Zeiten auf solchen unterirdischen Läuften, und die Bewohner Prags hatten von jeher triftigen Grund, das Tageslicht zu scheuen.

Das Fehlen jeglichen Geräuschs zu meinen Häupten sagte mir, dass ich mich immer noch in der Gegend des Judenviertels, das nachts wie ausgestorben ist, befinden musste, obwohl ich schon eine Ewigkeit gewandert war. Belebtere Straßen oder Plätze über mir hätten sich durch fernes Wagenrasseln verraten.

Eine Sekunde lang würgte mich die Furcht: Was, wenn ich im Kreis herumging!? In ein Loch stürzte, mich verletzte, ein Bein brach und nicht mehr weiter gehen konnte?! Was geschah dann mit ihren Briefen in meiner Kammer? Sie mussten unfehlbar Wassertrum in die Hände fallen.

Der Gedanke an Schemajah Hillel, mit dem ich vage den Begriff eines Helfers und Führers verknüpfte, beruhigte mich unwillkürlich.

Vorsichtshalber ging ich aber doch langsamer und tastenden Schrittes und hielt den Arm in die Höhe, um nicht unversehens mit dem Kopf anzurennen, falls der Gang niedriger würde.

Von Zeit zu Zeit, dann immer öfter stieß ich oben mit der Hand an, und endlich senkte sich das Gestein so tief herab, dass ich mich bücken musste, um durchzukommen.

Plötzlich fuhr ich mit dem erhobenen Arm in einen leeren Raum.

Ich blieb stehen und starrte hinauf.

Nach und nach schien es mir, als falle von der Decke ein leiser, kaum merklicher Schimmer von Licht.

Mündete hier ein Schacht, vielleicht aus irgendeinem Keller herunter?

Ich richtete mich auf und tastete mit beiden Händen in Kopfeshöhe um mich herum: Die Öffnung war genau viereckig und ausgemauert.

Allmählich konnte ich darin als Abschluss die schattenhaften Umrisse eines wagerechten Kreuzes unterscheiden, und endlich gelang es mir, seine Stäbe zu erfassen, mich daran emporzuziehen und hindurchzuzwängen.

Ich stand jetzt auf dem Kreuz und orientierte mich.

Offenbar endeten hier die Überbleibsel einer eisernen Wendeltreppe, wenn mich das Gefühl meiner Finger nicht täuschte?

Lang, unsagbar lang musste ich tappen, bis ich die zweite Stufe finden konnte, dann klomm ich empor.

Es waren im ganzen acht Stufen. Eine jede fast in Manneshöhe über der andern.

Sonderbar: die Treppe stieß oben gegen eine Art horizontalen Getäfels, das aus regelmäßigen, sich schneidenden Linien den Lichtschein herabschimmern ließ, den ich schon weiter unten im Gang bemerkt hatte!

Ich duckte mich, so tief ich konnte, um aus etwas weiterer Entfernung besser unterscheiden zu können, wie die Linien verliefen, und sah zu meinem Erstaunen, dass sie genau die Form eines Sechsecks, wie man es auf den Synagogen findet, bildeten.

Was mochte das nur sein?

Plötzlich kam ich dahinter: Es war eine Falltür, die an den Kanten Licht durchließ! Eine Falltür aus Holz in Gestalt eines Sternes.

Ich stemmte mich mit den Schultern gegen die Platte, drückte sie aufwärts und stand im nächsten Moment in einem Gemach, das von grellem Mondschein erfüllt war.

Es war ziemlich klein, vollständig leer bis auf einen Haufen Gerümpel in der Ecke und hatte nur ein einziges, stark vergittertes Fenster.

Eine Tür oder sonst einen Zugang mit Ausnahme dessen, den ich soeben benützt, vermochte ich nicht zu entdecken, so genau ich auch die Mauern immer wieder von neuem absuchte.

Die Gitterstäbe des Fensters standen zu eng, als dass ich den Kopf hätte durchstecken können, so viel aber sah ich: Das Zimmer befand sich ungefähr in der Höhe eines dritten Stockwerks, denn die Häuser gegenüber hatten nur zwei Etagen und lagen wesentlich tiefer.

Das eine Ufer der Straße unten war für mich noch knapp sichtbar, aber infolge des blendenden Mondlichts, das mir voll ins Gesicht schien, in tiefe Schlagschatten getaucht, die es mir unmöglich machten, Einzelheiten zu unterscheiden.

Zum Judenviertel musste die Gasse unbedingt gehören, denn die Fenster drüben waren sämtlich vermauert oder aus Simsen im Bau angedeutet, und nur im Ghetto kehren die Häuser einander so seltsam den Rücken.

Vergebens quälte ich mich ab herauszubringen was das wohl für ein sonderbares Bauwerk sein mochte, in dem ich mich befand.

Sollte es vielleicht ein aufgelassenes Seitentürmchen der griechischen Kirche sein? Oder gehörte es irgendwie zur Altneusynagoge?

Die Umgebung stimmte nicht.

Wieder sah ich mich im Zimmer um: Nichts, was mir auch nur den kleinsten Aufschluss gegeben hätte. – Die Wände und die Decke waren kahl, Bewurf und Kalk längst abgefallen und weder Nagellöcher, noch Nägel, die verraten hätten, dass der Raum einst bewohnt gewesen.

Der Boden lag fußhoch bedeckt mit Staub, als hätte ihn seit Jahrzehnten kein lebendes Wesen betreten.

Das Gerümpel in der Ecke zu durchsuchen, ekelte ich mich. Es lag in tiefer Finsternis, und ich konnte nicht unterscheiden, woraus es bestand. Dem äußeren Eindruck nach schienen es Lumpen zu einem Knäuel geballt. Oder waren es ein paar alte, schwarze Handkoffer?

Ich tastete mit dem Fuß hin, und es gelang mir, mit dem Absatz einen Teil davon in die Nähe des Lichtstreifens zu ziehen, den der Mond quer übers Zimmer warf. Es schien wie ein breites, dunkles Band, das sich da langsam aufrollte.

Ein blitzender Punkt wie ein Auge! Ein Metallknopf vielleicht?

Allmählich wurde mir klar: Ein Ärmel von sonderbarem, altmodischem Schnitt hing da aus dem Bündel heraus.

Und eine kleine weiße Schachtel, oder dergleichen lag darunter, lockerte sich unter meinem Fuß und zerfiel in eine Menge fleckiger Schichten.

Ich gab ihr einen leichten Stoß. Ein Blatt flog ins Helle. Ein Bild? Ich bückte mich: ein Pagad! Was mir eine weiße Schachtel geschienen, war ein Tarockspiel.

Ich hob es auf. Konnte es etwas Lächerlicheres geben: Ein Kartenspiel hier an diesem gespenstischen Ort!

Merkwürdig, dass ich mich zum Lächeln zwingen musste. Ein leises Gefühl von Grauen beschlich mich.

Ich suchte nach einer banalen Erklärung, wie die Karten wohl hierher gekommen sein könnten, und zählte dabei mechanisch das Spiel. Es war vollständig: 78 Stück. Aber schon während des Zählens fiel mir etwas auf: Die Blätter waren wie aus Eis.

Eine lähmende Kälte ging von ihnen aus, und wie ich das Paket geschlossen in der Hand hielt, konnte ich es kaum mehr loslassen: so erstarrt waren meine Finger. Wieder haschte ich nach einer nüchternen Erklärung:

Mein dünner Anzug, die lange Wanderung ohne Mantel und Hut in den unterirdischen Gängen, die grimmige Winternacht, die Steinwände, der entsetzliche Frost, der mit dem Mondlicht durchs Fenster hereinfloss; – sonderbar genug, dass ich erst jetzt anfing zu frieren. Die Erregung, in der ich mich die ganze Zeit befunden, musste mich darüber hinweggetäuscht haben. –

Ein Schauer nach dem anderen jagte mir über die Haut. Schicht um Schicht drangen sie tiefer, immer tiefer in meinen Körper ein.

Ich fühlte mein Skelett zu Eis werden und wurde mir jedes einzelnen Knochens bewusst wie kalter Metallstangen, an denen mir das Fleisch festfror.

Kein Umherlaufen half, kein Stampfen mit den Füßen und nicht das Schlagen mit den Armen. Ich biss die Zähne zusammen, um ihr Klappern nicht zu hören.

Das ist der Tod, sagte ich mir, der dir die kalten Hände auf den Scheitel legt.

Und ich wehrte mich wie ein Rasender gegen den betäubenden Schlaf des Erfrierens, der, wollig und erstickend, mich wie mit einem Mantel einhüllen kam.

Die Briefe, in meiner Kammer, – ihre Briefe! brüllte es in mir auf, man wird sie finden, wenn ich hier sterbe. Und sie hofft auf mich! Hat ihre Rettung in meine Hände gelegt! – Hilfe! – Hilfe! – Hilfe! –

Und ich schrie durch das Fenstergitter hinunter auf die öde Gasse, dass es widerhallte: Hilfe, Hilfe, Hilfe!

Warf mich zu Boden und sprang wieder auf. Ich durfte nicht sterben, durfte nicht! Ihretwegen, nur ihretwegen! Und wenn ich Funken aus meinen Knochen schlagen sollte, um mich zu erwärmen.

Da fiel mein Blick auf die Lumpen in der Ecke, und ich stürzte darauf zu und zog sie mit schlotternden Händen über meine Kleider.

Es war ein zerschlissener Anzug aus dickem, dunklem Tuch von uraltmodischem, seltsamem Schnitt. Ein Geruch nach Moder ging von ihm aus.

Dann kauerte ich mich in dem gegenüberliegenden Mauerwinkel zusammen und spürte meine Haut langsam, langsam wärmer werden. Nur das schauerliche Gefühl des eigenen, eisigen Gerippes in mir wollte nicht weichen. Regungslos saß ich da und ließ meine Augen wandern. Die Karte, die ich zuerst gesehen, – der Pagad, – lag noch immer inmitten des Zimmers in dem Lichtstreifen.

Unverwandt musste ich sie anstarren.

Sie schien, soweit ich auf die Entfernung hin erkennen konnte, in Wasserfarben ungeschickt von Kinderhand gemalt, und stellte den hebräischen Buchstaben Aleph dar, in Form eines Mannes, altfränkisch gekleidet, den grauen Spitzbart kurz geschnitten und den linken Arm erhoben, während der andere abwärts deutete.

Hatte das Gesicht des Mannes nicht eine seltsame Ähnlichkeit mit meinem, dämmerte mir ein Verdacht auf? – Der Bart – er passte so gar nicht zu einem Pagad, – – ich kroch auf die Karte zu und warf sie in die Ecke zu dem Rest des Gerümpels, um den quälenden Anblick los zu sein.

Dort lag sie jetzt und schimmerte – ein grauweißer, unbestimmter Fleck – zu mir herüber aus dem Dunkel.

Mit Gewalt zwang ich mich zu überlegen, was ich zu beginnen hätte, um wieder in meine Wohnung zu kommen:

Den Morgen abwarten! Unten die Vorübergehenden vom Fenster aus anrufen, damit sie mir von außen mit einer Leiter Kerzen oder eine Laterne heraufbrächten! – – Ohne Licht die endlosen, sich ewig kreuzenden Gänge zurückzufinden, würde mir nie gelingen, empfand ich als beklemmende Gewissheit. – Oder, falls das Fenster zu hoch läge, dass sich jemand vom Dach mit einem Strick – – ? Gott im Himmel, wie ein Blitzstrahl durchfuhr es mich. Jetzt wusste ich, wo ich war: Ein Zimmer ohne Zugang – nur mit einem vergitterten Fenster – das altertümliche Haus in der Altschulgasse, das jeder mied! – schon einmal vor vielen Jahren hatte sich ein Mensch an einem Strick vom Dach herabgelassen, um durchs Fenster zu schauen, und der Strick war gerissen und – Ja, ich war in dem Haus, in dem der gespenstische Golem jedes Mal verschwand!

Ein tiefes Grauen, gegen das ich mich vergeblich wehrte, das ich nicht einmal mehr durch die Erinnerung an die Briefe niederkämpfen konnte, lähmte jedes Weiterdenken und mein Herz fing an, sich zu krampfen.

Hastig sagte ich mir vor mit steifen Lippen, es sei nur der Wind, der da so eisig aus der Ecke herüberwehte, sagte es mir vor, schneller und schneller, mit pfeifendem Atem – es half nicht mehr: Dort drüben der weißliche Fleck – die Karte – sie quoll auf zu blasigem Klumpen, tastete sich hin zum Rande des Mondstreifens und kroch wieder zurück in die Finsternis. – Tropfende Laute – halb gedacht, geahnt, halb wirklich – im Raum und doch außerhalb um mich herum und doch anderswo, – tief im eigenen Herzen und wieder mitten im Zimmer – erwachten: Geräusche, wie wenn ein Zirkel fällt und mit der Spitze im Holz stecken bleibt!

Immer wieder: Der weißliche Fleck – – – der weißliche Fleck – –! Eine Karte, eine erbärmliche, dumme, alberne Spielkarte ist es, schrie ich mir ins Hirn hinein – – – umsonst – – jetzt hat er sich dennoch – dennoch Gestalt erzwungen – der Pagad – und hockt in der Ecke und stiert herüber zu mir mit meinem eigenen Gesicht. – –

Stunden und Stunden kauerte ich da – unbeweglich – in meinem Winkel, ein frosterstarrtes Gerippe in fremden, modrigen Kleidern! – Und er drüben: Ich selbst.

Stumm und regungslos.

So starrten wir uns in die Augen – einer das grässliche Spiegelbild des anderen. –

Ob er es auch sieht, wie sich die Mondstrahlen mit schneckenhafter Trägheit über den Boden hinsaugen und wie Zeiger eines unsichtbaren Uhrwerks in der Unendlichkeit die Wand emporkriechen und fahler und fahler werden? –

Ich bannte ihn fest mit meinem Blick, und es half ihm nichts, dass er sich auflösen wollte in dem Morgendämmerschein, der ihm vom Fenster her zur Hilfe kam.

Ich hielt ihn fest.

Schritt für Schritt habe ich mit ihm gerungen um mein Leben – um das Leben, das mein ist, weil es nicht mehr mir gehört. – – – – – – – – – – –

Und wie er kleiner und kleiner wurde und sich bei Tagesgrauen wieder in sein Kartenblatt verkroch, da stand ich auf, ging hinüber zu ihm und steckte ihn in die Tasche – den Pagad. –

Immer noch war die Gasse unten öd und menschenleer.

Ich durchstöberte die Zimmerecke, die jetzt im stumpfen Morgenlicht lag. Scherben, dort eine rostige Pfanne, morsche Fetzen, ein Flaschenhals. Tote Dinge und doch so merkwürdig bekannt.

Und auch die Mauern – Wie die Risse und Sprünge dann deutlich wurden! – Wo hatte ich sie nur gesehen?

Ich nahm das Kartenpäckchen zur Hand – Es dämmerte mir auf. Hatte ich die nicht einst selbst bemalt? Als Kind? Vor langer, langer Zeit?

Es war ein uraltes Tarockspiel. Mit hebräischen Zeichen. – Nummer 12 muss der »Gehenkte« sein, überkam's mich wie halbe Erinnerung. – Mit dem Kopf abwärts? Die Arme auf dem Rücken? – Ich blätterte nach. Da! Da war er.

Dann wieder, halb Traum, halb Gewissheit, tauchte ein Bild vor mir auf: Ein geschwärztes Schulhaus, bucklig, schief, ein mürrisches Hexengebäude, die linke Schulter hochgezogen, die andere mit einem Nebenhaus verwachsen. – – – Wir sind mehrere halbwüchsige Jungen – ein verlassener Keller ist irgendwo – – – – – – – –

Dann sah ich an meinem Körper herab und wurde wieder irre: Der altmodische Anzug war mir völlig fremd. – – – –

Der Lärm eines holpernden Karrens schreckte mich auf, doch als ich hinabblickte: Keine Menschenseele. Nur ein Fleischerhund stand versonnen an einem Eckstein.

Da! Endlich! Stimmen! Menschliche Stimmen!

Zwei alte Weiber kamen langsam die Straße dahergetrottet, und ich zwängte den Kopf halb durch das Gitter und rief sie an. Mit offenem Mund glotzten sie in die Höhe und berieten sich. Aber als sie mich sahen, stießen sie ein gellendes Geschrei aus und liefen davon.

Sie haben mich für den Golem gehalten, begriff ich.

Und ich erwartete, dass ein Zusammenlauf von Menschen entstehen würde, denen ich mich verständlich machen könnte, aber wohl eine Stunde verging, und nur hie und da spähte unten vorsichtig ein blasses Gesicht herauf zu mir, um sofort in Todesschreck wieder zurückzufahren.

Sollte ich warten, bis vielleicht nach Stunden oder gar erst morgen Polizisten kamen – die Staatsfalotten, wie Zwakh sie zu nennen pflegte?

Nein, lieber wollte ich einen Versuch machen, die unterirdischen Gänge ein Stück weit auf ihre Richtung hin zu untersuchen.

Vielleicht fiel jetzt bei Tag durch Ritzen im Gestein eine Spur von Licht hinab?

Ich kletterte die Leiter hinunter, setzte den Weg, den ich gestern gekommen war, fort – über ganze Halden zerbrochener Ziegelsteine und durch versunkene Keller – erklomm eine Treppenruine und stand plötzlich – – im Hausflur des schwarzen Schulhauses, das ich vorhin wie im Traum gesehen.

Sofort stürzte eine Flutwelle von Erinnerungen auf mich ein: Bänke, bespritzt mit Tinte von oben bis unten, Rechenhefte, plärrender Gesang, ein Junge, der Maikäfer in der Klasse loslässt, Lesebücher mit zerquetschten Butterbroten darin und der Geruch nach Orangenschalen. Jetzt wusste ich mit Gewissheit: Ich war einst als Knabe hier gewesen. – Aber ich ließ mir keine Zeit nachzudenken und eilte heim.

Der erste Mensch, der mir in der Salnitergasse begegnete, war ein verwachsener alter Jude mit weißen Schläfenlocken. Kaum hatte er mich erblickt, bedeckte er sein Gesicht mit den Händen und heulte laut hebräische Gebete herunter.

Auf den Lärm hin mussten wahrscheinlich viele Leute aus ihren Höhlen gestürzt sein, denn es brach ein unbeschreibliches Gezeter hinter mir los. Ich drehte mich um und sah ein wimmelndes Heer totenblasser, entsetzenverzerrter Gesichter sich mir nachwälzen.

Erstaunt blickte ich an mir herunter und verstand: – ich trug noch immer die seltsam mittelalterlichen Kleider von nachts her über meinem Anzug, und die Leute glaubten, den »Golem« vor sich zu haben.

Rasch lief ich um die Ecke hinter ein Haustor und riss mir die modrigen Fetzen vom Leib.

Gleich darauf raste die Menge mit geschwungenen Stöcken und geifernden Mäulern schreiend an mir vorüber. – – – – – – – – – – – – – – – – – –

Licht

Einige Male im Laufe des Tages hatte ich an Hillels Türe geklopft; – es ließ mir keine Ruhe, ich musste ihn sprechen und fragen, was alle diese seltsamen Erlebnisse bedeuteten; aber immer hieß es, er sei noch nicht zu Hause.

Sowie er heimkäme vom jüdischen Rathaus, wollte mich seine Tochter sofort verständigen. –

Ein sonderbares Mädchen übrigens, diese Mirjam!

Ein Typus, wie ich ihn noch nie gesehen.

Eine Schönheit, so fremdartig, dass man sie im ersten Moment gar nicht fassen kann, – eine Schönheit, die einen stumm macht, wenn man sie ansieht, und ein unerklärliches Gefühl, so etwas, wie leise Mutlosigkeit in einem erweckt.

Nach Proportionsgesetzen, die seit Jahrtausenden verloren gegangen sein müssen, ist dieses Gesicht geformt, grübelte ich mir zurecht, wie ich es so im Geiste wieder vor mir sah.

Und ich dachte nach, welchen Edelstein ich wählen müsste, um es als Gemme festzuhalten und dabei den künstlerischen Ausdruck richtig zu wahren. Schon an dem rein Äußerlichen; dem blauschwarzen Glanz des Haares und der Augen, der alles übertraf, worauf ich auch riet, scheiterte es. – Wie erst die unirdische Schmalheit des Gesichtes sinn- und visionsgemäß in eine Kamee bannen, ohne sich in die stumpfsinnige Ähnlichkeitsmacherei der kanonischen »Kunst«richtung festzurennen!

Nur durch ein Mosaik ließ es sich lösen, erkannte ich klar, aber was für Material wählen? Ein Menschenleben gehörte dazu, das passende zusammen zu finden. – – –

Wo nur Hillel blieb!

Ich sehnte mich nach ihm wie nach einem lieben, alten Freund.

Merkwürdig, wie er mir in den wenigen Tagen – und ich hatte ihn doch, genaugenommen, nur ein einziges Mal im Leben gesprochen, – ins Herz gewachsen war.

Ja, richtig: die Briefe – ihre Briefe wollte ich doch besser verstecken. Zu meiner Beruhigung, falls ich wieder einmal länger von zu Hause fort sein sollte. Ich nahm sie aus der Truhe: – in der Kassette würden sie sicherer aufbewahrt sein.

Eine Photographie glitt zwischen den Briefen heraus. Ich wollte nicht hinschauen, aber es war zu spät.

Den Brokatstoff um die bloßen Schultern gelegt – so wie ich ›sie‹ das erste Mal gesehen, als sie in mein Zimmer flüchtete aus Saviolis Atelier – blickte sie mir in die Augen.

Ein wahnsinniger Schmerz bohrte sich in mich ein. Ich las die Widmung unter dem Bild, ohne die Worte zu erfassen, und den Namen: Deine Angelina. – – – – – – –

Angelina!!!

Wie ich den Namen aussprach, zerriss der Vorhang, der meine Jugendjahre vor mir verbarg, von oben bis unten.

Vor Jammer glaubte ich zusammenbrechen zu müssen. Ich krallte die Finger in die Luft und winselte, – biss mich in die Hand: – – nur wieder blind sein, Gott im Himmel, – den Scheintod weiterleben, wie bisher, flehte ich.

Das Weh stieg mir in den Mund. – Quoll. – Schmeckte seltsam süß, – wie Blut. – – – – Angelina!! – – – – – – – – Der Name kreiste in meinen Adern und wurde – zu unerträglicher gespenstischer Liebkosung. – Mit einem gewaltsamen Ruck riss ich mich zusammen und zwang mich – mit knirschenden Zähnen – das Bild anzustarren, bis ich langsam Herr darüber wurde! – Herr darüber! – Wie heute Nacht über das Kartenblatt. –

Endlich: Schritte! Männertritte. Er kam! Voll Jubel eilte ich zur Tür und riss sie auf.

Schemajah Hillel stand draußen und hinter ihm – ich machte mir leise Vorwürfe, dass ich es als Enttäuschung empfand – mit roten Bäckchen und runden Kinderaugen: der alte Zwakh.

»Wie ich zu meiner Freude sehe, sind Sie wohlauf, Meister Pernath«, fing Hillel an. – Ein kaltes »Sie«? – Frost. Schneidender, ertötender Frost lag plötzlich im Zimmer.

Betäubt, mit halbem Ohr, hörte ich hin, was Zwakh, atemlos vor Aufregung, auf mich losplapperte: »Wissen Sie schon, der Golem geht wieder um? Neulich erst sprachen wir davon, wissen Sie noch, Pernath? Die ganze Judenstadt ist auf. Vrieslander hat ihn selbst gesehen, den Golem. Und wieder hat es, wie immer, mit einem Mord begonnen« – Ich horchte erstaunt auf: Ein Mord?

Zwakh schüttelte mich: »Ja, wissen Sie denn von gar nichts, Pernath? Unten hängt doch großmächtig ein Polizeiaufruf an den Ecken. Den dicken Zottmann, den ›Freimaurer‹ – na, ich meine doch den Lebensversicherungsdirektor Zottmann, – soll man ermordet haben. Der Loisa – hier im Haus – ist bereits verhaftet. Und die rote Rosina: Spurlos verschwunden. – Der Golem – der Golem – es ist ja haarsträubend.«

Ich gab keine Antwort und suchte in Hillels Augen: warum blickte er mich so unverwandt an?

Ein verhaltenes Lächeln zuckte plötzlich um seine Mundwinkel. Ich verstand. Es galt mir.

Am liebsten wäre ich ihm um den Hals gefallen vor jauchzender Freude.

Außer mir in meinem Entzücken, lief ich planlos im Zimmer umher. Was zuerst bringen? Gläser? Eine Flasche Burgunder? (Ich hatte doch nur eine.) Zigarren? – Endlich fand ich Worte: »Aber warum setzt ihr euch denn nicht!?« – Rasch schob ich meinen beiden Freunden Sessel unter. – – –

Zwakh fing an, sich zu ärgern: »Warum lächeln Sie denn immerwährend, Hillel? Glauben Sie vielleicht nicht, dass der Golem spukt? Mir scheint. Sie glauben überhaupt nicht an den Golem?«

»Ich würde nicht an ihn glauben, selbst wenn ich ihn hier im Zimmer vor mir sähe«, antwortete Hillel gelassen mit einem Blick auf mich. – Ich verstand den Doppelsinn, der aus seinen Worten klang.

Zwakh hielt erstaunt im Trinken inne: »Das Zeugnis von hunderten Menschen gilt Ihnen nichts, Hillel? – Aber warten Sie nur, Hillel, denken Sie an meine Worte: Mord auf Mord wird es jetzt in der Judenstadt geben! Ich kenne das. Der Golem zieht eine unheimliche Gefolgschaft hinter sich her.«

»Die Häufung gleichartiger Ereignisse ist nichts Wunderbares«, erwiderte Hillel. Er sprach im Gehen, trat ans Fenster und blickte durch die Scheiben hinab auf den Trödlerladen – »Wenn der Tauwind weht, rührt sich's in den Wurzeln. In den süßen wie, in den giftigen.«

Zwakh zwinkerte mir lustig zu und deutete mit dem Kopf nach Hillel.

»Wenn der Rabbi nur reden wollte, der könnte uns Dinge erzählen, dass einem die Haare zu Berge stünden«, warf er halblaut hin.

Schemajah drehte sich um.

»Ich bin nicht ›Rabbi‹, wenn ich auch den Titel tragen darf. Ich bin nur ein armseliger Archivar im jüdischen Rathaus und führe die Register über die Lebendigen und die Toten.«

Eine verborgene Bedeutung lag in seiner Rede, fühlte ich. Auch der Marionettenspieler schien es unterbewusst zu empfinden, – er wurde still, und eine Zeitlang sprach keiner von uns ein Wort.

»Hören Sie mal, Rabbi –, verzeihen Sie, ›Herr Hillel‹, wollte ich sagen«, – fing Zwakh nach einer Weile wieder an, und seine Stimme klang auffallend ernst, »ich wollte Sie schon lange etwas fragen. Sie brauchen mir ja nicht darauf zu antworten, wenn Sie nicht mögen, oder nicht dürfen – – – «

Schemajah trat an den Tisch und spielte mit dem Weinglas – er trank nicht; vielleicht verbot es ihm das jüdische Ritual.

»Fragen Sie ruhig, Herr Zwakh.«

» – – Wissen Sie etwas über die jüdische Geheimlehre, die Kabbala, Hillel?«

»Nur wenig.«

»Ich habe gehört, es soll ein Dokument geben, aus dem man die Kabbala lernen kann: den ›Sohar‹ – – «

»Ja, den Sohar – das Buch des Glanzes.«

»Sehen Sie, da hat man's«, schimpfte Zwakh los. »Ist es nicht eine himmelschreiende Ungerechtigkeit, dass eine Schrift, die angeblich die Schlüssel zum Verständnis der Bibel und zur Glückseligkeit enthält – «

Hillel unterbrach ihn: » – nur einige Schlüssel.«

»Gut, immerhin einige! – also, dass diese Schrift infolge ihres hohen Wertes und ihrer Seltenheit wieder nur den Reichen zugänglich ist? In einem einzigen Exemplar, das noch dazu im Londoner Museum steckt, wie ich mir habe erzählen lassen? Und überdies chaldäisch, aramäisch, hebräisch – oder was weiß ich wie – geschrieben? – Habe ich zum Beispiel je im Leben Gelegenheit gehabt, diese Sprachen zu lernen oder nach London zu kommen?«

»Haben Sie denn alle Ihre Wünsche so heiß auf dieses Ziel gerichtet?« fragte Hillel mit leisem Spott.

»Offen gestanden – nein«, gab Zwakh einigermaßen verwirrt zu.

»Dann sollten Sie sich nicht beklagen«, sagte Hillel trocken, »wer nicht nach dem Geist schreit mit allen Atomen seines Leibes, – wie ein Erstickender nach Luft, – der kann die Geheimnisse Gottes nicht schauen.«

»Es sollte trotzdem ein Buch geben, in dem sämtliche Schlüssel zu den Rätseln der anderen Welt stehen, nicht nur einige«, schoss es mir durch den Kopf, und meine Hand spielte automatisch mit dem Pagad, den ich immer noch in der Tasche trug, aber ehe ich die Frage in Worte kleiden konnte, hatte Zwakh sie bereits ausgesprochen.

Hillel lächelte wieder sphinxhaft: »Jede Frage, die ein Mensch tun kann, ist im selben Augenblick beantwortet, wo er sie geistig gestellt hat.«

»Verstehen Sie, was er damit meint?«, wandte sich Zwakh an mich.

Ich gab keine Antwort und hielt den Atem an, um kein Wort von Hillels Rede zu verlieren.

Schemajah fuhr fort: »Das ganze Leben ist nichts anderes als formgewordene Fragen, die den Keim der Antwort in sich tragen – und Antworten, die schwanger gehen mit Fragen. Wer irgendetwas anderes drin sieht, ist ein Narr.«

Zwakh schlug mit der Faust auf den Tisch: »Jawohl, Fragen, die jedes Mal anders lauten, und Antworten, die jeder anders versteht.«

»Gerade darauf kommt es an«, sagte Hillel freundlich. »Alle Menschen über einen Löffel zu – kurieren, ist lediglich Vorrecht der Ärzte. Der Fragende erhält die

Antwort, die ihm Not tut, sonst ginge nicht die Kreatur den Weg ihrer Sehnsucht. Glauben Sie denn, unsere jüdischen Schriften sind bloß aus Willkür nur in Konsonanten geschrieben? – Jeder hat sich selbst die geheimen Vokale dazu zu finden, die ihm den nur für ihn allein bestimmten Sinn erschließen, – soll nicht das lebendige Wort zum toten Dogma erstarren.«

Der Marionettenspieler wehrte heftig ab: »Das sind Worte, Rabbi, Worte! Pagad Ultimo will ich heißen, wenn ich daraus klug werde.«

Pagad!! – Das Wort schlug in mich ein wie der Blitz. Ich fiel vor Entsetzen beinahe vom Stuhl.

Hillel wich meinen Augen aus.

»Pagad ultimo? Wer weiß, ob Sie nicht wirklich so heißen, Herr Zwakh!« – schlug Hillels Rede wie aus weiter Ferne an mein Ohr. »Man soll seiner Sache niemals allzu sicher sein. – Übrigens, da wir gerade von Karten sprechen: Herr Zwakh, spielen Sie Tarock?«

»Tarock? Natürlich. Von Kindheit an.«

»Dann wundert's mich, wieso Sie nach einem Buch fragen können, in dem die ganze Kabbala steht, wo Sie es doch selbst tausende Male in der Hand gehabt haben.«

»Ich? In der Hand gehabt? Ich?« – Zwakh griff sich an den Kopf.

»Jawohl, Sie! Ist es Ihnen niemals aufgefallen, dass das Tarockspiel zweiundzwanzig Trümpfe hat, – genauso viel, wie das hebräische Alphabet Buchstaben? Zeigen unsere böhmischen Karten nicht zum Überfluss noch Bilder dazu, die offenkundig Symbole sind: Der Narr, der Tod, der Teufel, das Letzte Gericht? – Wie laut, lieber Freund, wollen Sie eigentlich, dass Ihnen das Leben die Antworten in die Ohren schreien soll? – – Was Sie allerdings nicht zu wissen brauchen, ist, dass ›*Tarock*‹ oder ›*Tarot*‹ so viel bedeutet wie die jüdische ›*Tora*‹ = das Gesetz, oder das altägyptische ›*Tarut*‹ = ›die Befragte‹, und in der uralten Zendsprache das Wort: ›*tarisk*‹ = ›ich verlange die Antwort‹. – Aber die Gelehrten sollten es wissen, bevor sie die Behauptung aufstellen, das Tarock stamme aus der Zeit Karls des Sechsten. – Und so, wie der Pagad die erste Karte im Spiel ist, so ist der Mensch die erste Figur in seinem eigenen Bilderbuch, sein eigener Doppelgänger: – der hebräische Buchstabe Aleph, der, nach der Form des Menschen gebaut, mit der einen Hand zum Himmel zeigt und mit der andern abwärts, das heißt also: ›So wie es oben ist, ist es auch unten; so wie es unten ist, ist es auch oben.‹ – Darum sagte ich vorhin: Wer weiß, ob Sie wirklich Zwakh heißen und nicht: ›Pagad‹ – Berufen Sie's nicht,« – Hillel blickte mich dabei unverwandt an, und ich ahnte, wie sich unter seinen Worten ein Abgrund immer neuer Bedeutung auftat – »berufen Sie's nicht, Herr Zwakh! Man kann da in finstere Gänge geraten, aus denen noch keiner zurückfand, der nicht – einen Talisman bei sich trug. Die Überlieferung erzählt, dass einmal drei Männer hinabgestiegen seien ins Reich der Dunkelheit, der eine wurde wahnsinnig, der zweite blind, nur der dritte, Rabbi ben Akiba, kam heil wieder heim und sagte, er sei sich selbst begegnet. Schon so mancher, werden Sie sagen, ist sich selbst begegnet, z. B. Goethe, gewöhnlich auf einer Brücke, oder sonst einem Steig, der von einem Ufer eines Flusses zum andern führt, – hat sich selbst ins Auge geblickt und ist nicht wahnsinnig geworden. Aber dann war's eben nur eine Spiegelung des eigenen Bewusstseins und nicht der wahre Doppelgänger, nicht das, was man ›den Hauch der Knochen‹, den ›Habal Garmin‹ nennt, von dem es heißt: Wie er in die Grube fuhr, unverweslich, im Gebein, so wird er auferstehen am Tage des Letzten Gerichts.« – Hillels Blick bohrte sich immer tiefer in meine Augen – »Unsere Großmütter sagen von ihm: ›Er wohnt hoch über der Erde in einem Zimmer ohne Tür, nur mit einem Fenster, von dem aus eine Verständigung mit den Menschen unmöglich ist. Wer ihn zu bannen und zu – – verfeinern versteht, der wird gut Freund mit sich selbst.‹ – – – Was schließlich das Tarock betrifft, so wissen Sie so gut wie ich: für jeden Spieler liegen die Karten anders, wer aber die Trümpfe richtig verwendet, der gewinnt die Partie – – –. Aber kommen Sie jetzt, Herr Zwakh! Gehen wir, Sie trinken sonst Meister Pernaths ganzen Wein aus, und es bleibt nichts mehr übrig für ihn selbst.«

Not

Eine Flockenschlacht tobte vor meinem Fenster. Regimenterweise jagten die Schneesterne – winzige Soldaten in weißen, zottigen Mäntelchen – hintereinander her an den Scheiben vorüber – minutenlang – immer in derselben Richtung, wie auf gemeinsamer Flucht vor einem ganz besonders bösartigen Gegner. Dann hatten sie das Davonlaufen mit einem Mal dick satt, schienen aus rätselhaften Gründen einen Wutanfall zu bekommen und sausten wieder zurück, bis ihnen von oben und unten neue feindliche Armeen in die Flanken fielen und alles in ein heilloses Gewirbel auflösten.

Monate schien mir zurückzuliegen, was ich an Seltsamem erst vor kurzem erlebt hatte, und wären nicht täglich einige Mal immer neue krause Gerüchte über den Golem zu mir gedrungen, die alles wieder frisch aufleben ließen, ich glaube, ich hätte mich in Augenblicken des Zweifels verdächtigen können, das Opfer eines seelischen Dämmerzustandes gewesen zu sein.

Aus den bunten Arabesken, die die Ereignisse um mich gewoben, stach in schreienden Farben hervor, was mir Zwakh über den noch immer unaufgeklärten Mord an dem sogenannten »Freimaurer« erzählt hatte.

Den blatternarbigen Loisa damit in Zusammenhang zu bringen, wollte mir nicht recht einleuchten, obwohl ich einen dunklen Verdacht nicht abschütteln konnte, – fast unmittelbar darauf, als Prokop in jener Nacht aus dem Kanalgitter ein unheimliches Geräusch gehört zu haben geglaubt, hatten wir den Burschen beim »Loisitschek« gesehen. Allerdings lag kein Anlass vor, den Schrei unter der Erde, der überdies geradeso gut eine Sinnestäuschung gewesen sein konnte, als Hilferuf eines Menschen zu deuten. – – – –

Das Schneegestöber vor meinen Augen blendete mich und ich fing an, alles in tanzenden Streifen zu sehen. Ich lenkte meine Aufmerksamkeit wieder auf die Gemme vor mir. Das Wachsmodell, das ich von Mirjams Gesicht entworfen hatte, musste sich vortrefflich auf den bläulich leuchtenden Mondstein da übertragen lassen. – Ich freute mich: es war ein angenehmer Zufall, dass sich etwas so Geeignetes unter meinem Mineralienvorrat gefunden hatte. Die tiefschwarze Matrix von Hornblende gab dem Stein gerade das richtige Licht und die Konturen passten so genau, als habe ihn die Natur eigens geschaffen, ein bleibendes Abbild von Mirjams feinem Profil zu werden.

Anfangs war meine Absicht gewesen, eine Kamee daraus zu schneiden, die den ägyptischen Gott Osiris darstellen sollte, und die Vision des Hermaphroditen aus dem Buch Ibbur, die ich mir jederzeit mit auffallender Deutlichkeit ins Gedächtnis zurückrufen konnte, regte mich künstlerisch stark an, aber allmählich entdeckte ich nach den ersten Schnitten eine solche Ähnlichkeit mit der Tochter Schemajah Hillels, dass ich meinen Plan umstieß. – – – –

– Das Buch Ibbur! –

Erschüttert legte ich den Stahlgriffel weg. Unfassbar, was in der kurzen Spanne Zeit in mein Leben getreten war!

Wie jemand, der sich plötzlich in eine unabsehbare Sandwüste versetzt sieht, wurde ich mir mit einem Schlage der tiefen, riesengroßen Einsamkeit bewusst, die mich von meinen Nebenmenschen trennte.

Konnte ich je mit einem Freund – Hillel ausgenommen – davon reden, was ich erlebt?

Wohl war mir in den stillen Stunden der verflossenen Nächte die Erinnerung wiedergekehrt, dass mich all meine Jugendjahre – von früher Kindheit angefangen – ein unsagbarer Durst nach dem Wunderbaren, dem jenseits aller Sterblichkeit Liegenden, bis zur Todespein gefoltert hatte, aber die Erfüllung meiner Sehnsucht war wie ein Gewittersturm gekommen und erdrückte den Jubelaufschrei meiner Seele mit ihrer Wucht.

Ich zitterte vor dem Augenblick, wo ich zu mir selbst kommen und das Geschehene in seiner vollen markverbrennenden Lebendigkeit als Gegenwart empfinden musste.

Nur jetzt sollte es noch nicht kommen! Erst den Genuss auskosten: Unaussprechliches an Glanz auf sich zukommen zu sehen!

Ich hatte es doch in meiner Macht! Brauchte nur hinüber zu gehen in mein Schlafzimmer und die Kassette aufzusperren, in der das Buch Ibbur, das Geschenk der Unsichtbaren, lag!

Wie lang war's her, da hatte es meine Hand berührt, als ich Angelinas Briefe dazuschloss! – – – – – – – – –

Dumpfes Dröhnen draußen, wie von Zeit zu Zeit der Wind die angehäuften Schneemassen von den Dächern hinab vor die Häuser warf, gefolgt von Pausen tiefer Stille, da die Flockendecke auf dem Pflaster jeden Laut verschlang.

Ich wollte weiterarbeiten, – da plötzlich stahlscharfe Hufschläge unten die Gasse entlang, dass man's förmlich Funken sprühen sah.

Das Fenster zu öffnen und hinauszuschauen, war unmöglich: Muskeln aus Eis verbanden seine Ränder mit dem Mauerwerk, und die Scheiben waren bis zur Hälfte weiß verweht. Ich sah nur, dass Charousek scheinbar ganz friedlich neben dem Trödler Wassertrum stand – sie mussten soeben ein Gespräch geführt haben – sah, wie die Verblüffung, die sich in ihrer beider Mienen malte, wuchs und sie sprachlos offenbar den Wagen, der meinen Blicken entzogen war, anstarrten.

Angelinas Gatte ist es, fuhr es mir durch den Kopf. – Sie selbst konnte es nicht sein! Mit ihrer Equipage hier bei mir vorzufahren – in der Hahnpassgasse! – vor aller Leute Augen! Es wäre hellichter Wahnsinn gewesen. – Aber was sollte ich zu ihrem Gatten sagen, wenn er's wäre und mich auf den Kopf zu fragte?

Leugnen, natürlich leugnen.

Hastig legte ich mir die Möglichkeiten zurecht: Es kann nur ihr Gatte sein. Er hat einen anonymen Brief bekommen, – von Wassertrum – dass sie hier gewesen sei zu einem Rendezvous, und sie hat eine Ausrede gebraucht: wahrscheinlich, dass sie eine Gemme oder sonst etwas bei mir bestellt habe. – – – Da! wütendes Klopfen an meiner Tür und – Angelina stand vor mir.

Sie konnte kein Wort hervorbringen, aber der Ausdruck ihres Gesichtes verriet mir alles: Sie brauchte sich nicht mehr zu verstecken. Das Lied war aus.

Dennoch lehnte sich irgendetwas in mir auf gegen diese Annahme. Ich brachte es nicht fertig, zu glauben, dass das Gefühl, ihr helfen zu können, mich belogen haben sollte.

Ich führte sie in meinen Lehnstuhl. Streichelte ihr stumm das Haar; und sie verbarg, todmüde wie ein Kind, ihren Kopf an meiner Brust.

Wir hörten das Knistern der brennenden Scheite im Ofen und sahen, wie der rote Schein über die Dielen huschte, aufflammte und erlosch – aufflammte und erlosch – aufflammte und erlosch – – –

»Wo ist das Herz aus rotem Stein – – – « klang es in meinem Innern. Ich fuhr auf: Wo bin ich! Wie lang sitzt sie schon hier?

Und ich forschte sie aus, – vorsichtig, leise, ganz leise, dass sie nicht aufwache und ich mit der Sonde die schmerzende Wunde nicht berühre.

Bruchstückweise erfuhr ich, was ich zu wissen brauchte, und setzte es mir zusammen wie ein Mosaik: »Ihr Gatte weiß – – ?«

»Nein, noch nicht; er ist verreist.«

Also um Dr. Saviolis Leben drehte sich's; – Charousek hatte es richtig erraten. Und weil's um Saviolis Leben ging, und nicht mehr um ihres, war sie hier. Sie denkt nicht mehr daran, irgendetwas zu verbergen, begriff ich.

Wassertrum war abermals bei Dr. Savioli gewesen. Hatte sich mit Drohungen und Gewalt den Weg erzwungen bis zu seinem Krankenlager.

Und weiter! Weiter! Was wollte er von ihm?

Was er wollte? Sie hatte es halb erraten, halb erfahren: er wollte, dass – – dass – er wollte, dass sich Dr. Savioli – – ein Leid antue.

Sie kenne jetzt auch die Gründe von Wassertrums wildem besinnungslosem Hass: »Dr. Savioli habe einst seinen Sohn, den Augenarzt Wassory, in den Tod getrieben.«

Sofort schlug ein Gedanke in mich ein wie der Blitz: Hinunterlaufen, dem Trödler alles verraten, dass Charousek den Schlag geführt hatte – aus dem Hinterhalt – und nicht Savioli, der nur das Werkzeug war – – –. »Verrat! Verrat!« heulte es mir ins Hirn, »du willst also den armen schwindsüchtigen Charousek, der dir helfen wollte und ihr, der Rachsucht dieses Halunken preisgeben?« – Und es zerriss mich in blutende Hälften. – Dann sprach ein Gedanke eiskalt und gelassen die Losung aus: »Narr! Du hast es doch in der Hand! Brauchst ja nur die Feile dort auf dem Tisch zu nehmen, hinunter zu laufen und sie dem Trödler durch die Gurgel zu jagen, dass die Spitze hinten zum Genick herausschaut.«

Mein Herz jauchzte einen Dankesschrei zu Gott. – – – – – – – – – – – – – – – – – –

Ich forschte weiter: »Und Dr. Savioli?«

Kein Zweifel, dass er Hand an sich legen wird, wenn sie ihn nicht rettete. Die Krankenschwestern ließen ihn nicht aus den Augen, hatten ihn mit Morphium betäubt, aber vielleicht erwacht er plötzlich – vielleicht gerade jetzt – und – und – nein, nein, sie müsse fort, dürfe keine Sekunde Zeit mehr versäumen, – sie wolle ihrem Gatten schreiben, ihm alles eingestehen, – solle er ihr das Kind nehmen, aber Savioli sei gerettet, denn sie hätte Wassertrum damit die einzige Waffe aus der Hand geschlagen, die er besäße und mit der er drohe.

Sie wolle das Geheimnis selbst enthüllen, ehe er es verraten könne.

»Das werden Sie nicht tun, Angelina!« schrie ich und dachte an die Feile und die Stimme versagte mir in jubelnder Freude über meine Macht.

Angelina wollte sich losreißen. Ich hielt sie fest.

»Nur noch eins: Überlegen Sie, wird Ihr Gatte denn dem Trödler so ohne weiteres glauben?«

»Aber Wassertrum hat doch Beweise, offenbar meine Briefe, vielleicht auch ein Bild von mir, – alles, was im Schreibtisch nebenan im Atelier versteckt war.«

Briefe? Bild? Schreibtisch? – ich wusste nicht mehr, was ich tat. Ich riss Angelina an meine Brust und küsste sie. Auf den Mund, auf die Stirn, auf die Augen.

Ihr blondes Haar lag wie ein goldner Schleier vor meinem Gesicht.

Dann hielt ich sie an ihren schmalen Händen und erzählte ihr mit fliegenden Worten, dass der Todfeind Wassertrums – ein armer böhmischer Student – die Briefe und alles in Sicherheit gebracht hätte und sie in meinem Besitz seien und fest verwahrt.

Und sie fiel mir um den Hals und lachte und weinte in einem Atem. Küsste mich. Rannte zur Tür. Kehrte wieder um und küsste mich wieder.

Dann war sie verschwunden.

Ich stand wie betäubt und fühlte noch immer den Atem ihres Mundes an meinem Gesicht.

Ich hörte wie die Wagenräder über das Pflaster donnerten und den rasenden Galopp der Hufe. Eine Minute später war alles still. Wie ein Grab.

Auch in mir. – – – – – – – – – – – – – – – – – –

Plötzlich knarrte die Tür leise hinter mir, und Charousek stand im Zimmer: »Verzeihen Sie, Herr Pernath, ich habe lange geklopft, aber Sie schienen es nicht zu hören.« Ich nickte nur stumm.

»Hoffentlich nehmen Sie nicht an, dass ich mich mit Wassertrum versöhnt habe, weil Sie mich vorhin mit ihm sprechen sahen?« – Charouseks höhnisches Lächeln sagte mir, dass er nur einen grimmigen Spaß machte. – »Sie müssen nämlich wissen: Das Gluck ist mir hold; die Kanaille da unten fängt an, mich in ihr Herz zu schließen, Meister Pernath. – – Es ist eine seltsame Sache, das mit der Stimme des Blutes«, setzte er leise – halb für sich – hinzu.

Ich verstand nicht, was er damit meinen konnte, und nahm an, ich hätte etwas überhört. Die ausgestandene Erregung zitterte noch zu stark in mir.

»Er wollte mir einen Mantel schenken«, fuhr Charousek laut fort. »Ich habe natürlich dankend abgelehnt. Mich brennt schon meine eigene Haut genug. – Und dann hat er mir Geld aufgedrängt.«

»Sie haben es angenommen?!«, wollte es mir herausfahren, aber ich hielt noch rasch meine Zunge im Zaum.

Die Wangen des Studenten bekamen kreisrunde rote Flecken: »Das Geld habe ich selbstverständlich angenommen.«

Mir wurde ganz wirr im Kopf! » – an – genommen?«, stammelte ich.

»Ich hätte nie gedacht, dass man auf Erden eine so reine Freude empfinden kann!« – Charousek hielt einen Augenblick inne und schnitt eine Fratze. – »Ist es nicht ein erhebendes Gefühl, im Haushalt der Natur ›Mütterchens Vorsehung‹ ökonomischen Finger allenthalben in Weisheit und Umsicht walten zu sehen!?« – Er sprach wie ein Pastor und klimperte dabei mit dem Geld in seiner Tasche, – »wahrlich, als hehre Pflicht empfinde ich es, den Schatz, mir anvertraut von milder Hand, auf Heller und Pfennig dereinst dem edelsten aller Zwecke zuzuführen.«

War er betrunken? Oder wahnsinnig?

Charousek änderte plötzlich den Ton: »Es liegt eine satanische Komik darin, dass Wassertrum sich die – Arznei selber bezahlt. Finden Sie nicht?«

Eine Ahnung dämmerte mir auf, was sich hinter Charouseks Rede verbarg, und mir graute vor seinen fiebernden Augen.

»Übrigens lassen wir das jetzt, Meister Pernath. Erledigen wir erst die laufenden Geschäfte. Vorhin, die Dame, das war ›sie‹ doch? Was ist ihr denn eingefallen, hier öffentlich vorzufahren?«

Ich erzählte Charousek, was geschehen war.

»Wassertrum hat bestimmt keine Beweise in den Händen«, unterbrach er mich freudig, »sonst hätte er nicht heute morgen abermals das Atelier durchsucht. – Merkwürdig, dass Sie ihn nicht gehört haben!? Eine volle Stunde lang war er drüben.«

Ich staunte, woher er alles so genau wissen könne, und sagte es ihm.

»Darf ich?« – als Erklärung nahm er sich eine Zigarette vom Tisch, zündete sie an und erläuterte: – »Sehen Sie, wenn Sie jetzt die Tür öffnen, bringt die Zugluft, die vom Stiegenhaus hereinweht, den Tabakrauch aus der Richtung. Es ist das vielleicht das einzige Naturgesetz, das Herr Wassertrum genau kennt, und für alle Fälle hat er in der Straßenmauer des Ateliers – das Haus gehört ihm, wie Sie wissen – eine kleine, versteckte, offene Nische anbringen lassen: eine Art Ventilation, und darin ein rotes Fähnchen. Wenn nun jemand das Zimmer betritt oder verlässt, das heißt, die Zugtür öffnet, so merkt es Wassertrum unten an dem heftigen Flattern des Fähnchens. Allerdings weiß ich es ebenfalls«, setzte Charousek trocken hinzu, »wenn's mir drum zu tun ist, und kann es von dem Kellerloch vis-à-vis, in dem zu hausen ein gnädiges Schicksal mir huldreichst gestattet, genau beobachten. – Der niedliche Scherz mit der Ventilation ist zwar ein Patent des würdigen Patriarchen, aber auch mir seit Jahren geläufig.«

»Was für einen übermenschlichen Hass Sie gegen ihn haben müssen, dass Sie so jeden seiner Schritte belauern. Und noch dazu seit langem, wie Sie sagen!« warf ich ein.

»Hass?« Charousek lächelte krampfhaft. »Hass? – Hass ist kein Ausdruck. Das Wort, das meine Gefühle gegen ihn bezeichnen könnte, muss erst geschaffen werden. – Ich hasse, genaugenommen, auch gar nicht ihn. Ich hasse sein Blut. Verstehen Sie das? Ich wittere wie ein wildes Tier, wenn auch nur ein Tropfen von seinem Blut in den Adern eines Menschen fließt, – und« – er biss die Zähne zusammen – »das kommt ›zuweilen‹ vor hier im Ghetto.« Unfähig weiterzusprechen vor Aufregung lief er ans Fenster und starrte hinaus. – Ich hörte wie er sein Keuchen unterdrückte. Wir schwiegen beide eine Weile.

»Hallo, was ist denn das?« fuhr er plötzlich auf und winkte mir hastig: »Rasch, rasch! Haben Sie nicht einen Operngucker oder so etwas?«

Wir spähten vorsichtig hinter den Vorhängen hinunter. Der taubstumme Jaromir stand vor dem Eingang des Trödlerladens und bot, soviel wir aus seiner Zeichensprache erraten konnten, Wassertrum einen kleinen blitzenden Gegenstand, den er in der Hand halb verbarg, zum Kauf an. Wassertrum fuhr danach wie ein Geier und zog sich damit in seine Höhle zurück.

Gleich darauf stürzte er wieder hervor – totenblass – und packte Jaromir an der Brust: Es entspann sich ein heftiges Ringen. – Mit einem Mal ließ Wassertrum los und schien zu überlegen. Nagte wütend an seiner gespaltenen Oberlippe. Warf einen grübelnden Blick zu uns herauf und zog dann Jaromir am Arm friedlich in seinen Laden.

Wir warteten wohl eine Viertelstunde lang; sie schienen nicht fertig werden zu können mit ihrem Handel.

Endlich kam der Taubstumme mit befriedigter Miene wieder heraus und ging seines Weges.

»Was halten Sie davon?«, fragte ich. »Es scheint nichts Wichtiges zu sein? Vermutlich hat der arme Bursche irgendeinen erbettelten Gegenstand versilbert.«

Der Student gab keine Antwort und setzte sich schweigend wieder an den Tisch.

Offenbar legte auch er dem Geschehnis keine Bedeutung bei, denn er fuhr nach einer Pause da fort, wo er stehen geblieben war: »Ja. Also ich sagte, ich hasse sein Blut. – Unterbrechen Sie mich, Meister Pernath, wenn ich wieder heftig werde. Ich will kalt bleiben. Ich darf meine besten Empfindungen nicht so vergeuden. Es packt mich sonst nachher wie Ernüchterung. Ein Mensch mit Schamgefühl soll in kühlen Worten reden, nicht mit Pathos wie eine Prostituierte oder – oder ein Dichter. – Seit die Welt steht, wär's niemand eingefallen, vor Leid die ›Hände zu ringen‹, wenn nicht die Schauspieler diese Geste als besonders ›plastisch‹ ausgetüftelt hätten.«

Ich begriff, dass er mit Absicht blind drauflos redete, um innerlich Ruhe zu bekommen.

Es wollte ihm nicht recht gelingen. Nervös lief er im Zimmer auf und ab, fasste alle möglichen Gegenstände an und stellte sie zerstreut zurück an ihren Platz.

Dann war er mit einem Ruck wieder mitten in seinem Thema: »Aus den kleinsten unwillkürlichen Bewegungen eines Menschen verrät sich mir dieses Blut. Ich kenne Kinder, die ›ihm‹ ähnlich sehen und als seine gelten, aber doch sind sie nicht vom selben Stamm – man kann mich nicht täuschen. Jahrelang erfuhr ich nicht, dass Dr. Wassory sein Sohn ist, aber ich habe es – ich möchte sagen – gerochen.

Schon als kleiner Junge, als ich noch nicht ahnen konnte, in welchen Beziehungen Wassertrum zu mir steht«, – sein Blick ruhte eine Sekunde forschend auf mir, – »besaß ich diese Gabe. Man hat mich mit Füßen getreten, mich geschlagen, dass es wohl keine Stelle an meinem Körper gibt, die nicht wüsste, was rasender Schmerz ist, – hat mich hungern und dursten lassen, bis ich halb wahnsinnig wurde und schimmlige Erde gefressen habe, aber niemals konnte ich diejenigen hassen, die mich peinigten. Ich konnte einfach nicht. Es war kein Platz mehr in mir für Hass. – Verstehen Sie? Und doch war mein ganzes Wesen getränkt damit.

Nie hat mir Wassertrum auch nur das Geringste angetan – ich will damit sagen, dass er mich jemals weder geschlagen oder beworfen, noch auch irgendwie beschimpft hat, wenn ich mich als Gassenjunge unten herumtrieb; ich weiß das genau, – und doch richtete sich alles, was an Rachsucht und Wut in mir kochte, gegen ihn. Nur gegen ihn!

Merkwürdig ist, dass ich ihm trotzdem nie als Kind einen Schabernack gespielt habe. Wenn's die anderen taten, zog ich mich sofort zurück. Aber stundenlang konnte ich im Torweg stehen und, hinter der Haustür versteckt, durch die Angelritzen sein Gesicht unverwandt anstieren, bis mir vor unerklärlichem Hassgefühl schwarz vor den Augen wurde.

Damals, glaube ich, habe ich den Grundstein zu dem Hellsehen gelegt, das sofort in mir aufwacht, wenn ich mit Wesen, ja sogar mit Dingen in Berührung komme, die in Verbindung mit ihm stehen. Ich muss wohl jede seiner Bewegungen, seine Art, den Rock zu tragen und wie er Sachen anfasst, hustet und trinkt, und all das Tausenderlei damals unbewusst auswendig gelernt haben, bis sich's mir in die Seele fraß, dass ich überall die Spuren davon auf den ersten Blick mit unfehlbarer Sicherheit als seine Erbstücke erkennen kann.

Später wurde das manchmal fast zur Manie. Ich warf harmlose Gegenstände von mir, bloß weil mich der Gedanke quälte, seine Hand könne sie berührt haben, – andere wieder waren mir ans Herz gewachsen; ich liebte sie wie Freunde, die ihm Böses wünschten.«

Charousek schwieg einen Moment. Ich sah, wie er geistesabwesend ins Leere blickte. Seine Finger streichelten mechanisch die Feile auf dem Tisch. – »Als dann ein paar mitleidige Lehrer für mich gesammelt hatten und ich Philosophie und Medizin studierte – auch nebenbei selbst denken lernte –, da kam mir langsam die Erkenntnis, was Hass ist: Wir können nur etwas so tief hassen, wie ich es tue, was ein Teil von uns selbst ist.

Und wie ich später dahinter kam, – nach und nach alles erfuhr, was meine Mutter war – und – und noch sein muss, wenn – wenn sie noch lebt, – und dass mein eigener Leib« – er wendete sich ab, damit ich sein Gesicht nicht sehen sollte, – »voll ist von seinem eklen Blut – nun ja, Pernath, – warum sollen Sie's nicht wissen: Er ist mein Vater! – da wurde mir klar, wo die Wurzel lag. – – – Zuweilen kommt's mir sogar wie ein geheimnisvoller Zusammenhang vor, dass ich schwindsüchtig bin und Blut spucken muss; mein Körper wehrt sich gegen alles, was von ›ihm‹ ist, und stößt es mit Abscheu von sich.

Oft hat mich mein Hass bis in den Traum begleitet und zu trösten gesucht mit Geschichten von allen nur erdenklichen Foltern, die ich ›ihm‹ zufügen durfte, aber immer verscheuchte ich sie selber, weil sie den faden Beigeschmack des – Unbefriedigtseins in mir hinterließen.

Wenn ich über mich selbst nachdenke und mich wundern muss, dass es so gar niemanden und nichts auf der Welt gibt, was ich zu hassen, – ja nicht einmal als antipathisch zu empfinden imstande wäre, außer ›ihn‹ und seinen Stamm, – beschleicht mich oft das widerliche Gefühl, ich könnte das sein, was man einen ›guten Menschen‹ nennt. Aber zum Glück ist es nicht so. – Ich sagte Ihnen schon, es ist kein Platz mehr in mir.

Und glauben Sie nur ja nicht, dass ein trauriges Schicksal mich verbittert hat; (Was er meiner Mutter angetan hat, erfuhr ich überdies erst in späteren Jahren) – ich habe einen Freudentag erlebt, der weit in den Schatten stellt, was sonst einem Sterblichen vergönnt ist. Ich weiß nicht, ob Sie kennen, was innere, echte, heiße Frömmigkeit ist, – ich hatte es bis dahin auch nicht gekannt – als ich aber an jenem Tag, an dem Wassory sich selbst ausgerottet hat, am Laden unten stand und sah, wie ›er‹ die Nachricht bekam, – sie ›stumpfsinnig‹, wie ein Laie, der die echte Bühne des Lebens nicht kennt, hätte glauben müssen, – hinnahm, wohl eine Stunde lang teilnahmslos stehen blieb, seine blutrote Hasenscharte nur ein ganz klein bisschen höher über die Zähne gezogen als sonst und den Blick so gewiss – – so – so – so eigenartig nach innen gekehrt, – – – – da fühlte ich den Weihrauchduft von den Schwingen des Erzengels. – – Kennen Sie das Gnadenbild der schwarzen Muttergottes in der Teinkirche? Dort warf ich mich nieder und die Finsternis des Paradieses hüllte meine Seele ein.« –

– – – Wie ich Charousek so dastehen sah, die großen, träumerischen Augen voll Tränen, da fielen mir Hillels Worte ein von der Unbegreiflichkeit des dunklen Pfades, den die Brüder des Todes gehen.

Charousek fuhr fort: »Die äußeren Umstande, die meinen Hass ›rechtfertigen‹ oder in den Gehirnen der amtlich besoldeten Richter begreiflich erscheinen lassen könnten, werden Sie vielleicht gar nicht interessieren: – Tatsachen sehen sich an wie Meilensteine und sind doch nur leere Eierschalen. Sie sind das aufdringliche Knallen der Champagnerpfropfen an den Tafeln der Protzen, das nur der Schwachsinnige für das Wesentliche eines Gelages hält. – Wassertrum hat meine Mutter mit all den infernalischen Mitteln, die seinesgleichen Gewohnheit sind, gezwungen, ihm zu Willen zu sein, – wenn es nicht noch viel schlimmer war. Und dann – – nun ja – und dann hat er sie an – ein Freudenhaus verkauft, – – – so etwas ist nicht schwer, wenn man Polizeiräte zu Geschäftsfreunden hat, – aber nicht etwa, weil er ihrer überdrüssig gewesen wäre, o nein! Ich kenne die Schlupfwinkel seines Herzens; an dem Tag hat er sie verkauft, wo er sich voll Schrecken bewusst wurde, wie heiß er sie in Wirklichkeit liebte. So einer wie er handelt da scheinbar widersinnig, aber immer gleich. Das Hamsterhafte in seinem Wesen quietscht auf, sowie jemand kommt und kauft ihm irgendetwas ab aus seiner Trödlerbude gegen noch so teures Geld; er empfindet nur den Zwang des ›Hergebenmüssens‹. Er möchte den Begriff ›haben‹ am liebsten in sich hineinfressen und könnte er sich überhaupt ein Ideal ausdenken, so wär's das, sich dereinst in den abstrakten Begriff ›Besitz‹ aufzulösen. – – –

Und da ist es damals riesengroß in ihm gewachsen bis zu einem Berg von Angst, »seiner selbst nicht mehr sicher« zu sein, – nicht, etwas an Liebe geben zu wollen, sondern geben zu müssen, die Gegenwart eines Unsichtbaren in sich zu ahnen, das seinen Willen oder das, von dem er möchte, dass es sein Wille sein sollte, heimlich in Fesseln schlug. – So war der Anfang. Was dann folgte, geschah automatisch. Wie der Hecht mechanisch zubeißen muss, – ob er will oder nicht – wenn ein blitzender Gegenstand zu rechter Zeit vorüberschwimmt.

Das Verschachern meiner Mutter ergab sich für Wassertrum als natürliche Folge. Es befriedigte den Rest der in ihm schlummernden Eigenschaften: Die Gier nach Gold und die perverse Wonne an der Selbstqual. – – – Verzeihen Sie, Meister Pernath,« – Charouseks Stimme klang plötzlich so hart und nüchtern, dass ich erschrak, – »verzeihen Sie, dass ich so furchtbar gescheit daherrede, aber wenn man an der Universität ist, kommt einem eine Menge vertrottelter Bücher unter die Hände; unwillkürlich verfällt man dann in eine teppenhafte Ausdrucksweise.« –

Ich zwang mich ihm zu Gefallen zu einem Lächeln; innerlich verstand ich gar wohl, dass er mit dem Weinen kämpfte.

Irgendwie muss ich ihm helfen, überlegte ich, wenigstens seine bitterste Not zu lindern versuchen, soweit das in meiner Macht steht. Ich nahm unauffällig die Hundertguldennote, die ich noch zu Hause hatte, aus der Kommodenschublade und steckte sie in die Tasche.

»Wenn Sie später einmal in eine bessere Umgebung kommen und Ihren Beruf als Arzt ausüben, wird Frieden bei Ihnen einziehen, Herr Charousek«; sagte ich, um dem Gespräch eine versöhnliche Richtung zu geben, – »machen Sie bald Ihr Doktorat?«

»Demnächst. Ich bin es meinen Wohltätern schuldig. Zweck hat's ja keinen, denn meine Tage sind gezählt.«

Ich wollte den üblichen Einwand machen, dass er doch wohl zu schwarz sehe, aber er wehrte lächelnd ab:

»Es ist das Beste so. Es muss überdies kein Vergnügen sein, den Heilkomödianten zu mimen und sich zu guter Letzt noch als diplomierter Brunnenvergifter einen

Adelstitel zuzuziehen. – – Andererseits«, – setzte er mit seinem galligen Humor hinzu, – »wird mir leider jedes weitere segensreiche Wirken hier im Diesseits-Ghetto ein für alle Mal abgeschnitten sein.« Er griff nach seinem Hut. »Jetzt will ich aber nicht länger stören. Oder wäre noch etwas zu besprechen in der Angelegenheit Savioli? Ich denke nicht. Lassen Sie mich jedenfalls wissen, wenn Sie etwas Neues erfahren. Am besten, Sie hängen einen Spiegel hier ans Fenster, als Zeichen, dass ich Sie besuchen soll. Zu mir in den Keller dürfen Sie auf keinen Fall kommen: Wassertrum wurde sofort Verdacht schöpfen, dass wir zusammenhalten. – Ich bin übrigens sehr neugierig, was er jetzt tun wird, wo er gesehen hat, dass die Dame zu Ihnen gekommen ist. Sagen Sie ganz einfach, sie hätte Ihnen ein Schmuckstück zu reparieren gebracht, und wenn er zudringlich wird, spielen Sie eben den Rabiaten.«

Es wollte sich keine passende Gelegenheit ergeben, Charousek die Banknote aufzudrängen; ich nahm daher das Modellierwachs wieder vom Fensterbrett und sagte: »Kommen Sie, ich begleite Sie ein Stück die Treppen hinunter. – Hillel erwartet mich«, log ich.

Er stutzte: »Sie sind mit ihm befreundet?«

»Ein wenig. Kennen Sie ihn? – – Oder misstrauen Sie ihm«, – ich musste unwillkürlich lächeln – »vielleicht auch?«

»Da sei Gott vor!«

»Warum sagen Sie das so ernst?«

Charousek zögerte und dachte nach: »Ich weiß selbst nicht warum. Es muss etwas Unbewusstes sein. Sooft ich ihm auf der Straße begegne, möchte ich am liebsten vom Pflaster heruntertreten und das Knie beugen wie vor einem Priester, der die Hostie trägt. – Sehen Sie, Meister Pernath, da haben Sie einen Menschen, der in jedem Atom das Gegenteil von Wassertrum ist. Er gilt z. B. bei den Christen hier im Viertel, die, wie immer, so auch in diesem Fall falsch informiert sind, als Geizhals und heimlicher Millionär und ist doch unsagbar arm.«

Ich fuhr entsetzt auf: »Arm?«

»Ja, womöglich noch ärmer als ich. Das Wort ›nehmen‹ kennt er, glaub' ich, überhaupt nur aus Büchern; aber wenn er am Ersten des Monats aus dem ›Rathaus‹ kommt, dann laufen die jüdischen Bettler vor ihm davon, weil sie wissen, er würde dem nächsten Besten von ihnen seinen ganzes kärgliches Gehalt in die Hand drücken und ein paar Tage später – samt seiner Tochter selber verhungern. – Wenn's wahr ist, was eine uralte talmudische Legende behauptet, dass von den zwölf jüdischen Stämmen zehn verflucht sind und zwei heilig, so verkörpert er die zwei heiligen und Wassertrum alle zehn andern zusammen. – Haben Sie noch nie bemerkt, wie Wassertrum sämtliche Farben spielt, wenn Hillel an ihm vorübergeht? Interessant, sag' ich Ihnen! Sehen Sie, solches Blut kann sich gar nicht vermischen; da kämen die Kinder tot zur Welt. Vorausgesetzt, dass die Mütter nicht schon früher vor Entsetzen stürben. – Hillel ist übrigens der Einzige, an den sich Wassertrum nicht herantraut; – er weicht ihm aus wie dem Feuer. Vermutlich, weil Hillel das Unbegreifliche, das vollkommen Unenträtselbare, für ihn bedeutet. Vielleicht wittert er in ihm auch den Kabbalisten.« – Wir gingen bereits die Stiegen hinab.

»Glauben Sie, dass es heutzutage noch Kabbalisten gibt – dass überhaupt an der Kabbala etwas sein könnte?«, fragte ich, gespannt, was er wohl antworten würde, aber er schien nicht zugehört zu haben.

Ich wiederholte meine Frage. Hastig lenkte er ab und deutete auf eine Tür des Treppenhauses, die aus Kistendeckeln zusammengenagelt war:

»Sie haben da neue Mitbewohner bekommen, eine zwar jüdische aber arme Familie: Den meschuggenen Musikanten Nephtali Schaffranek mit Tochter, Schwiegersohn und Enkelkindern. Wenn's dunkel wird und er allein ist mit den kleinen Mädchen, kommt der Rappel über ihn; dann bindet er sie an den Daumen zusammen, damit sie ihm nicht davonlaufen, zwängt sie in einen alten Hühnerkäfig und unterweist sie im ›Gesang‹, wie er es nennt, damit sie später ihren Lebensunterhalt selbst erwerben können, – das heißt, er lehrt sie die verrücktesten Lieder, die es gibt, deutsche Texte, Bruchstücke, die er irgendwo aufgeschnappt hat und im Dämmer seines Seelenzustandes für – preußische Schlachthymnen oder dergleichen hält.«

Wirklich tönte da eine sonderbare Musik leise auf den Gang heraus. Ein Fiedelbogen kratzte fürchterlich hoch und immerwährend in ein und demselben Ton die Umrisse eines Gassenhauers, und zwei fadendünne Kinderstimmen sangen dazu:

»Frau Pick,
Frau Hock,
Frau Kle – pe – tarsch,
se stehen beirenond
und schmusen allerhond – «

Es war wie Wahnwitz und Komik zugleich, und ich musste wider Willen hellauf auflachen.

»Schwiegersohn Schaffranek – seine Frau verkauft auf dem Eiermarkt Gurkensaft gläschenweise an die Schuljugend – läuft den ganzen Tag in den Büros herum«, fuhr Charousek grimmig fort, »und erbettelt sich alte Briefmarken. Die sortiert er dann, und wenn er welche darunter findet, die zufällig nur am Rande gestempelt sind, so legt er sie aufeinander und schneidet sie durch. Die ungestempelten Hälften klebt er zusammen und verkauft sie als neu. Anfangs blühte das Geschäft und warf manchmal fast einen – Gulden am Tag ab, aber schließlich kamen die Prager jüdischen Großindustriellen dahinter – und machen es jetzt selber. Sie schöpfen den Rahm ab.«

»Würden Sie Not lindern, Charousek, wenn Sie überflüssiges Geld hätten?« fragte ich rasch. – Wir standen vor Hillels Tür und ich klopfte an.

»Halten Sie mich für so gemein, dass Sie glauben können, ich täte es nicht?«, fragte er verblüfft zurück.

Mirjams Schritte kamen näher, und ich wartete, bis sie die Klinke niederdrückte, dann schob ich ihm rasch die Banknote in die Tasche: »Nein, Herr Charousek, ich halte Sie nicht dafür, aber mich müssten Sie für gemein halten, wenn ich's unterließe.«

Ehe er etwas erwidern konnte, hatte ich ihm die Hand geschüttelt und die Tür hinter mir zugezogen. Während mich Mirjam begrüßte, lauschte ich, was er tun würde.

Er blieb eine Weile stehen, dann schluchzte er leise auf und ging langsam mit suchendem Schritt die Treppe hinunter. Wie jemand, der sich am Geländer halten muss. – – – – – – – – – – – – – – – –

Es war das erste Mal, dass ich Hillels Zimmer besuchte hatte. Es sah schmucklos aus wie ein Gefängnis. Der Boden peinlich sauber und mit weißem Sand bestreut. Nichts an Möbeln als zwei Stühle und ein Tisch und eine Kommode. Ein Holzpostament je links und rechts an den Wänden. – – –

Mirjam saß mir gegenüber am Fenster, und ich bossierte an meinem Modellierwachs.

»Muss man denn ein Gesicht vor sich haben, um die Ähnlichkeit zu treffen?«, fragte sie schüchtern und nur, um die Stille zu unterbrechen.

Wir wichen einander scheu mit den Blicken aus. Sie wusste nicht, wohin die Augen richten in ihrer Qual und Scham über die jammervolle Stube, und mir brannten die Wangen von innerem Vorwurf, dass ich mich nicht längst darum gekümmert hatte, wie sie und ihr Vater lebten.

Aber irgendetwas musste ich doch antworten! »Nicht so sehr, um die Ähnlichkeit zu treffen, als um zu vergleichen, ob man innerlich auch richtig gesehen hat«, – ich fühlte, noch während ich sprach, wie grundfalsch das alles war, was ich sagte.

Jahrelang hatte ich den irrigen Grundsatz der Maler, man müsse die äußere Natur studieren, um künstlerisch schaffen zu können, stumpfsinnig nachgebetet und befolgt; erst seit Hillel mich in jener Nacht erweckt, war mir das innere Schauen aufgegangen: Das wahre Sehenkönnen hinter geschlossenen Lidern, das sofort erlischt, wenn man die Augen aufschlägt, – die Gabe, die sie alle zu haben glauben und die doch unter Millionen keiner wirklich besitzt.

Wie konnte ich auch nur von der Möglichkeit sprechen, die unfehlbare Richtschnur der geistigen Vision an den groben Mitteln des Augenscheins nachmessen zu wollen!

Mirjam schien Ähnliches zu denken, nach dem Erstaunen in ihren Mienen zu schließen. »Sie dürfen es nicht so wörtlich nehmen«, entschuldigte ich mich.

Voll Aufmerksamkeit sah sie zu, wie ich mit dem Griffel die Form vertiefte.

»Es muss unendlich schwer sein, alles dann haargenau auf Stein zu übertragen?«

»Das ist nur mechanische Arbeit. So ziemlich wenigstens.« Pause.

»Darf ich die Gemme sehen, wenn sie fertig ist?« fragte sie.

»Sie ist doch für Sie bestimmt, Mirjam.«

»Nein, nein; das geht nicht, – – das – das – – «, – ich sah, wie ihre Hände nervös wurden.

»Nicht einmal diese Kleinigkeit wollen Sie von mir annehmen?«, unterbrach ich sie schnell, »ich wollte, ich dürfte mehr für Sie tun.«

Hastig wandte sie das Gesicht ab.

Was hatte ich da gesagt! Ich musste sie aufs Tiefste verletzt haben. Es hatte geklungen, als wollte ich auf ihre Armut anspielen.

Konnte ich es noch beschönigen? Wurde es dann nicht weit schlimmer?

Ich nahm einen Anlauf: »Hören Sie mich ruhig an, Mirjam! Ich bitte Sie darum. – Ich schulde Ihrem Vater so unendlich viel, – Sie können das gar nicht ermessen«

Sie sah mich unsicher an; verstand offenbar nicht.

» – ja ja, unendlich viel. Mehr als mein Leben.«

»Weil er Ihnen damals beistand, als Sie ohnmächtig wurden? Das war doch selbstverständlich.«

Ich fühlte, sie wusste nicht, welches Band mich mit ihrem Vater verknüpfte. Vorsichtig sondierte ich, wie weit ich gehen durfte, ohne zu verraten, was er ihr verschwieg.

»Weit höher als äußere Hilfe, dächte ich, ist die innere zu stellen. – Ich meine die, die aus dem geistigen Einfluss eines Menschen auf den andern überstrahlt. – Verstehen Sie, was ich damit sagen will, Mirjam? – Man kann jemand auch seelisch heilen, nicht nur körperlich, Mirjam.«

»Und das hat – – ?«

»Ja, das hat Ihr Vater an mir getan!« – ich fasste sie an der Hand, – »begreifen Sie nicht, dass es mir da ein Herzenswunsch sein muss, wenn schon nicht ihm, so doch jemand, der ihm so nahesteht wie Sie, irgendeine Freude zu bereiten? – Haben Sie nur ein ganz klein wenig Vertrauen zu mir! – Gibt's denn gar keinen Wunsch, den ich Ihnen erfüllen könnte?«

Sie schüttelte den Kopf: »Sie glauben, ich fühle mich unglücklich hier?«

»Gewiss nicht. Aber vielleicht haben Sie zuweilen Sorgen, die ich Ihnen abnehmen konnte? Sie sind verpflichtet – hören Sie! – verpflichtet, mich daran teilnehmen zu lassen! Warum leben Sie denn beide hier in der finstern traurigen Gasse, wenn Sie nicht müssten? Sie sind noch so jung, Mirjam, und – – «

»Sie leben doch selbst hier, Herr Pernath«, unterbrach sie mich lächelnd, »was fesselt Sie an das Haus?«

Ich stutzte. – Ja. Ja, das war richtig. Warum lebte ich eigentlich hier? Ich konnte es mir nicht erklären, was fesselt dich an das Haus? wiederholte ich mir geistesabwesend. Ich konnte keine Erklärung finden und vergaß einen Augenblick ganz, wo ich war. – Dann stand ich plötzlich entrückt irgendwo hoch oben – in einem Garten – roch den zauberhaften Duft von blühenden Holunderdolden, sah herab auf die Stadt – – –

»Habe ich eine Wunde berührt? Hab' ich Ihnen weh getan?« kam Mirjams Stimme von weit, weit her zu mir.

Sie hatte sich über mich gebeugt und sah mir ängstlich forschend ins Gesicht.

Ich musste wohl lange starr dagesessen haben, dass sie so besorgt war.

Eine Weile schwankte es hin und her in mir, dann brach sich's plötzlich gewaltsam Bahn, überflutete mich, und ich schüttete Mirjam mein ganzes Herz aus.

Ich erzählte ihr, wie einem lieben, alten Freund, mit dem man sein ganzes Leben beisammen war und vor dem man kein Geheimnis hat, wie's um mich stand und auf welche Weise ich aus einer Erzählung Zwakhs erfahren hatte, dass ich in früheren

Jahren wahnsinnig gewesen und der Erinnerung an meine Vergangenheit beraubt worden war, – wie in letzter Zeit Bilder in mir wach geworden, die in jenen Tagen wurzeln mussten, immer häufiger und häufiger, und dass ich vor dem Moment zitterte, wo mir alles offenbar werden und mich von neuem zerreißen würde.

Nur, was ich mit ihrem Vater in Zusammenhang bringen musste, meine Erlebnisse in den unterirdischen Gängen und all das übrige, verschwieg ich ihr.

Sie war dicht zu mir gerückt und hörte mit einer tiefen atemlosen Teilnahme zu, die mir unsäglich wohl tat.

Endlich hatte ich einen Menschen gefunden, mit dem ich mich aussprechen konnte, wenn mir meine geistige Einsamkeit zu schwer wurde. – Gewiss wohl: Hillel war ja noch da, aber für mich nur wie ein Wesen jenseits der Wolken, das kam und verschwand wie ein Licht, an das ich nicht herankonnte, wenn ich mich sehnte.

Ich sagte es ihr, und sie verstand mich. Auch sie sah ihn so, trotzdem er ihr Vater war.

Er hing mit unendlicher Liebe an ihr und sie an ihm – »und doch bin ich wie durch eine Glaswand von ihm getrennt«, vertraute sie mir an, »die ich nicht durchbrechen kann. Solange ich denke, war es so. – Wenn ich ihn als Kind im Traum an meinem Bett stehen sah, immer trug er das Gewand des Hohepriesters, die goldene Tafel des Moses mit den 12 Steinen darin auf der Brust, und blaue leuchtende Strahlen gingen von seinen Schläfen aus. – Ich glaube, seine Liebe ist von der Art, die übers Grab hinausgeht, und zu groß, als dass wir sie fassen könnten. – Das hat auch meine Mutter immer gesagt, wenn wir heimlich über ihn sprachen.« – – Sie schauderte plötzlich und zitterte am ganzen Leib. Ich wollte aufspringen, aber sie hielt mich zurück: »Seien Sie ruhig, es ist nichts. Bloß eine Erinnerung. Als meine Mutter starb, – nur ich weiß, wie er sie geliebt hat, ich war damals noch ein kleines Mädchen, – glaubte ich vor Schmerz ersticken zu müssen, und ich lief zu ihm hin und krallte mich in seinen Rock und wollte aufschreien und konnte doch nicht, weil alles gelähmt war in mir – und – und da – – – – mir läuft's wieder eiskalt über den Rücken, wenn ich daran denke – – sah er mich lächelnd an, küsste mich auf die Stirn und fuhr mir mit der Hand über die Augen. – – – Und von dem Moment an bis heute war jedes Leid, dass ich meine Mutter verloren hatte, wie ausgetilgt in mir. Nicht eine Träne konnte ich vergießen, als sie begraben wurde; ich sah die Sonne als strahlende Hand Gottes am Himmel stehen und wunderte mich, warum die Menschen weinten. Mein Vater ging hinter dem Sarg her, neben mir, und wenn ich aufblickte, lächelte er jedes Mal leise und ich fühlte, wie das Entsetzen durch die Menge fuhr, als sie es sahen.«

»Und sind Sie glücklich, Mirjam? Ganz glücklich? Liegt nicht zugleich etwas Furchtbares für Sie in dem Gedanken, ein Wesen zum Vater zu haben, das hinausgewachsen ist über alles Menschentum?«, fragte ich leise.

Mirjam schüttelte freudig den Kopf: »Ich lebe wie in einem seligen Schlaf dahin. – Als Sie mich vorhin fragten, Herr Pernath, ob ich nicht Sorgen hätte und warum wir hier wohnten, musste ich fast lachen. Ist denn die Natur schön? Nun ja, die Bäume sind grün und der Himmel ist blau, aber das alles kann ich mir viel schöner vorstellen, wenn ich die Augen schließe. Muss ich denn, um sie zu sehen, auf einer Wiese sitzen? – Und das bisschen Not und – und – und Hunger? Das wird tausendfach aufgewogen durch die Hoffnung und das Warten.«

»Das Warten?« fragte ich erstaunt.

»Das Warten auf ein Wunder. Kennen Sie das nicht? Nein? Da sind Sie aber ein ganz, ganz armer Mensch. – Dass das so wenige kennen?! Sehen Sie, das ist auch der Grund, weshalb ich nie ausgehe und mit niemand verkehre. Ich hatte wohl früher ein paar Freundinnen – Jüdinnen natürlich, wie ich –, aber wir redeten immer aneinander vorbei; sie verstanden mich nicht und ich sie nicht. Wenn ich von Wundern sprach, glaubten sie anfangs, ich mache Spaß, und als sie merkten, wie ernst es mir war und dass ich auch unter Wundern nicht das verstand, was die Deutschen mit ihren Brillen so bezeichnen, das gesetzmäßige Wachsen des Grases und dergleichen, sondern eher das Gegenteil, – hätten sie mich am liebsten für verrückt gehalten, aber dagegen stand ihnen wieder im Wege, dass ich ziemlich gelenkig bin im Denken, hebräisch und aramäisch gelernt habe, die Targumim und Midraschim lesen kann, und was dergleichen Nebensächlichkeiten mehr sind. Schließlich fanden sie ein Wort, das überhaupt nichts mehr ausdrückt: Sie nannten mich ›überspannt‹.

Wenn ich ihnen dann klarmachen wollte, dass das Bedeutsame – das Wesentliche – für mich in der Bibel und anderen heiligen Schriften das Wunder und bloß das Wunder sei und nicht Vorschriften über Moral und Ethik, die nur versteckte Wege sein können, um zum Wunder zu gelangen, – so wussten sie nur mit Gemeinplätzen zu erwidern, denn sie scheuten sich, offen einzugestehen, dass sie aus den Religionsschriften nur das glaubten, was ebenso gut im bürgerlichen Gesetzbuch stehen könnte. Wenn sie das Wort ›Wunder‹ nur hörten, wurde ihnen schon unbehaglich. Sie verlören den Boden unter den Füßen, sagten sie.

Als ob es etwas Herrlicheres geben könnte, als den Boden unter den Füßen zu verlieren!

Die Welt ist dazu da, um von uns kaputt gedacht zu werden, hörte ich einmal meinen Vater sagen, – dann, dann erst fängt das Leben an. – Ich weiß nicht, was er mit dem ›Leben‹ meinte, aber ich fühle zuweilen, dass ich eines Tages so wie ›erwachen‹ werde. Wenn ich mir auch nicht vorstellen kann, in welchen Zustand hinein. Und Wunder müssen dem vorhergehen, denke ich mir immer.

›Hast du denn schon welche erlebt, dass du fortwährend darauf wartest?‹ fragten mich oft meine Freundinnen, und wenn ich verneinte, wurden sie plötzlich froh und siegesgewiss. Sagen Sie, Herr Pernath, können Sie solche Herzen verstehen? Dass ich doch Wunder erlebt habe, wenn auch nur kleine, – winzig kleine – «, – Mirjams Augen glänzten, – »wollte ich ihnen nicht verraten, – – – – – –«

Ich hörte, wie Freudentränen ihre Stimme fast erstickten.

» – aber Sie werden mich verstehen. Oft, Wochen, ja Monate«, – Mirjam wurde ganz leise – »haben wir nur von Wundern gelebt. Wenn gar kein Brot mehr im Hause war, aber auch nicht ein Bissen mehr, dann wusste ich: Jetzt ist die Stunde da! – Und dann saß ich hier und wartete und wartete, bis ich vor Herzklopfen kaum mehr atmen konnte. Und – und dann, wenn's mich plötzlich zog, lief ich hinunter und kreuz und quer durch die Straßen, so rasch ich konnte, um rechtzeitig wieder im Haus zu sein, ehe mein Vater heimkam. Und – und jedes Mal fand ich Geld. Einmal mehr, einmal weniger, aber immer so viel, dass ich das Nötigste einkaufen konnte. Oft lag ein Gulden mitten auf der Straße; ich sah ihn von weitem blitzen und die Leute traten darauf, rutschten aus darüber, aber keiner bemerkte ihn. – Das machte mich zuweilen so übermütig, dass ich gar nicht erst ausging, sondern nebenan in der Küche den Boden durchsuchte wie ein Kind, ob nicht Geld oder Brot vom Himmel gefallen sei.«

– Ein Gedanke schoss mir durch den Kopf, und ich musste aus Freude darüber lächeln. –

Sie sah es. »Lachen Sie nicht, Herr Pernath«, flehte sie. »Glauben Sie mir, ich weiß, dass diese Wunder wachsen werden und dass sie eines Tages – «

Ich beruhigte sie: »Aber ich lache doch nicht, Mirjam! Was denken Sie denn! Ich bin unendlich glücklich, dass Sie nicht sind wie die anderen, die hinter jeder Wirkung die gewohnte Ursache suchen und bocken, wenn's – wir rufen in solchen Fällen: Gott sei Dank! – einmal anders kommt.«

Sie streckte mir die Hand hin: »Und nicht wahr, Sie werden nie mehr sagen, Herr Pernath, dass Sie mir – oder uns – helfen wollen? Jetzt, wo Sie wissen, dass Sie mir die Möglichkeit, ein Wunder zu erleben, rauben würden, wenn Sie es täten?«

Ich versprach es. Aber im Herzen machte ich einen Vorbehalt.

Da ging die Tür, und Hillel trat ein.

Mirjam umarmte ihn; und er begrüßte mich. Herzlich und voll Freundschaft, aber wieder mit dem kühlen »Sie«.

Auch schien etwas wie leise Müdigkeit oder Unsicherheit auf ihm zu lasten. – Oder irrte ich mich?

Vielleicht kam es nur von der Dämmerung, die in der Stube lag.

»Sie sind gewiss hier, mich um Rat zu fragen«, fing er an, als Mirjam uns allein gelassen hatte, »in der Sache, die die fremde Dame betrifft – – ?«

Ich wollte ihn verwundert unterbrechen, aber er fiel mir in die Rede: »Ich weiß es von dem Studenten Charousek. Ich sprach ihn auf der Gasse an, weil er mir merkwürdig verändert vorkam. Er hat mir alles erzählt. In der Überfülle seines Herzens. Auch, dass – Sie ihm Geld geschenkt haben.« Er sah mich durchdringend an und betonte jedes seiner Worte auf höchst seltsame Weise, aber ich verstand nicht, was er damit wollte:

»Gewiss, es hat dadurch ein paar Tropfen Glück mehr vom Himmel geregnet – und – und in diesem – Fall hat's vielleicht auch nicht geschadet, aber – «, er dachte eine Weile nach, – »aber manchmal schafft man sich und anderen nur Leid damit. Gar so leicht ist das Helfen nicht, wie Sie denken, mein lieber Freund! Da wäre es sehr, sehr einfach, die Welt zu erlösen. – Oder glauben Sie nicht?«

»Geben Sie denn nicht auch den Armen? Oft alles, was Sie besitzen, Hillel?« fragte ich.

Er schüttelte lächelnd den Kopf: »Mir scheint, Sie sind über Nacht ein Talmudist geworden, dass Sie eine Frage wieder mit einer Frage beantworten. Da ist freilich schwer streiten.«

Er hielt inne, als ob ich darauf antworten sollte, aber wiederum verstand ich nicht, worauf er eigentlich wartete.

»Übrigens, um zu dem Thema zurückzukommen«, fuhr er in verändertem Ton fort, »ich glaube nicht, dass Ihrem Schützling – ich meine die Dame – augenblicklich Gefahr droht. Lassen Sie die Dinge an sich herantreten. Es heißt zwar: ›Der kluge Mann baut vor‹, aber der Klügere, scheint mir, wartet ab und ist auf alles gefasst. Vielleicht ergibt sich die Gelegenheit, dass Aaron Wassertrum mit mir zusammentrifft, aber das muss dann von ihm ausgehen, – ich tue keinen Schritt, er muss herüberkommen. Ob zu Ihnen oder zu mir, ist gleichgültig, – und dann will ich mit ihm reden. An ihm wird's sein, sich zu entscheiden, ob er meinen Rat befolgen will oder nicht. Ich wasche meine Hände in Unschuld.«

Ich versuchte ängstlich in seinem Gesicht zu lesen. So kalt und eigentümlich drohend hatte er noch nie gesprochen. Aber hinter diesem schwarzen, tiefliegenden Auge schlief ein Abgrund.

»Es ist wie eine Glaswand zwischen ihm und uns«, fielen mir Mirjams Worte ein. – Ich konnte ihm nur wortlos die Hand drücken und – gehen.

Er begleitete mich bis vor die Tür, und, als ich die Treppe hinaufging und mich noch einmal umdrehte, sah ich, dass er stehen geblieben war und mir freundlich nachwinkte, aber wie jemand, der noch gern etwas sagen möchte und nicht kann.

Angst

Ich hatte die Absicht, mir Mantel und Stock zu holen und in die kleine Wirtsstube »Zum alten Ungelt« essen zu gehen, wo allabendlich Zwakh, Vrieslander und Prokop bis spät in die Nacht beisammen saßen und einander verrückte Geschichten erzählten; aber kaum betrat ich mein Zimmer, da fiel der Vorsatz von mir ab, – wie wenn mir Hände ein Tuch oder sonst etwas, was ich am Leibe getragen, abgerissen hätten.

Es lag eine Spannung in der Luft, über die ich mir keine Rechenschaft geben konnte, die aber trotzdem vorhanden war wie etwas Greifbares und sich im Verlauf weniger Sekunden derart heftig auf mich übertrug, dass ich vor Unruhe anfangs kaum wusste, was ich zuerst tun sollte: Licht anzünden, hinter mir abschließen, mich niedersetzen oder auf und ab gehen.

Hatte sich jemand in meiner Abwesenheit eingeschlichen und versteckt? War's die Angst eines Menschen vor dem Gesehenwerden, die mich ansteckte? War Wassertrum vielleicht hier?

Ich griff hinter die Gardinen, öffnete den Schrank, tat einen Blick ins Nebenzimmer: – Niemand. Auch die Kassette stand unverrückt an ihrem Platz.

Ob es nicht am besten wäre, ich verbrannte die Briefe kurz entschlossen, um ein für allemal die Sorge um sie los zu sein?

Schon suchte ich nach dem Schlüssel in meiner Westentasche – aber musste es denn jetzt geschehen? Es blieb mir doch Zeit genug bis morgen früh.

Erst Licht machen! Ich konnte die Streichhölzer nicht finden.

War die Tür abgesperrt? – Ich ging ein paar Schritte zurück. Blieb wieder stehen.

Warum mit einem Mal die Angst?

Ich wollte mir Vorwürfe machen, dass ich feig sei: – Die Gedanken blieben stecken. Mitten im Satz.

Eine wahnwitzige Idee überfiel mich plötzlich: Rasch, rasch auf den Tisch steigen, einen Sessel packen und zu mir hinaufziehen und »dem« den Schädel damit von oben herab einschlagen, das da auf dem Boden herumkroch, – – wenn – wenn es in die Nähe käme.

»Es ist doch niemand hier«, sagte ich mir laut und ärgerlich vor, »hast du dich denn je im Leben gefürchtet?« Es half nichts. Die Luft, die ich einatmete, wurde dünn und schneidend wie Äther.

Wenn ich irgendetwas gesehen hätte, das Grässlichste, was man sich vorstellen kann, – im Nu wäre die Furcht von mir gewichen.

Es kam nichts.

Ich bohrte meine Augen in alle Winkel:

Nichts.

Überall lauter wohlbekannte Dinge: Möbel, Truhen, die Lampe, das Bild, die Wanduhr – leblose, alte, treue Freunde.

Ich hoffte, sie würden sich vor meinen Blicken verändern und mir Grund geben, eine Sinnestäuschung als Ursache für das würgende Angstgefühl in mir zu finden.

Auch das nicht. – Sie blieben ihrer Form starr getreu. Viel zu starr für das herrschende Halbdunkel, als dass es natürlich gewesen wäre.

»Sie stehen unter demselben Zwang wie du selbst«, fühlte ich. »Sie trauen sich nicht, auch nur die leiseste Bewegung zu machen.«

Warum tickt die Wanduhr nicht? – Das Lauern ringsum trank jeden Laut.

Ich rüttelte am Tisch und wunderte mich, dass ich das Geräusch hören konnte.

Wenn doch wenigstens der Wind ums Haus pfiffe! – Nicht einmal das! Oder das Holz im Ofen aufknallen wollte: – das Feuer war erloschen.

Und immerwährend dasselbe entsetzliche Lauern in der Luft – pausenlos, lückenlos, wie das Rinnen von Wasser.

Dieses vergebliche Auf-dem-Sprung-stehen aller meiner Sinne! Ich verzweifelte daran, es je überdauern zu können. – Der Raum voll Augen, die ich nicht sehen, – voll von planlos wandernden Händen, die ich nicht greifen konnte.

»Es ist das Entsetzen, das sich aus sich selbst gebiert, die lähmende Schrecknis des unfassbaren Nicht-Etwas, das keine Form hat und unserm Denken die Grenzen zerfrisst«, begriff ich dumpf.

Ich stellte mich steif hin und wartete.

Wartete wohl eine Viertelstunde; vielleicht ließ »es« sich verleiten und schlich von rückwärts an mich heran – und ich konnte es ertappen?!

Mit einem Ruck fuhr ich herum: Wieder nichts.

Dasselbe markverzehrende »Nichts«, das nicht war und doch das Zimmer mit seinem grausigen Leben erfüllte.

Wenn ich hinausliefe? Was hinderte mich? »Es würde mit mir gehen«, wusste ich sofort mit unabweisbarer Sicherheit. Auch, dass es mir nichts nützen könnte, wenn ich Licht machte, sah ich ein, – dennoch suchte ich so lange nach dem Feuerzeug, bis ich es gefunden hatte.

Aber der Kerzendocht wollte nicht brennen und kam lang aus dem Glimmen nicht heraus; die kleine Flamme konnte nicht leben und nicht sterben, und als sie sich endlich doch ein schwindsüchtiges Dasein erkämpft hatte, blieb sie glanzlos wie gelbes, schmutziges Blech. Nein, da war die Dunkelheit noch besser.

Ich löschte wieder aus und warf mich angezogen übers Bett. Zählte die Schläge meines Herzens: Eins, zwei, drei – vier ... bis tausend, und immer von neuem – – – Stunden, Tage, Wochen, wie mir schien, bis meine Lippen trocken wurden und das Haar sich mir sträubte; keine Sekunde der Erleichterung.

Auch nicht eine einzige.

Ich fing an, mir Worte vorzusagen, wie sie mir gerade auf die Zunge kamen: »Prinz«, »Baum«, »Kind«, »Buch« – und sie krampfhaft zu wiederholen, bis sie plötzlich als sinnlose, schreckhafte Laute aus barbarischer Vorzeit nackt mir gegenüberstanden, und ich mit aller Kraft nachdenken musste, in ihre Bedeutung zurückzufinden: P–r–i–n–z? – B–u–ch?

War ich nicht schon wahnsinnig? Oder gestorben? – Ich tastete an mir herum.

Aufstehen!

Mich in den Sessel setzen! Ich ließ mich in den Lehnstuhl fallen.

Wenn doch endlich der Tod käme!

Nur dieses blutlose, furchtbare Lauern nicht mehr fühlen! »Ich – will – nicht – ich will – nicht!«, schrie ich. »Hört ihr denn nicht?!«

Kraftlos fiel ich zurück.

Konnte es nicht fassen, dass ich immer noch lebte.

Unfähig, irgendetwas zu denken oder zu tun, stierte ich geradeaus vor mich hin. –

»Weshalb er mir nur die Körner so beharrlich hinreicht?«, ebbte ein Gedanke auf mich zu, zog sich zurück und kam wieder. Zog sich zurück. Kam wieder.

Langsam wurde mir endlich klar, dass ein seltsames Wesen vor mir stand – vielleicht schon, seit ich hier saß, dagestanden hatte – und mir die Hand hinstreckte.

Ein graues, breitschultriges Geschöpf, in der Größe eines gedrungen gewachsenen Menschen, auf einen spiralförmig gedrehten Knotenstock aus weißem Holz gestützt.

Wo der Kopf hätte sitzen müssen, konnte ich nur einen Nebelballen aus fahlem Dunst unterscheiden.

Ein trüber Geruch nach Sandelholz und nassem Schiefer ging von der Erscheinung aus.

Ein Gefühl vollkommenster Wehrlosigkeit raubte mir fast die Besinnung. Was ich die ganze lange Zeit an nervenzernagender Qual mitgemacht, drängte sich jetzt zu Todesschrecken zusammen und war in diesem Wesen zur Form geronnen.

Mein Selbsterhaltungstrieb sagte mir, ich würde wahnsinnig werden vor Entsetzen und Furcht, wenn ich das Gesicht des Phantoms sehen könnte, – warnte mich davor, schrie es mir in die Ohren – und doch zog es mich wie ein Magnet, dass ich den Blick von dem fahlen Nebelballen nicht wenden konnte und darin forschte nach Augen, Nase und Mund.

Aber so sehr ich mich auch abmühte, der Dunst blieb unbeweglich. Wohl glückte es mir, Köpfe aller Art auf den Rumpf zu setzen, doch jedes Mal wusste ich, dass sie nur meiner Einbildungskraft entstammten.

Sie zerrannen auch stets – fast in derselben Sekunde, in der ich sie geschaffen hatte. Nur die Form eines ägyptischen Ibiskopfes blieb noch am längsten bestehen.

Die Umrisse des Phantoms schleierten schemenhaft in der Dunkelheit, zogen sich kaum merklich zusammen und dehnten sich wieder aus, wie unter langsamen Atemzügen, die die ganze Gestalt durchliefen, die einzige Bewegung, die zu bemerken war. Statt der Füße berührten Knochenstumpen den Boden, von denen das Fleisch – grau und blutleer – auf Spannenbreite zu wulstigen Rändern emporgezogen war.

Regungslos hielt das Geschöpf mir seine Hand hin. Kleine Körner lagen darin. Bohnengroß, von roter Farbe und mit schwarzen Punkten am Rand. Was sollte ich damit?! Ich fühlte dumpf, eine ungeheure Verantwortung lag auf mir – eine Verantwortung, die weit hinausging über alles Irdische, – wenn ich jetzt nicht das Richtige tat.

Zwei Wagschalen, jede belastet mit dem Gewicht des halben Weltgebäudes, schweben irgendwo im Reich der Ursachen, ahnte ich – auf welche von beiden ich ein Stäubchen warf, die sank zu Boden.

Das war das furchtbare Lauern ringsum! verstand ich. »Keinen Finger rühren!« riet mir mein Verstand, – »und wenn der Tod in alle Ewigkeit nicht kommen sollte und mich erlösen aus dieser Qual.« – Auch dann hättest du deine Wahl getroffen, du hättest die Körner abgelehnt, raunte es in mir. Hier gibt's kein Zurück.

Hilfe suchend blickte ich um mich, ob mir denn kein Zeichen wurde, was ich tun sollte. Nichts. Auch in mir kein Rat, kein Einfall, – alles tot, gestorben.

Das Leben von Myriaden Menschen wiegt leicht wie eine Feder in diesem furchtbaren Augenblick, erkannte ich. – – –

Es musste bereits tiefe Nacht sein, denn ich konnte die Wände meines Zimmers nicht mehr unterscheiden.

Nebenan im Atelier stampften Schritte; ich hörte, dass jemand Schränke rückte, Schubladen aufriss und polternd zu Boden warf, glaubte Wassertrums Stimme zu erkennen, wie er in seinem röchelnden Bass wilde Flüche ausstieß; ich horchte nicht hin. Es war mir belanglos wie das Rascheln einer Maus. – Ich schloss die Augen.

Menschliche Antlitze zogen in langen Reihen an mir vorüber. Die Lider zugedrückt – starre Totenmasken: – mein eigenes Geschlecht, meine eigenen Vorfahren.

Immer dieselbe Schädelbildung, wie auch der Typus zu wechseln schien, so stand es auf aus seinen Grüften, – mit glattem gescheiteltem Haar, gelocktem und kurz geschnittenem, mit Allongeperücken und in Ringe gezwängten Schöpfen – durch Jahrhunderte heran, bis die Züge mir bekannter und bekannter wurden und in ein letztes Gesicht zusammenflossen: – Das Gesicht des Golem, mit dem die Kette meiner Ahnen abbrach. – Dann löste die Finsternis mein Zimmer in einen unendlichen leeren Raum auf, in dessen Mitte ich mich auf meinem Lehnstuhl sitzen wusste, vor mir der graue Schatten wieder mit dem ausgestreckten Arm.

Und als ich die Augen aufschlug, standen in zwei sich schneidenden Kreisen, die einen Achter bildeten, fremdartige Wesen um uns herum:

Die des einen Kreises gehüllt in Gewänder mit violettem Schimmer, die des anderen mit rötlich schwarzem. Menschen einer fremden Rasse, von hohem, unnatürlich schmächtigem Wuchs, die Gesichter hinter leuchtenden Tüchern verborgen.

Das Herzbeben in meiner Brust sagte mir, dass der Zeitpunkt der Entscheidung gekommen war. Meine Finger zuckten nach den Körnern – und da sah ich, wie ein Zittern durch die Gestalten des rötlichen Kreises ging. – – – – –

Sollte ich die Körner zurückweisen? Das Zittern ergriff den bläulichen Kreis; – ich blickte den Mann ohne Kopf scharf an; er stand da – in derselben Stellung, regungslos wie früher. Sogar sein Atem hatte aufgehört.

Ich hob den Arm, wusste noch immer nicht, was ich tun sollte, und – schlug auf die ausgestreckte Hand des Phantoms, dass die Körner über den Boden hinrollten.

Einen Moment, so jäh wie ein elektrischer Schlag, entglitt mir das Bewusstsein, und ich glaubte in endlose Tiefen zu stürzen, – dann stand ich fest auf den Füßen.

Das graue Geschöpf war verschwunden. Ebenso die Wesen des rötlichen Kreises.

Die bläulichen Gestalten hingegen hatten einen Ring um mich gebildet; sie trugen eine Inschrift aus goldnen Hieroglyphen auf der Brust und hielten stumm – es sah aus wie ein Schwur – zwischen Zeigefinger und Daumen die roten Körner in die Höhe, die ich dem Phantom ohne Kopf aus der Hand geschlagen hatte.

Ich hörte, wie draußen Hagelschauer gegen die Fenster tobten und brüllender Donner die Luft zerriss:

Ein Wintergewitter in seiner ganzen besinnungslosen Wut raste über die Stadt hinweg. Vom Fluss her dröhnten durch das Heulen des Sturms in rhythmischen Intervallen die dumpfen Kanonenschüsse, die das Brechen der Eisdecke auf der Moldau verkündeten. Die Stube loderte im Licht der ununterbrochen aufeinanderfolgenden Blitze. Ich fühlte mich plötzlich so schwach, dass mir die Knie zitterten und ich mich setzen musste.

»Sei ruhig«, sagte deutlich eine Stimme neben mir, »sei ganz ruhig, es ist heute die Lelschimurim: die Nacht der Beschützung.« – – – – – – – – – – – – –

Allmählich ließ das Unwetter nach, und der betäubende Lärm ging über in das eintönige Trommeln der Schloßen auf die Dächer.

Die Mattigkeit in meinen Gliedern nahm derart zu, dass ich nur mehr mit stumpfen Sinnen und halb im Traum wahrnahm, was um mich her vorging.

Jemand aus dem Kreis sagte die Worte: »Den ihr suchet, der ist nicht hier.«

Die anderen erwiderten etwas in einer fremden Sprache.

Hierauf sagte der erste wieder leise einen Satz, darin kam der Name

»Henoch«

vor, aber ich verstand das übrige nicht: der Wind trug das Stöhnen der berstenden Eisschollen zu laut vom Fluss herüber. – Dann löste sich einer aus dem Kreis, trat vor mich hin, deutete auf die Hieroglyphen auf seiner Brust – sie waren dieselben Buchstaben wie die der übrigen – und fragte mich, ob ich sie lesen könne.

Und als ich – lallend vor Müdigkeit, – verneinte, streckte er die Handfläche gegen mich aus, und die Schrift erschien leuchtend auf meiner Brust in Lettern, die zuerst lateinisch waren:

CHABRAT ZEREH AUR BOCHER

und sich langsam in die mir unbekannten verwandelten. – Und ich fiel in einen tiefen, traumlosen Schlaf, wie ich ihn seit jener Nacht, in der Hillel mir die Zunge gelöst, nicht mehr gekannt hatte. – – – – – – – – – – – – – – – – – –

Trieb

Wie im Flug waren mir die Stunden der letzten Tage vergangen. Kaum, dass ich mir Zeit zu den Mahlzeiten ließ.

Ein unwiderstehlicher Drang nach äußerer Tätigkeit hatte mich von früh bis abends an meinen Arbeitstisch gefesselt.

Die Gemme war fertig geworden, und Mirjam hatte sich wie ein Kind darüber gefreut.

Auch der Buchstabe »I« in dem Buche Ibbur war ausgebessert.

Ich lehnte mich zurück und ließ ruhevoll all die kleinen Geschehnisse der heutigen Stunden an mir vorüberziehen:

Wie das alte Weib, das mich bediente, am Morgen nach dem Ungewitter zu mir ins Zimmer gestürzt kam mit der Meldung, die steinerne Brücke sei in der Nacht eingestürzt. –

Seltsam: – Eingestürzt! Vielleicht gerade in der Stunde, wo ich die Körner – – – nein, nein, nicht daran denken; es könnte einen Anstrich von Nüchternheit bekommen, was damals geschehen war, und ich hatte mir vorgenommen, es in meiner Brust begraben sein zu lassen, bis es von selbst wieder erwachte, – nur nicht daran rühren!

Wie lange war's her, da ging ich noch über die Brücke, sah die steinernen Statuen – und jetzt lag sie, die Brücke, die Jahrhunderte gestanden, in Trümmern.

Es stimmte mich beinahe wehmütig, dass ich nie mehr meinen Fuß auf sie setzen sollte. Wenn man sie auch wieder aufbaute, war es doch nicht mehr die alte, geheimnisvolle, steinerne Brücke.

Stundenlang hatte ich, während ich an der Gemme schnitt, darüber nachdenken müssen, und so selbstverständlich, als hätte ich es nie vergessen gehabt, war es lebendig in mir geworden: Wie oft ich als Kind und auch in spätern Jahren zu dem Bildnis der heiligen Luitgard und all den andern, die jetzt begraben lagen in den tosenden Wassern, aufgeblickt hatte.

Die vielen, kleinen lieben Dinge, die ich in meiner Jugend mein eigen genannt, hatte ich wieder gesehen im Geiste – und meinen Vater und meine Mutter und die Menge Schulkameraden. Nur an das Haus, wo ich gewohnt, konnte ich mich nicht mehr erinnern.

Ich wusste, es würde plötzlich, eines Tages, wenn ich es am wenigsten erwartete, wieder vor mir stehen; und ich freute mich darauf.

Die Empfindung, dass sich mit einem Mal alles natürlich und einfach in mir abwickelte, war so behaglich.

Als ich vorgestern das Buch Ibbur aus der Kassette geholt hatte, – es war so gar nichts Erstaunliches daran gewesen, dass es aussah, nun, wie eben ein altes, mit wertvollen Initialen geschmücktes Pergamentbuch aussieht – schien es mir ganz selbstverständlich.

Ich konnte nicht begreifen, dass es jemals gespenstisch auf mich gewirkt hatte!

Es war in hebräischer Sprache geschrieben, vollkommen unverständlich für mich.

Wann wohl der Unbekannte es wieder holen kommen würde?

Die Freude am Leben, die während der Arbeit heimlich in mich eingezogen war, erwachte von neuem in ihrer ganzen erquickenden Frische und verscheuchte die Nachtgedanken, die mich hinterrücks wieder überfallen wollten.

Rasch nahm ich Angelinas Bild – ich hatte die Widmung, die darunter stand, abgeschnitten – und küsste es.

Es war das alles so töricht und widersinnig, aber warum nicht einmal von – Glück träumen, die glitzernde Gegenwart festhalten und sich daran freuen, wie über eine Seifenblase?

Konnte denn nicht vielleicht doch in Erfüllung gehen, was mir da die Sehnsucht meines Herzens vorgaukelte? War es so ganz und gar unmöglich, dass ich über Nacht ein berühmter Mann wurde? Ihr ebenbürtig, wenn auch nicht an Herkunft? Zumindest Dr. Savioli ebenbürtig? Ich dachte an die Gemme Mirjams: wenn mir noch andere so gelangen wie diese – kein Zweifel, selbst die ersten Künstler aller Zeiten hatten nie etwas Besseres geschaffen.

Und nur einen Zufall angenommen: Der Gatte Angelinas stürbe plötzlich?

Mir wurde heiß und kalt, ein winziger Zufall – und meine Hoffnung, die verwegenste Hoffnung, gewann Gestalt. An einem dünnen Faden, der stündlich reißen konnte, hing das Glück, das mir dann in den Schoß fallen müsste.

War mir denn nicht schon tausendfach Wunderbareres geschehen? Dinge, von denen die Menschheit gar nicht ahnte, dass sie überhaupt existierten?

War es kein Wunder, dass binnen weniger Wochen künstlerische Fähigkeiten in mir erwacht waren, die mich jetzt schon weit über den Durchschnitt erhoben?

Und ich stand doch erst am Anfang des Weges!

Hatte ich denn kein Anrecht auf Glück?

Ist denn Mystik gleichbedeutend mit Wunschlosigkeit?

Ich übertönte das »Ja« in mir: – nur noch eine Stunde träumen – eine Minute – ein kurzes Menschendasein! Und ich träumte mit offenen Augen: Die Edelsteine auf dem Tisch wuchsen und wuchsen und umgaben mich von allen Seiten mit farbigen Wasserfällen. Bäume aus Opal standen in Gruppen beisammen und strahlten die Lichtwellen des Himmels, der blau schillerte wie der Flügel eines gigantischen Tropenschmetterlings, in Funkensprühregen über unabsehbare Wiesen voll heißem

Sommerduft.

Mich dürstete, und ich kühlte meine Glieder in der eisigen Gischt der Bäche, die über Felsblöcke rauschten aus schimmerndem Perlmutter.

Schwüler Hauch strich über Hänge, übersät mit Blüten und Blumen, und machte mich trunken mit den Gerüchen von Jasmin, Hyazinthen, Narzissen, Seidelbast – –

Unerträglich! Unerträglich! Ich verlöschte das Bild. – Mich dürstete.

Das waren die Qualen des Paradieses.

Ich riss die Fenster auf und ließ den Tauwind an meine Stirne wehen.

Es roch nach kommendem Frühling – – – – – – – – — – – – – – – –

Mirjam!

Ich musste an Mirjam denken. Wie sie sich vor Erregung an der Wand hatte halten müssen, um nicht umzufallen, als sie mir erzählen gekommen, ein Wunder sei geschehen, ein wirkliches Wunder: sie habe ein Goldstück gefunden in dem Brotlaib, den der Bäcker vom Gang aus durchs Gitter ins Küchenfenster gelegt. – – –

Ich griff nach meiner Börse. – Hoffentlich war es heute nicht schon zu spät, und ich kam noch zurecht, ihr wieder einen Dukaten zuzuzaubern!

Täglich hatte sie mich besucht, um mir Gesellschaft zu leisten, wie sie es nannte, dabei aber fast nicht gesprochen, so erfüllt war sie von dem »Wunder« gewesen. Bis in die tiefsten Tiefen hatte das Erlebnis sie aufgewühlt und, wenn ich mir vorstellte, wie sie manchmal plötzlich ohne äußern Grund – nur unter dem Einfluss ihrer Erinnerung – totenblass geworden war bis in die Lippen, schwindelte mir bei dem bloßen Gedanken, ich könnte in meiner Blindheit Dinge angerichtet haben, deren Tragweite bis ins Grenzenlose ging.

Und wenn ich mir die letzten, dunklen Worte Hillels ins Gedächtnis rief und in Zusammenhang damit brachte, überlief es mich eiskalt.

Die Reinheit des Motivs war keine Entschuldigung für mich, – der Zweck heiligt die Mittel nicht, das sah ich ein.

Und was, wenn überdies das Motiv »helfen zu wollen« nur scheinbar »rein« war? Hielt sich nicht vielleicht doch eine heimliche Lüge dahinter verborgen? Der selbstgefällige, unbewusste Wunsch, in der Rolle des Helfers zu schwelgen?

Ich fing an, irre an mir selbst zu werden.

Dass ich Mirjam viel zu oberflächlich beurteilt hatte, war klar.

Schon als die Tochter Hillels musste sie anders sein als andere Mädchen.

Wie hatte ich nur so vermessen sein können, auf solch törichte Weise in ein Innenleben einzugreifen, das vielleicht himmelhoch über meinem eigenen stand!

Schon ihr Gesichtsschnitt, der hundertmal eher in die Zeit der sechsten ägyptischen Dynastie passte und selbst für diese noch viel zu vergeistigt war, als in die unsrige mit ihren Verstandesmenschentypen, hätte mich warnen müssen.

»Nur der ganz Dumme misstraut dem äußern Schein«, hatte ich irgendwo einmal gelesen. – Wie richtig! Wie richtig!

Mirjam und ich waren jetzt gute Freunde; sollte ich ihr eingestehen, dass ich es gewesen war, der die Dukaten Tag für Tag ins Brot geschmuggelt hatte?

Der Schlag käme zu plötzlich. Würde sie betäuben. Ich durfte das nicht wagen, musste behutsamer vorgehen.

Das »Wunder« irgendwie abschwächen? Statt das Geld ins Brot zu stecken, es auf die Treppenstufe zu legen, dass sie es finden musste, wenn sie die Tür aufmachte, und so weiter, und so weiter? Etwas Neues, weniger Schroffes würde sich schon ausdenken lassen, irgendein Weg, der sie aus dem Wunderbaren allmählich wieder ins Alltägliche herüberlenkte, tröstete ich mich. Ja! Das war das Richtige.

Oder den Knoten zerhauen? Ihren Vater einweihen und zu Rate ziehen? Die Schamröte stieg mir ins Gesicht. Zu diesem Schritt blieb Zeit genug, wenn alle andern Mittel versagten.

Nur gleich ans Werk gehen, keine Zeit versäumen!

Ein guter Einfall kam mir: Ich musste Mirjam zu etwas ganz Absonderlichem bewegen, sie für ein paar Stunden aus der gewohnten Umgebung reißen, dass sie andere Eindrücke bekam.

Wir würden einen Wagen nehmen und eine Spazierfahrt machen. Wer kannte uns denn, wenn wir das Judenviertel mieden?

Vielleicht interessierte es sie, die eingestürzte Brücke zu besichtigen?

Oder der alte Zwakh oder eine ihrer früheren Freundinnen sollte mit ihr fahren, wenn sie es ungeheuerlich finden würde, dass ich mit dabei sei.

Ich war fest entschlossen, keinen Widerspruch gelten zu lassen. – – – – –

An der Türschwelle rannte ich einen Mann beinahe über den Haufen.

Wassertrum!

Er musste durchs Schlüsselloch hereingespäht haben, denn er stand gebückt, als ich mit ihm zusammengestoßen war.

»Suchen Sie mich?«, fragte ich barsch.

Er stammelte ein paar Worte der Entschuldigung in seinem unmöglichen Jargon; dann bejahte er.

Ich forderte ihn auf, näher zu treten und sich zu setzen, aber er blieb am Tisch stehen und drehte krampfhaft an der Hutkrempe. Eine tiefe Feindseligkeit, die er vergebens vor mir verbergen wollte, spiegelte aus seinem Gesicht und jeder seiner Bewegungen.

Noch nie hatte ich den Mann in so unmittelbarer Nähe gesehen. Seine grauenhafte Hässlichkeit war es nicht, die einen so abstieß; (sie machte mich eher mitleidig gestimmt; er sah aus wie ein Geschöpf, dem die Natur selbst bei seiner Geburt voll Wut und Abscheu mit dem Fuß ins Gesicht getreten hatte) – etwas anderes, Unwägbares, das von ihm ausging, trug die Schuld daran.

Das »Blut«, wie Charousek es treffend bezeichnet hatte.

Unwillkürlich wischte ich mir die Hand ab, die ich ihm bei seinem Eintritt gereicht hatte.

So wenig auffällig ich es machte, er schien es doch bemerkt zu haben, denn er musste sich plötzlich mit Gewalt zwingen, das Aufflammen des Hasses in seinen Zügen zu unterdrücken.

»Hübsch ham Se's hier«, fing er endlich stockend an, als er sah, dass ich ihm nicht den Gefallen tat, das Gespräch zu beginnen. Im Widerspruch zu seinen Worten schloss er dabei die Augen, vielleicht, um meinem Blick nicht zu begegnen. Oder glaubte er, dass es seinem Gesicht einen harmloseren Ausdruck verleihen würde?

Man konnte ihm deutlich anhören, welche Mühe er sich gab, hochdeutsch zu reden.

Ich fühlte mich nicht zu einer Entgegnung verpflichtet und wartete, was er weiter sagen würde.

In seiner Verlegenheit griff er nach der Feile, die – weiß Gott wieso – noch seit Charouseks Besuch auf dem Tisch lag, fuhr aber unwillkürlich sofort wie von einer Schlange gebissen zurück. Ich staunte innerlich über seine unterbewusste seelische Feinfühligkeit.

»Freilich, natürlich, es gehört zum Geschäft, dass man's fein hat«, raffte er sich auf, zu sagen, »wenn man – so noble Besuche bekommt.« Er wollte die Augen aufschlagen, um zu sehen, welchen Eindruck die Worte auf mich machten, hielt es aber offenbar noch für verfrüht und schloss sie schnell wieder.

Ich wollte ihn in die Enge treiben: »Sie meinen die Dame, die neulich hier vorfuhr? Sagen Sie doch offen, wo Sie hinauswollen!«

Er zögerte einen Moment, dann packte er mich heftig am Handgelenk und zerrte mich ans Fenster.

Die sonderbare, unmotivierte Art, mit der er es tat, erinnerte mich daran, wie er vor einigen Tagen den taubstummen Jaromir unten in seine Höhle gerissen hatte.

Mit krummen Fingern hielt er mir einen blitzenden Gegenstand hin: »Was glauben Sie, Herr Pernath, lässt sich da noch was machen?«

Es war eine goldene Uhr mit so stark verbeulten Deckeln, dass es fast aussah, als hätte sie jemand mit Absicht verbogen.

Ich nahm ein Vergrößerungsglas. Die Scharniere waren zur Hälfte abgerissen und innen – stand da nicht etwas eingraviert? Kaum mehr leserlich und noch überdies mit einer Menge ganz frischer Schrammen zerkratzt. Langsam entzifferte ich:

K–rl Zott–mann.

Zottmann? Zottmann? – Wo hatte ich diesen Namen doch gelesen? Zottmann? Ich konnte mich nicht entsinnen. Zottmann?

Wassertrum schlug mir die Lupe beinahe aus der Hand: »Im Werk is nix, da hab' ich schon selber geschaut. Aber mit'm Gehäuse, da stinkt's.«

»Braucht man nur gerade zu klopfen – höchstens ein paar Lötstellen. Das kann Ihnen ebenso gut jeder beliebige Goldarbeiter machen, Herr Wassertrum.«

»Ich leg' doch Wert darauf, dass es eine solide Arbeit wird. Was man so sagt: künstlerisch«, unterbrach er mich hastig. Fast ängstlich.

»Nun gut, wenn Ihnen derart viel daran liegt –«

»Viel daran liegt!« Seine Stimme schnappte über vor Eifer. »Ich will sie doch selber tragen, die Uhr. Und wenn ich sie jemandem zeig', will ich sagen können: Schauen Sie mal her, so arbeitet der Herr von Pernath.«

Ich ekelte mich vor dem Kerl; er spuckte mir seine widerwärtigen Schmeicheleien förmlich ins Gesicht. »Wenn Sie in einer Stunde wiederkommen, wird alles fertig sein.«

Wassertrum wand sich in Krämpfen: »Das gibt's nicht. Das will ich nicht. Drei Tag. Vier Tag. Die nächste Woche is Zeit genug. Das ganze Leben möcht' ich mir Vorwürfe machen, dass ich Ihnen gedrängt hab'.«

Was wollte er nur, dass er so außer sich geriet? – Ich machte einen Schritt ins Nebenzimmer und sperrte die Uhr in die Kassette. Angelinas Photographie lag obenauf. Schnell schlug ich den Deckel wieder zu – für den Fall, dass Wassertrum mir nachblicken sollte.

Als ich zurückkam, fiel mir auf, dass er sich verfärbt hatte.

Ich musterte ihn scharf, ließ aber meinen Verdacht sofort fallen. Unmöglich! Er konnte nichts gesehen haben.

»Also, dann vielleicht nächste Woche«, sagte ich, um seinem Besuch ein Ende zu machen.

Er schien mit einem Male keine Eile mehr zu haben, nahm einen Sessel und setzte sich.

Im Gegensatz zu früher hielt er seine Fischaugen jetzt beim Reden weit offen und fixierte beharrlich meinen obersten Westenknopf. – – – Pause.

»Die Duksel hat Ihnen natürlich gesagt, Sie sollen sich nix wissen machen, wenn's herauskommt. Waas?« sprudelte er plötzlich ohne jede Einleitung auf mich los und schlug mit der Faust auf den Tisch.

Es lag etwas merkwürdig Schreckhaftes in der Abgerissenheit, mit der er von einer Sprechweise in die andere übergehen – von Schmeicheltönen blitzartig ins Brutale springen konnte, und ich hielt es für sehr wahrscheinlich, dass die meisten Menschen, besonders Frauen, sich im Handumdrehen in seiner Gewalt befinden mussten, wenn er nur die geringste Waffe gegen sie besaß.

Ich wollte auffahren, ihn am Hals packen und vor die Tür setzen, war mein erster Gedanke; dann überlegte ich, ob es nicht klüger sei, ihn zuvörderst einmal gründlich auszuhorchen.

»Ich verstehe wahrhaftig nicht, was Sie meinen, Herr Wassertrum;« – ich bemühte mich, ein möglichst dummes Gesicht zu machen. »Duksel? Was ist das: Duksel?«

»Soll ich Ihnen vielleicht Deitsch lernen?« fuhr er mich grob an. »Die Hand werden Sie aufheben müssen bei Gericht, wenn's um die Wurscht geht. Verstehen Sie mich?! Das sag ich Ihnen!« – Er fing an zu schreien: »Mir ins Gesicht hinein werden Sie nicht abschwören, dass ›sie‹ von da drüben« – er deutete mit dem Daumen nach dem Atelier – »zu Ihnen heribber geloffen is mit en Teppich an und – sonst nix!«

Die Wut stieg mir in die Augen; ich packte den Halunken an der Brust und schüttelte ihn: »Wenn Sie jetzt noch ein Wort in diesem Ton sagen, breche ich Ihnen die Knochen im Leib entzwei! Verstanden?«

Aschfahl sank er in den Stuhl zurück und stotterte: »Was is? Was is? Was wollen Sie? Ich mein' doch bloß.«

Ich ging ein paar Mal im Zimmer auf und ab, um mich zu beruhigen. Horchte nicht hin, was er alles zu seiner Entschuldigung herausgeiferte.

Dann setzte ich mich ihm dicht gegenüber, in der festen Absicht, die Sache, soweit sie Angelina betraf, ein für alle Mal mit ihm ins Reine zu bringen und, sollte es im Frieden nicht gehen, ihn zu zwingen, endlich die Feindseligkeiten zu eröffnen und seine paar schwachen Pfeile vorzeitig zu verschießen.

Ohne seine Unterbrechungen im Geringsten zu beachten, sagte ich ihm auf den Kopf zu, dass Erpressungen irgendwelcher Art – ich betonte das Wort – missglücken müssten, da er auch nicht eine einzige Anschuldigung mit Beweisen erhärten könnte und ich mich einer Zeugenschaft (angenommen, es wäre überhaupt im Bereich der Möglichkeit, dass es je zu einer solchen käme) – bestimmt zu entziehen wissen würde. Angelina stünde mir viel zu nahe, als dass ich sie nicht in der Stunde der Not retten würde, koste es, was es wolle, sogar einen Meineid!

Jede Muskel in seinem Gesicht zuckte, seine Hasenscharte zog sich bis zur Nase auseinander, er fletschte die Zähne und kollerte wie ein Truthahn mir immer wieder in die Rede hinein: »Will ich denn was von die Duksel? So hören Sie doch zu!« – Er war außer sich vor Ungeduld, dass ich mich nicht beirren ließ. – »Um den Savioli is mir's zu tun, um den gottverfluchten Hund, – den – den – «, fuhr es ihm plötzlich brüllend heraus.

Er japste nach Luft. Rasch hielt ich inne: endlich war er dort, wo ich ihn haben wollte, aber schon hatte er sich gefasst und fixierte wieder meine Weste.

»Hören Sie zu, Pernath«; er zwang sich, die kühle, abwägende Sprechweise eines Kaufmanns nachzuahmen, »Sie reden fort von der Duk – – von der Dame. Gut! Sie ist verheiratet. Gut: sie hat sich eingelassen mit dem – mit dem jungen Lauser. Was hab' ich damit zu tun?« Er bewegte die Hände vor meinem Gesicht hin und her, die Fingerspitzen zusammengedrückt, als hielte er eine Prise Salz darin – »soll sie sich das selber abmachen, die Duksel. – Ich bin e Weltmann und Sie sin auch e Weltmann. Wir kennen doch das beide. Waas? Ich will doch nur zu meinem Geld kommen. Verstehen Sie, Pernath?!«

Ich horchte erstaunt auf: »Zu welchem Geld? Ist Ihnen denn Dr. Savioli etwas schuldig?«

Wassertrum wich aus: »Abrechnungen hab' ich mit ihm. Das kommt doch auf eins heraus.«

»Sie wollen ihn ermorden!« schrie ich.

Er sprang auf. Taumelte. Gluckste ein paar Mal.

»Jawohl! Ermorden! Wie lange wollen Sie mir noch Komödie vorspielen!« Ich deutete auf die Tür. »Schauen Sie, dass Sie hinauskommen.«

Langsam griff er nach seinem Hut, setzte ihn auf und wandte sich zum Gehen. Dann blieb er noch einmal stehen und sagte mit einer Ruhe, deren ich ihn nie für fähig gehalten hätte: »Auch recht. Ich hab' Sie herauslassen wollen. Gut. Wenn nicht. Nicht. Barmherzige Barbiere machen faule Wunden. Mein Zarbüchel ist voll. Wenn Sie gescheit gewesen wären – der Savioli is Ihnen doch nur im Weg!? Jetzt – mach – ich – mit – Ihnen allen dreien« – er deutete mit einer Geste des Erdrosselns an, womit er es meinte – »Preßcolleeh.«

Seine Mienen drückten eine so satanische Grausamkeit aus, und er schien seiner Sache so sicher zu sein, dass mir das Blut in den Adern erstarrte. Er musste eine Waffe in Händen haben, von der ich nichts ahnte, die auch Charousek nicht kannte. Ich fühlte den Boden unter mir wanken.

»Die Feile! Die Feile!« hörte ich es in meinem Hirn flüstern. Ich schätzte die Entfernung ab, ein Schritt bis zum Tisch – zwei Schritte bis zu Wassertrum – – ich wollte zuspringen – da stand wie aus dem Boden gewachsen Hillel auf der Schwelle.

Das Zimmer verschwamm vor meinen Augen. Ich sah nur – wie durch Nebel –, dass Hillel unbeweglich stehen blieb und Wassertrum Schritt für Schritt bis an die Wand zurückwich.

Dann hörte ich Hillel sagen: »Sie kennen doch, Aaron, den Satz: Alle Juden sind Bürgen füreinander? Machen Sie's einem nicht zu schwer.« – Er fügte ein paar hebräische Worte hinzu, die ich nicht verstand.

»Was haben Sie das netig, an der Türe zu schnüffeln?« geiferte der Trödler mit bebenden Lippen.

»Ob ich gehorcht habe oder nicht, braucht Sie nicht zu kümmern!« – wieder schloss Hillel mit einem hebräischen Satz, der diesmal wie eine Drohung klang. Ich erwartete, dass es zu einem Zank kommen würde, aber Wassertrum antwortete nicht eine Silbe, überlegte einen Augenblick und ging dann trotzig hinaus.

Gespannt blickte ich Hillel an. Er winkte mir zu, ich solle schweigen. Offenbar wartete er auf irgendetwas, denn er horchte angestrengt auf den Gang hinaus. Ich wollte die Türe schließen gehen: er hielt mich mit einer ungeduldigen Handbewegung zurück.

Wohl eine Minute verging, dann kamen die schleppenden Schritte des Trödlers wieder die Stufen herauf. Ohne ein Wort zu sprechen ging Hillel hinaus und machte ihm Platz.

Wassertrum wartete, bis er außer Hörweite war, dann knurrte er mich verbissen an: »Geben Se mer meine Uhr zorück.« – – – –

Weib

Wo nur Charousek blieb?

Beinahe 24 Stunden waren vergangen, und noch immer ließ er sich nicht blicken.

Sollte er das Zeichen vergessen haben, das wir verabredet hatten? Oder sah er es vielleicht nicht?

Ich ging ans Fenster und richtete den Spiegel so, dass der Sonnenstrahl, der darauf schien, genau auf das vergitterte Guckloch seiner Kellerwohnung fiel.

Das Eingreifen Hillels – gestern – hatte mich ziemlich beruhigt. Bestimmt würde er mich gewarnt haben, wenn eine Gefahr im Anzug wäre.

Überdies: Wassertrum konnte nichts von Belang mehr unternommen haben; gleich, nachdem er mich verlassen hatte, war er in seinen Laden zurückgekehrt, –

ich warf einen Blick hinunter: richtig, da lehnte er unbeweglich hinter seinen Herdplatten, genau so, wie ich ihn schon frühmorgens gesehen. – – –

Unerträglich, das ewige Warten!

Die milde Frühlingsluft, die durch das offene Fenster aus dem Nebenzimmer hereinströmte, machte mich krank vor Sehnsucht.

Dies schmelzende Tropfen von den Dächern! Und wie die feinen Wasserschnüre im Sonnenlicht glänzten!

Es zog mich hinaus an unsichtbaren Fäden. Voll Ungeduld ging ich in der Stube auf und ab. Warf mich in einen Sessel. Stand wieder auf.

Dieses süchtige Keimen einer ungewissen Verliebtheit in meiner Brust, es wollte nicht weichen.

Die ganze Nacht über hatte es mich gequält. Einmal war es Angelina gewesen, die sich an mich geschmiegt, dann wieder sprach ich scheinbar ganz harmlos mit Mirjam, und kaum hatte ich das Bild zerrissen, kam abermals Angelina und küsste mich; ich roch den Duft ihres Haares, und ihr weicher Zobelpelz kitzelte mich am Hals, rutschte von ihren entblößten Schultern – und sie wurde zu Rosina, die mit trunkenen, halbgeschlossenen Augen tanzte – im Frack – nackt; – – – und alles in einem Halbschlaf, der doch genau so gewesen war wie Wachsein. Wie ein süßes, verzehrendes, dämmeriges Wachsein.

Gegen Morgen stand dann mein Doppelgänger an meinem Bett, der schattenhafte Habal Garmin, »der Hauch der Knochen«, von dem Hillel gesprochen, – und ich sah ihm an den Augen an, er war in meiner Macht, musste mir jede Frage beantworten, die ich ihm stellen würde nach irdischen oder jenseitigen Dingen, und er wartete nur darauf, aber der Durst nach dem Geheimnisvollen konnte nicht an gegen die Schwüle meines Blutes und versickerte im dürren Erdreich meines Verstandes. – Ich schickte das Phantom weg, es solle zum Spiegelbild Angelinas werden, und es schrumpfte zusammen zu dem Buchstaben »Aleph«, wuchs wieder empor, stand da als das Kolossweib, splitternackt, wie ich es einstens im Buch Ibbur gesehen, mit dem Puls gleich einem Erdbeben, und beugte sich über mich, und ich atmete den betäubenden Geruch ihres heißen Fleisches ein. – – – –

Kam denn Charousek immer noch nicht? – Die Glocken sangen von den Kirchtürmen.

Eine Viertelstunde wollte ich noch warten – dann aber hinaus! Durch belebte Straßen voll festtägig gekleideter Menschen schlendern, mich in das frohe Gewimmel mischen in den Stadtteilen der Reichen, schöne Frauen sehen mit koketten Gesichtern und schmalen Händen und Füßen.

Vielleicht begegnete ich dabei Charousek zufällig, entschuldigte ich mich vor mir selbst.

Ich holte das altertümliche Tarockspiel vom Bücherbord, um mir die Zeit rascher zu vertreiben. –

Vielleicht ließ sich aus den Bildern Anregung schöpfen zum Entwurf einer Kamee?

Ich suchte nach dem Pagad.

Nicht zu finden. Wo konnte er hingeraten sein?

Ich blätterte noch einmal die Karten durch und verlor mich in Nachdenken über ihren verborgenen Sinn. Besonders der »Gehenkte«, – was konnte er nur bedeuten?

Ein Mann hängt an einem Seil zwischen Himmel und Erde, den Kopf nach abwärts, die Arme auf den Rücken gebunden, den rechten Unterschenkel über das linke Bein verschränkt, dass es aussieht wie ein Kreuz über einem verkehrten Dreieck?

Unverständliches Gleichnis.

Da! – Endlich! Charousek kam.

Oder doch nicht?

Freudige Überraschung: es war Mirjam. – – –

»Wissen Sie, Mirjam, dass ich soeben zu Ihnen hinuntergehen wollte und Sie bitten, eine Spazierfahrt mit mir zu machen?« Es war nicht ganz die Wahrheit, aber ich machte mir weiter keine Gedanken darüber. – »Nicht wahr, Sie schlagen es mir nicht ab?! Ich bin heute so unendlich froh im Herzen, dass Sie, gerade Sie, Mirjam, meiner Freude die Krone aufsetzen müssen.«

» – spazierenfahren?«, wiederholte sie derart verblüfft, dass ich laut auflachen musste.

»Ist denn der Vorschlag gar so wunderbar?«

»Nein, nein, aber – – «, sie suchte nach Worten, »unerhört merkwürdig. Spazierenfahren!«

»Durchaus nicht merkwürdig, wenn Sie sich vorhalten, dass es Hunderttausende von Menschen tun – eigentlich ihr ganzes Leben nichts anderes tun.«

»Ja, andere Menschen!« gab sie, immer noch vollständig überrumpelt, zu.

Ich fasste ihre beiden Hände:

»Was andere Menschen an Freude erleben dürfen, möchte ich, dass Sie, Mirjam, in noch unendlich viel reicherem Maße genießen.«

Sie wurde plötzlich leichenblass, und ich sah an der starren Taubheit ihres Blickes, woran sie dachte.

Es gab mir einen Stich.

»Sie dürfen es nicht immer mit sich herumtragen, Mirjam«, redete ich ihr zu, »das – das Wunder. Wollen Sie mir das nicht versprechen – aus – aus Freundschaft?«

Sie hörte die Angst aus meinen Worten und blickte mich erstaunt an.

»Wenn es Sie nicht so angriffe, könnte ich mich mit Ihnen freuen, aber so? Wissen Sie, dass ich tief besorgt bin um Sie, Mirjam? – Um – um – wie soll ich nur sagen? – um Ihre seelische Gesundheit! Fassen Sie es nicht wörtlich auf, aber –: ich wollte, das Wunder wäre nie geschehen.«

Ich erwartete, sie würde mir widersprechen, aber sie nickte nur in Gedanken versunken.

»Es verzehrt Sie. Habe ich nicht recht, Mirjam?« Sie raffte sich auf: »Manchmal möchte ich beinahe auch, es wäre nicht geschehen.«

Es klang wie ein Hoffnungsstrahl für mich. – »Wenn ich mir denken soll«, sie sprach ganz langsam und traumverloren, »dass Zeiten kommen könnten, wo ich ohne solche Wunder leben müsste – – –.«

»Sie können doch über Nacht reich werden und brauchen dann nicht mehr – «, fuhr ich ihr unbedacht in die Rede, hielt aber rasch inne, als ich das Entsetzen in ihrem Gesicht bemerkte, – »ich meine, Sie können plötzlich auf natürliche Weise Ihrer Sorgen enthoben werden, und die Wunder, die Sie dann erleben, würden geistiger Art sein – innere Erlebnisse.«

Sie schüttelte den Kopf und sagte hart: »Innere Erlebnisse sind keine Wunder. Erstaunlich genug, dass es Menschen zu geben scheint, die überhaupt keine haben. – Seit meiner Kindheit, Tag für Tag, Nacht für Nacht, erlebe ich – « (sie brach mit einem Ruck ab, und ich erriet, dass noch etwas anderes in ihr war, von dem sie mir nie gesprochen hatte, vielleicht das Weben unsichtbarer Geschehnisse, ähnlich den meinigen) – »aber das gehört nicht hierher. Selbst, wenn einer aufstünde und machte Kranke gesund durch Handauflegen, ich könnte es kein Wunder nennen. Erst, wenn der leblose Stoff – die Erde – beseelt wird vom Geist und die Gesetze der Natur zerbrechen, dann ist das geschehen, wonach ich mich sehne, seit ich denken kann. – Mir hat einmal mein Vater gesagt, es gäbe zwei Seiten der Kabbala, eine magische und eine abstrakte, die sich niemals zur Deckung bringen ließen. Wohl könne die magische die abstrakte an sich ziehen, aber nie und nimmer umgekehrt. Die magische ist ein Geschenk, die andere kann errungen werden, wenn auch nur mit Hilfe eines Führers.« Sie nahm den ersten Faden wieder auf: »Das Geschenk ist es, nach dem ich dürste; was ich mir erringen kann, ist mir gleichgültig und wertlos wie Staub. Wenn ich mir denken soll, es könnten Zeiten kommen, sagte ich vorhin, wo ich wieder ohne diese Wunder leben müsste«, – ich sah, wie sich ihre Finger krampften und Reue und Jammer zerfleischten mich, – »ich glaube, ich sterbe jetzt schon angesichts der bloßen Möglichkeit.«

»Ist das der Grund, weshalb auch Sie wünschten, das Wunder wäre nie geschehen?«, forschte ich.

»Nur zum Teil. Es ist noch etwas anderes da. Ich – ich – «, sie dachte einen Augenblick nach, »war noch nicht reif dazu, ein Wunder in dieser Form zu erleben. Das ist es. Wie soll ich es Ihnen erklären? Nehmen Sie einmal an, bloß als Beispiel, ich hätte seit Jahren jede Nacht ein und denselben Traum, der sich immer weiter fortspinnt und in dem mich jemand – sagen wir, ein Bewohner einer andern Welt – belehrt und mir nicht nur an einem Spiegelbild von mir selbst und seinen allmählichen Veränderungen zeigt, wie weit ich von der magischen Reife, ein ›Wunder‹ erleben zu können, entfernt bin, sondern mir auch in Verstandesfragen, wie sie mich einmal tagsüber beschäftigen, derart Aufschluss gibt, dass ich es jederzeit nachprüfen kann. Sie werden mich verstehen. Ein solches Wesen ersetzt einem an Glück alles, was sich auf Erden ausdenken lässt; es ist für mich die Brücke, die mich mit dem ›Drüben‹ verbindet, ist die Jakobsleiter, auf der ich mich über die Dunkelheit des Alltags erheben kann ins Licht, – ist mir Führer und Freund, und alle meine Zuversicht, dass ich mich auf den dunkeln Wegen, die meine Seele geht, nicht verirren kann in Wahnsinn und Finsternis, setze ich auf ›ihn‹, der mich noch nie belogen hat. – Da mit einem Mal, entgegen allem, was er mir gesagt hat, kreuzt ein ›Wunder‹ mein Leben! Wem soll ich jetzt glauben? War das, was mich die vielen Jahre über ununterbrochen erfüllt hat, eine Täuschung? Wenn ich daran zweifeln müsste, ich stürzte kopfüber in einen bodenlosen Abgrund. – Und doch ist das Wunder geschehen! Ich würde aufjauchzen vor Freude, wenn – «

»Wenn – – –?« unterbrach ich sie atemlos. Vielleicht sprach sie selbst das erlösende Wort, und ich konnte ihr alles eingestehen.

» – wenn ich erführe, dass ich mich geirrt habe, – dass es gar kein Wunder war! Aber ich weiß so genau, wie ich weiß, dass ich hier sitze, ich ginge zugrunde daran«; (mir blieb das Herz stehen) – »zurückgerissen werden, vom Himmel wieder herab müssen auf die Erde? Glauben Sie, dass das ein Mensch ertragen kann?«

»Bitten Sie doch Ihren Vater um Hilfe«, sagte ich ratlos vor Angst.

»Meinen Vater? Um Hilfe?« – Sie blickte mich verständnislos an, – »wo es nur zwei Wege für mich gibt, kann er da einen dritten finden? – – Wissen Sie, was die einzige Rettung für mich wäre? Wenn mir das geschähe, was Ihnen geschehen ist. Wenn ich in dieser Minute alles, was hinter mir liegt: mein ganzes Leben bis zum heutigen Tag – vergessen könnte. – Ist es nicht merkwürdig, was Sie als Unglück empfinden, wäre für mich das höchste Glück!«

Wir schwiegen beide noch eine lange Zeit. Dann ergriff sie plötzlich meine Hand und lächelte. Beinahe fröhlich.

»Ich will nicht, dass Sie sich meinetwegen grämen«; – (sie tröstete mich – mich!) – »vorhin waren Sie so voll Freude und Glück über den Frühling draußen, und jetzt sind Sie die Betrübnis selbst. Ich hätte Ihnen überhaupt nichts sagen sollen. Reißen Sie es aus Ihrem Gedächtnis und denken Sie wieder so heiter wie vorhin! – Ich bin ja so froh – «

»Sie? Froh? Mirjam?«, unterbrach ich sie bitter.

Sie machte ein überzeugtes Gesicht: »Ja! Wirklich! Froh! Als ich zu Ihnen heraufging, war ich so unbeschreiblich ängstlich, – ich weiß nicht warum, ich konnte das Gefühl nicht loswerden, dass Sie in einer großen Gefahr schweben«, – ich horchte auf – »aber, statt mich darüber zu freuen, Sie gesund und wohlauf zu treffen, habe ich Sie angeunkt und – – «

Ich zwang mich zur Lustigkeit: »Und das können Sie nur gutmachen, wenn Sie mit mir ausfahren.« (Ich bemühte mich, so viel Übermut wie möglich in meine Stimme zu legen) »Ich möchte doch einmal sehen, Mirjam, ob es mir nicht gelingt, Ihnen die trüben Gedanken zu verscheuchen. Sagen Sie, was Sie wollen, Sie sind noch lange kein ägyptischer Zauberer, sondern vorläufig nur ein junges Mädchen, dem der Tauwind noch manchen bösen Streich spielen kann.«

Sie wurde plötzlich ganz lustig: »Ja, was ist denn das heute mit Ihnen, Herr Pernath? So hab' ich Sie noch nie gesehen! – Übrigens ›Tauwind‹, bei uns Judenmädchen lenken bekanntlich die Eltern den Tauwind, und wir haben nur zu gehorchen. Tuen es natürlich auch. Es steckt uns schon so im Blut. – Mir ja nicht«, setzte sie ernsthafter hinzu, »meine Mutter hat bös gestreikt, als sie den grässlichen Aaron Wassertrum heiraten sollte.«

»Was? Ihre Mutter? Den Trödler da unten?«

Mirjam nickte. »Gott sei Dank ist es nicht zustande gekommen. – Für den armen

Menschen freilich war es ein vernichtender Schlag.«

»Armer Mensch, sagen Sie?« fuhr ich auf. »Der Kerl ist ein Verbrecher.«

Sie wiegte nachdenklich den Kopf: »Gewiss, er ist ein Verbrecher. Aber wer in einer solchen Haut steckt und kein Verbrecher wird, muss ein Prophet sein.«

Ich rückte neugierig näher: »Wissen Sie Genaueres über ihn? Mich interessiert das. Aus ganz besonderen – – «

»Wenn Sie einmal seinen Laden von innen gesehen hätten, Herr Pernath, wüssten Sie sofort, wie es in seiner Seele ausschaut. Ich sage das, weil ich als Kind sehr oft drin war. – Warum sehen Sie mich so erstaunt an? Ist denn das so merkwürdig? – Gegen mich war er immer freundlich und gütig. Einmal sogar, erinnere ich mich, schenkte er mir einen großen blitzenden Stein, der mir besonders unter seinen Sachen gefallen hatte. Meine Mutter sagte, es sei ein Brillant, und ich musste ihn natürlich sofort zurücktragen.

Erst wollte er ihn lange nicht wiedernehmen, aber dann riss er ihn mir aus der Hand und warf ihn voll Wut weit von sich. Ich habe aber dennoch gesehen, wie ihm dabei die Tränen aus den Augen stürzten; ich konnte auch damals schon genug Hebräisch, um zu verstehen, was er murmelte: ›Alles ist verflucht, was meine Hand berührt.‹ – – Es war das letzte Mal, dass ich ihn besuchen durfte. Nie wieder hat er mich seitdem aufgefordert, zu ihm zu kommen. Ich weiß auch warum: Hätte ich ihn nicht zu trösten versucht, wäre alles beim Alten geblieben, so aber, weil er mir unendlich leid tat und ich es ihm sagte, wollte er mich nicht mehr sehen. – – – Sie verstehen das nicht, Herr Pernath? Es ist doch so einfach; er ist ein Besessener, – ein Mensch, der sofort misstrauisch, unheilbar misstrauisch wird, wenn jemand an sein Herz rührt. Er hält sich für noch viel hässlicher, als er in Wirklichkeit ist, – wenn das überhaupt möglich sein kann, und darin wurzelt sein ganzes Denken und Handeln. Man sagt, seine Frau hätte ihn gern gehabt, vielleicht war es mehr Mitleid als Liebe, aber immerhin glaubten es sehr viele Leute. Der Einzige, der vom Gegenteil tief durchdrungen war, war er. Überall wittert er Verrat und Hass.

Nur bei seinem Sohn machte er eine Ausnahme. Ob es daher kam, dass er ihn vom Säuglingsalter an hatte heranwachsen sehen, also das Keimen jeder Eigenschaft von Urbeginn in dem Kinde sozusagen miterlebte und daher nie zu einem Punkt gelangte, wo sein Misstrauen hätte einsetzen können, oder ob es im jüdischen Blute lag, alles, was an Liebesfähigkeit in ihm lebte, auf seinen Nachkommen auszugießen – in jener instinktiven Furcht unserer Rasse, wir könnten aussterben und eine Mission nicht erfüllen, die wir vergessen haben, die aber dunkel in uns fortlebt, – wer kann das wissen!

Mit einer Umsicht, die beinahe an Weisheit grenzte, und bei einem unbelesenen Menschen, wie er, wunderbar ist, leitete er die Erziehung seines Sohnes. Mit dem Scharfsinn eines Psychologen räumte er dem Kind jedes Erlebnis aus dem Weg, das zur Entwicklung der Gewissenstätigkeit hätte beitragen können, um ihm künftige seelische Leiden zu ersparen.

Er hielt ihm als Lehrer einen hervorragenden Gelehrten, der die Ansicht verfocht, die Tiere seien empfindungslos und ihre Schmerzäußerung ein mechanischer Reflex.

Aus jedem Geschöpf so viel Freude und Genuss für sich selbst herauspressen wie nur irgend möglich, und dann die Schale sofort als nutzlos wegzuwerfen, das war ungefähr das Abc seines weitblickenden Erziehungssystems.

Dass das Geld als Standarte und Schlüssel zur ›Macht‹ dabei eine erste Rolle spielte, können Sie sich denken, Herr Pernath. Und so wie er selbst den eigenen Reichtum sorgsam geheim hält, um die Grenzen seines Einflusses in Dunkel zu hüllen, so ersann er sich ein Mittel, seinem Sohn Ähnliches zu ermöglichen, ihm aber gleichzeitig die Qual eines scheinbar ärmlichen Lebens zu ersparen; er durchtränkte ihn mit der infernalischen Lüge von der ›Schönheit‹, brachte ihm die äußere und innere Gebärde der Ästhetik bei, lehrte ihn äußerlich, die Lilie auf dem Felde heucheln und innerlich ein Aasgeier sein.

Natürlich war das mit der ›Schönheit‹ wohl kaum eigene Erfindung von ihm – vermutlich die ›Verbesserung‹ eines Ratschlags, den ihm ein Gebildeter gegeben hatte.

Dass ihn sein Sohn später verleugnete, wo und wann er nur konnte, nahm er niemals übel. Im Gegenteil, er machte es ihm zur Pflicht, denn seine Liebe war selbstlos, und wie ich es schon einmal von meinem Vater sagte – von der Art, die übers Grab hinausgeht.«

Mirjam schwieg einen Augenblick, und ich sah ihr an, wie sie ihre Gedanken stumm weiterspann, hörte es an dem veränderten Klang ihrer Stimme, als sie sagte: »Seltsame Früchte wachsen auf dem Baum des Judentums.«

»Sagen Sie, Mirjam«, fragte ich, »haben Sie nie davon gehört, dass Wassertrum eine Wachsfigur in seinem Laden stehen hat? Ich weiß nicht mehr, wer es mir erzählt hat, – es war vielleicht nur ein Traum – – «

»Nein, nein, es ist schon richtig, Herr Pernath: eine lebensgroße Wachsfigur steht in der Ecke, in der er, mitten unter dem tollsten Gerümpel, auf seinem Strohsack schläft. Er hat sie vor Jahren einem Schaubudenbesitzer abgewuchert, heißt es, bloß weil sie einem Mädchen – einer Christin – ähnlich sah, die angeblich einmal seine Geliebte gewesen sein soll.«

»Charouseks Mutter!« drängte es sich mir auf.

»Ihren Namen wissen Sie nicht, Mirjam?«

Mirjam schüttelte den Kopf. »Wenn Ihnen daran liegt, – soll ich mich erkundigen?«

»Ach Gott, nein, Mirjam; es ist mir vollkommen gleichgültig«, (ich sah an ihren blitzenden Augen, dass sie sich in Eifer geredet hatte. Sie durfte nicht wieder zu sich kommen, nahm ich mir vor) »aber was mich viel mehr interessiert, ist das Gebiet, von dem Sie vorhin flüchtig sprachen. Ich meine das ›vom Tauwind‹. – Ihr Vater würde Ihnen doch gewiss nicht vorschreiben, wen Sie heiraten sollen?«

Sie lachte lustig auf:

»Mein Vater? Wo denken Sie hin!«

»Nun, das ist ein großes Glück für mich.«

»Wieso?« fragte sie arglos.

»Weil ich dann noch Chancen habe.«

Es war nur ein Scherz, und sie nahm es auch nicht anders hin, aber doch sprang sie rasch auf und ging ans Fenster, um mich nicht sehen zu lassen, dass sie rot wurde.

Ich lenkte ein, um ihr aus der Verlegenheit zu helfen: »Das eine bitte ich mir aus als alter Freund, mich müssen Sie einweihen, wenn's einmal so weit ist. – Oder gedenken Sie überhaupt ledig zu bleiben?«

»Nein! nein! nein!« – sie wehrte so entschlossen ab, dass ich unwillkürlich lächelte – »einmal muss ich ja doch heiraten.«

»Natürlich! Selbstverständlich!«

Sie wurde nervös wie ein Backfisch.

»Können Sie denn nicht eine Minute ernsthaft bleiben, Herr Pernath?« – Ich machte gehorsam ein Lehrergesicht, und sie setzte sich wieder. – »Also, wenn ich sage, ich muss doch einmal heiraten, so meine ich damit, dass ich mir zwar bis jetzt den Kopf über die näheren Umstände nicht zerbrochen habe, den Sinn des Lebens aber gewiss nicht verstünde, wenn ich annehmen würde, ich sei als Weib auf die Welt gekommen, um kinderlos zu bleiben.«

Das erste Mal, seit ich sie kannte, sah ich das Frauenhafte in ihren Zügen.

»Es gehört mit zu meinen Träumen«, fuhr sie leise fort, »mir vorzustellen, dass es ein Endziel sei, wenn zwei Wesen zu einem verschmelzen, – zu dem, was – – haben Sie nie von dem ägyptischen Osiriskult gehört? – zu dem verschmelzen, was der ›Hermaphrodit‹ als Symbol bedeuten mag.«

Ich horchte gespannt auf: »Der Hermaphrodit – ?«

»Ich meine: Die magische Vereinigung von männlich und weiblich im Menschengeschlecht zu einem Halbgott. Als Endziel! – Nein, nicht als Endziel, als Beginn eines neuen Weges, der ewig ist – kein Ende hat.«

»Und hoffen Sie, dereinst denjenigen zu finden«, fragte ich erschüttert, »den Sie suchen? – Kann es nicht sein, dass er in einem fernen Land lebt, vielleicht gar nicht auf Erden ist?«

»Davon weiß ich nichts«; sagte sie einfach, »ich kann nur warten. Wenn er durch Zeit und Raum von mir getrennt ist, – was ich nicht glaube, weshalb wäre ich dann hier im Ghetto angebunden? – oder durch die Klüfte gegenseitigen Nichterkennens – und ich finde ihn nicht, dann hat mein Leben keinen Zweck gehabt und war das gedankenlose Spiel eines idiotischen Dämons. – Aber, bitte, bitte, reden wir nicht mehr davon«, flehte sie, »wenn man den Gedanken nur ausspricht, bekommt er schon einen hässlichen, irdischen Beigeschmack, und ich möchte nicht – «

Sie brach plötzlich ab.

»Was möchten Sie nicht, Mirjam?«

Sie hob die Hand. Stand rasch auf und sagte: »Sie bekommen Besuch, Herr Pernath!«

Seidenkleider raschelten auf dem Gang.

Ungestümes Klopfen. Dann: Angelina!

Mirjam wollte gehen; ich hielt sie zurück: »Darf ich vorstellen: die Tochter eines lieben Freundes – Frau Gräfin –«

»Nicht einmal vorfahren kann man mehr. Überall das Pflaster aufgerissen. Wann werden Sie einmal in eine menschenwürdige Gegend siedeln, Meister Pernath? Draußen schmilzt der Schnee und der Himmel jubelt, dass es einem die Brust zersprengt, und Sie hocken hier in Ihrer Tropfsteingrotte wie ein alter Frosch, – – übrigens wissen Sie, dass ich gestern bei meinem Juwelier war und er gesagt hat: Sie seien der größte Künstler, der feinste Gemmenschneider, den es heute gibt, wenn nicht einer der größten, die je gelebt haben?!« – Angelina plauderte wie ein Wasserfall, und ich war verzaubert. Sah nur mehr ihre strahlenden, blauen Augen, die kleinen Füße in den winzigen Lackstiefeln, sah das kapriziöse Gesicht aus dem Wust von Pelzwerk leuchten und die rosigen Ohrläppchen.

Sie ließ sich kaum Zeit auszuatmen.

»An der Ecke steht mein Wagen. Ich hatte schon Angst, Sie nicht zu Hause zu treffen. Sie haben doch hoffentlich noch nicht zu Mittag gegessen? Wir fahren zuerst – ja, wohin fahren wir zuerst? Wir fahren zuerst einmal – warten Sie – – ja, vielleicht in den Baumgarten, oder kurz irgendwohin ins Freie, wo man so recht das Keimen und heimliche Sprossen in der Luft ahnt. Kommen Sie, kommen Sie, nehmen Sie Ihren Hut; und dann essen Sie bei mir, – und dann schwatzen wir bis abends. Nehmen Sie doch Ihren Hut! Worauf warten Sie denn? – Eine warme, ganz weiche Decke ist unten; da wickeln wir uns ein bis an die Ohren und kuscheln uns zusammen, bis uns siedheiß wird.«

Was sollte ich nur sagen?! »Soeben habe ich mit der Tochter meines Freundes eine Spazierfahrt verabredet – – «

Mirjam hatte sich bereits hastig von Angelina verabschiedet, noch ehe ich aussprechen konnte.

Ich begleitete sie bis vor die Tür, obschon sie mich freundlich abwehren wollte.

»Hören Sie mich an, Mirjam, ich kann es Ihnen hier auf der Treppe nicht so sagen, wie ich an Ihnen hänge – – und dass ich tausendmal lieber mit Ihnen – – «

»Sie dürfen die Dame nicht warten lassen, Herr Pernath«, drängte sie, »adieu und viel Vergnügen!«

Sie sagte es voll Herzlichkeit und unverstellt und echt, aber ich sah, dass der Glanz in ihren Augen erloschen war. Sie eilte die Treppe hinunter, und das Leid schnürte mir die Kehle zusammen. Mir war, als hätte ich eine Welt verloren. – – – –

Wie im Rausch saß ich an Angelinas Seite. Wir fuhren in rasendem Trab durch die menschenüberfüllten Straßen.

Eine Brandung des Lebens rings um mich, dass ich, halb betäubt, nur noch die kleinen Lichtflecke in dem Bild, das an mir vorüberhuschte, unterscheiden konnte: Blitzende Juwelen in Ohrringen und Muffketten, blanke Zylinderhüte, weiße Damenhandschuhe, einen Pudel mit rosa Halsschleife, der kläffend in die Räder beißen wollte, schäumende Rappen, die uns entgegensausten in silbernen Geschirren, ein Ladenfenster, drin schimmernde Schalen voll Perlschnüren und funkelnden Geschmeiden, – Seidenglanz um schlanke Mädchenhüften.

Der scharfe Wind, der uns ins Gesicht schnitt, ließ mich die Wärme von Angelinas Körper doppelt sinnverwirrend empfinden.

Die Schutzleute an den Kreuzungen sprangen respektvoll zur Seite, wenn wir an ihnen vorüberjagten.

Dann ging's im Schritt über den Quai, der eine einzige Wagenreihe war, an der eingestürzten steinernen Brücke vorbei, umstaut vom Gewühl gaffender Gesichter.

Ich blickte kaum hin – das kleinste Wort aus dem Munde Angelinas, ihre Wimpern, das eilige Spiel ihrer Lippen, – alles, alles war mir unendlich viel wichtiger, als zuzusehen, wie die Felstrümmer dort unten den antaumelnden Eisschollen die Schultern entgegenstemmten. –

Parkwege. Dann – gestampfte, elastische Erde. Dann Laubrascheln unter den Hufen der Pferde, nasse Luft, blätterlose Baumriesen voll von Krähennestern, totes Wiesengrün mit weißlichen Inseln schwindenden Schnees, alles zog an mir vorbei wie geträumt.

Nur mit ein paar kurzen Worten, fast gleichgültig, kam Angelina auf Dr. Savioli zu sprechen: »Jetzt, wo die Gefahr vorüber ist«, sagte sie mit entzückender, kindlicher Unbefangenheit, »und ich weiß, dass es ihm auch wieder besser geht, kommt mir alles das, was ich mitgemacht habe, so grässlich langweilig vor. – Ich will mich endlich einmal wieder freuen, die Augen zumachen und untertauchen in dem glitzernden Schaum des Lebens. Ich glaube, alle Frauen sind so. Sie gestehen es bloß nicht ein. Oder sind sie so dumm, dass sie es selbst nicht wissen. Meinen Sie nicht auch?« Sie hörte gar nicht hin, was ich darauf antwortete. »Übrigens sind mir die Frauen vollständig uninteressant. Sie dürfen es natürlich nicht als Schmeichelei auffassen, aber – wahrhaftig, die bloße Nähe eines sympathischen Mannes ist mir im kleinen Finger lieber als das anregendste Gespräch mit einer noch so gescheiten Frau. Es ist ja schließlich doch alles dummes Zeug, was man da zusammenschwätzt. – Höchstens, das bisschen Putz – na und! Die Moden wechseln ja nicht gar so häufig. – – Nicht wahr, ich bin leichtsinnig?« fragte sie plötzlich kokett, dass ich mich, bestrickt von ihrem Reiz, zusammennehmen musste, nicht ihr Köpfchen zwischen meine Hände zu nehmen und sie in den Nacken zu küssen, – »sagen Sie, dass ich leichtsinnig bin!« Sie schmiegte sich noch dichter an und hängte sich in mich ein.

Wir fuhren aus der Allee heraus an Bosketts entlang mit strohumwickelten Zierstauden, die aussahen in ihren Hüllen wie Rümpfe von Ungeheuern mit abgehauenen Gliedern und Häuptern.

Leute saßen auf Bänken in der Sonne und blickten hinter uns drein und steckten die Köpfe zusammen.

Wir schwiegen eine Weile und hingen unseren Gedanken nach. Wie war Angelina doch so vollständig anders, als sie bisher in meiner Einbildung gelebt hatte! – Als sei sie erst heute für mich in die Gegenwart gerückt!

War das wirklich dieselbe Frau, die ich damals in der Domkirche getröstet hatte?

Ich konnte den Blick nicht wenden von ihrem halboffenen Mund.

Sie sprach noch immer kein Wort. Schien im Geist ein Bild zu sehen.

Der Wagen bog über eine feuchte Wiese.

Es roch nach erwachender Erde.

»Wissen Sie, – – Frau – –?«

»Nennen Sie mich doch Angelina«, unterbrach sie mich leise.

»Wissen Sie, Angelina, dass – dass ich heute die ganze Nacht von Ihnen geträumt habe?« stieß ich gepresst hervor.

Sie machte eine kleine rasche Bewegung, als wolle sie ihren Arm aus meinem ziehen, und sah mich groß an. »Merkwürdig! Und ich von Ihnen! – Und in diesem Moment habe ich dasselbe gedacht.«

Wieder stockte das Gespräch, und beide errieten wir, dass wir auch dasselbe geträumt hatten.

Ich fühlte es an dem Beben ihres Blutes. Ihr Arm zitterte kaum merklich an meiner Brust. Sie blickte krampfhaft von mir weg aus dem Wagen hinaus. – – – – –

Langsam zog ich ihre Hand an meine Lippen, streifte den weißen, duftenden Handschuh zurück, hörte, wie ihr Atem heftig wurde, und presste toll vor Liebe meine Zähne in ihren Handballen. –

– – Stunden später ging ich wie ein Trunkener durch den Abendnebel hinab der Stadt zu. Planlos wählte ich die Straßen und ging lange, ohne es zu wissen, im Kreis herum.

Dann stand ich am Fluss über eisernes Geländer gebeugt und starrte hinab in die tosenden Wellen.

Noch immer fühlte ich Angelinas Arme um meinen Nacken, sah das steinerne Becken des Springbrunnens, an dem wir schon einmal Abschied voneinander genommen vor vielen Jahren, vor mir, mit den faulenden Ulmenblättern darin, und sie wanderte wieder mit mir, wie soeben erst vor kurzem, den Kopf an meine Schulter gelehnt, stumm durch den fröstelnden, dämmrigen Park ihres Schlosses.

Ich setzte mich auf eine Bank und zog den Hut tief ins Gesicht, um zu träumen.

Die Wasser brausten über das Wehr und ihr Rauschen verschlang die letzten, aufmurrenden Geräusche der schlafengehenden Stadt.

Wenn ich von Zeit zu Zeit meinen Mantel fester um mich zog und aufblickte, lag der Fluss in immer tieferen Schatten, bis er endlich, von der schweren Nacht erdrückt, schwarzgrau dahinströmte und die Gischt des Staudamms als weißer, blendender Streifen schräg hinüber zum anderen Ufer lief.

Mich schauderte bei dem Gedanken, wieder zurückzumüssen in mein trauriges Haus.

Der Glanz eines kurzen Nachmittags hatte mich für immer zum Fremdling in meiner Wohnstätte gemacht.

Eine Spanne von wenigen Wochen, vielleicht nur von Tagen, dann musste das Glück vorüber sein – und nichts blieb davon als eine wehe, schöne Erinnerung.

Und dann?

Dann war ich heimatlos hier und drüben, diesseits und jenseits des Flusses.

Ich stand auf! Wollte noch durch das Parkgitter einen Blick auf das Schloss werfen, hinter dessen Fenstern sie schlief, ehe ich in das finstere Ghetto ging. – – – Ich schlug die Richtung ein, aus der ich gekommen war, tappte durch den dichten Nebel an Häuserreihen entlang und über schlummernde Plätze, sah schwarze Monumente drohend auftauchen und einsame Schilderhäuser und die Schnörkel von Barockfassaden. Der matte Schimmer einer Laterne wuchs zu riesigen, phantastischen Ringen in verblichenen Regenbogenfarben aus dem Dunst heraus, wurde zum fahlgelben, stechenden Auge und zerging hinter mir in der Luft.

Mein Fuß tastete breite, steinerne Stufenflächen, mit Kies bestreut. Wo war ich? Ein Hohlweg, der steil aufwärts führt?

Glatte Gartenmauern links und rechts? Die kahlen Äste eines Baumes hängen herüber. Sie kommen vom Himmel herunter; der Stamm verbirgt sich hinter der Nebelwand. –

Ein paar morsche, dünne Zweige brechen krachend ab, wie mein Hut sie streift, und fallen an meinem Mantel hinab in den nebligen grauen Abgrund, der mir meine Füße verbirgt.

Dann ein strahlender Punkt. Ein einsames Licht in der Ferne – irgendwo – rätselhaft – zwischen Himmel und Erde. – – –

Ich musste fehlgegangen sein. Es konnte nur die »alte Schloss-Stiege« sein neben den Hängen der Fürstenbergschen Gärten – – –

Dann lange Strecken lehmiger Erde. – Ein gepflasterter Weg.

Ein massiger Schatten ragt hoch auf, den Kopf in einer schwarzen, steifen Zipfelmütze, »die Daliborka«, der Hungerturm, in dem Menschen einst verschmachteten, derweilen Könige unten im »Hirschgraben« das Wild hetzten.

Ein schmales, gewundenes Gässchen mit Schießscharten, ein Schneckengang, kaum breit genug, die Schultern durchzulassen – und ich stand vor einer Reihe von Häuschen, keines höher als ich. Wenn ich den Arm ausstreckte, konnte ich auf die Dächer greifen.

Ich war in die »Goldmachergasse« geraten, wo im Mittelalter die alchimistischen Adepten den Stein der Weisen geglüht und die Mondstrahlen vergiftet haben.

Es führte kein anderer Weg hinaus als der, den ich gekommen war.

Aber ich fand die Mauerlücke nicht mehr, die mich eingelassen, – stieß an ein Holzgatter.

Es nützt nichts, ich muss jemand wecken, damit man mir den Weg zeigt, sagte ich mir. Sonderbar, dass hier ein Haus die Gasse abschließt – größer als die anderen und anscheinend wohnlich? Ich kann mich nicht entsinnen, es je bemerkt zu haben.

Es muss wohl weiß getüncht sein, dass es so hell aus dem Nebel leuchtet?

Ich gehe durch das Gatter über den schmalen Gartenstreif, drücke das Gesicht an die Scheiben – alles finster. Ich klopfe ans Fenster. – Da geht drinnen ein steinalter Mann, eine brennende Kerze in der Hand, durch eine Tür mit greisenhaft wankenden Schritten bis mitten in die Stube, bleibt stehen, dreht langsam den Kopf nach den verstaubten alchimistischen Retorten und Kolben an der Wand, starrt nachdenklich auf die riesigen Spinnweben in den Ecken und richtet dann seinen Blick unverwandt auf mich.

Der Schatten seiner Backenknochen fällt ihm auf die Augenhöhlen, dass es aussieht, als seien sie leer wie die einer Mumie.

Er sieht mich offenbar nicht.

Ich klopfe ans Glas.

Er hört mich nicht. Geht lautlos wie ein Schlafwandler wieder aus dem Zimmer.

Ich warte vergebens.

Klopfe ans Haustor: niemand öffnet. – – – – – – – – – – – – –

Es blieb mir nichts übrig, als so lange zu suchen, bis ich den Ausgang aus der Gasse endlich fand. – – – – – – – – – – – – – – – –

Ob es nicht am besten wäre, ich ginge noch unter Menschen, überlegte ich. – Zu meinen Freunden Zwakh, Prokop und Vrieslander ins »alte Ungelt«, wo sie bestimmt sein würden –, um meine verzehrende Sehnsucht nach Angelinas Küssen wenigstens für ein paar Stunden zu übertäuben? Rasch mache ich mich auf den Weg. –

Wie ein Trifolium von Toten hockten sie um den wurmstichigen, alten Tisch herum, – alle drei weiße dünnstielige Tonpfeifen zwischen den Zähnen, und das Zimmer voll Rauch.

Man konnte kaum ihre Gesichtszüge unterscheiden, so schluckten die dunkelbraunen Wände das spärliche Licht der altmodischen Hängelampe ein.

In der Ecke die spindeldürre, wortkarge, verwitterte Kellnerin mit ihrem ewigen Strickstrumpf, dem farblosen Blick und der gelben Entenschnabelnase!

Mattrote Decken hingen vor den geschlossenen Türen, sodass die Stimmen der Gäste im Nebenzimmer nur wie das leise Summen eines Bienenschwarms herüberdrangen.

Vrieslander, seinen kegelförmigen Hut mit der geraden Krempe auf dem Kopf, mit seinem Knebelbart, der bleigrauen Gesichtsfarbe und der Narbe unter dem Auge, sah aus wie ein ertrunkener Holländer aus einem vergessenen Jahrhundert.

Josua Prokop hatte sich eine Gabel quer durch die Musikerlocken gesteckt, klapperte unaufhörlich mit seinen gespenstisch langen Knochenfingern und sah bewundernd zu, wie sich Zwakh abmühte, der bauchigen Arakflasche das Purpurmäntelchen einer Marionette umzuhängen.

»Das wird Babinski«, erklärte mir Vrieslander mit tiefem Ernst. »Sie wissen nicht, wer Babinski war? Zwakh, erzählen Sie Pernath rasch, wer Babinski war!«

»Babinski war«, begann Zwakh sofort, ohne auch nur eine Sekunde von seiner Arbeit aufzusehen, »einst ein berühmter Raubmörder in Prag. – Viele Jahre betrieb er sein schändliches Handwerk, ohne dass es jemand bemerkt hätte. Nach und nach jedoch fiel es in den besseren Familien auf, dass bald dieses, bald jenes Mitglied der Sippe beim Essen fehlte und sich nie wieder blicken ließ. Wenn man auch anfangs nichts sagte, da die Sache gewissermaßen ihre guten Seiten hatte, indem man weniger zu kochen brauchte, so durfte wiederum nicht außer Acht gelassen werden, dass das Ansehen in der Gesellschaft leicht darunter leiden und man ins Gerede kommen konnte.

Besonders, wenn es sich um das spurlose Verschwinden mannbarer Töchter handelte.

Überdies verlangte die Hochachtung vor sich selbst, dass man auf ein bürgerliches Zusammenleben in der Familie nach außen hin das nötige Gewicht legte.

Die Zeitungsrubriken »Kehre zurück, alles ist verziehen« wuchsen immer mehr und mehr, – ein Umstand, den Babinski, leichtsinnig wie die meisten Berufsmörder, in seine Berechnungen nicht einbezogen hatte, – und erregten schließlich die allgemeine Aufmerksamkeit.

In dem lieblichen Dörfchen Krtsch bei Prag hatte sich Babinski, der innerlich ein ausgesprochen idyllischer Charakter war, mit der Zeit durch seine unverdrossene Tätigkeit ein kleines, aber trautes Heim geschaffen. Ein Häuschen, blitzend vor Sauberkeit, und ein Gärtchen davor mit blühenden Geranien.

Da es ihm seine Einkünfte nicht gestatteten, sich zu vergrößern, sah er sich genötigt, um die Leichen seiner Opfer unauffällig bestatten zu können, statt eines Blumenbeetes – wie er es gern gesehen hätte – einen grasbewachsenen und schlichten, aber, den Umständen angemessen, zweckmäßigen Grabhügel anzulegen, der sich mühelos verlängern ließ, wenn es der Betrieb oder die Saison erforderte.

Auf dieser Weihestätte pflegte Babinski allabendlich nach des Tages Last und Mühen in den Strahlen der untergehenden Sonne zu sitzen und auf seiner Flöte allerlei schwermütige Weisen zu blasen.« – –

»Halt!« unterbrach Josua Prokop rau, zog einen Hausschlüssel aus der Tasche, hielt ihn wie eine Klarinette an den Mund und sang: »Zimzerlim zambusla – deh.«

»Waren Sie denn dabei, dass Sie die Melodie so genau kennen?« fragte Vrieslander erstaunt.

Prokop warf ihm einen bitterbösen Blick zu: »Nein. Dazu hat Babinski zu früh gelebt. Aber was er gespielt haben kann, muss ich als Komponist doch am besten wissen. Ihnen steht darüber kein Urteil zu: Sie sind nicht musikalisch. – Zimzerlim – zambusla – busla – deh.«

Zwakh hörte ergriffen zu, bis Prokop seinen Hausschlüssel wieder einsteckte, und fuhr dann fort: »Das beständige Wachsen des Hügels erweckte allmählich Verdacht bei den Anrainern, und einem Polizeimann aus der Vorstadt Zizkov, der gelegentlich von weitem zusah, wie Babinski gerade eine alte Dame der guten Gesellschaft erwürgte, gebührt das Verdienst, dem selbstsüchtigen Treiben des Unholdes ein für allemal Schranken gesetzt zu haben. Man verhaftete Babinski in seinem Tuskulum.

Der Gerichtshof verurteilte ihn unter Zubilligung des mildernden Umstandes eines ansonsten trefflichen Leumundes zum Tode durch den Strang und beauftragte zugleich die Firma Gebrüder Leipen – Seilwaren en gros und en detail – die nötigen Hinrichtungsutensilien, soweit diese in ihre Branche fielen, unter Anrechnung ziviler Preise einem hohen Staatsärar gegen Quittung auszuhändigen.

Nun fügte es sich aber, dass der Strick riss und Babinski zu lebenslänglichem Gefängnis begnadigt wurde.

20 Jahre verbüßte der Raubmörder hinter den Mauern von Sankt Pankraz, ohne dass je ein Vorwurf über seine Lippen gekommen wäre; – noch heute ist der Beamtenstab des Institutes voll Lob über seine vorbildliche Aufführung, ja, man gestattete ihm sogar, an den Geburtstagen unseres Allerhöchsten Landesherrn ab und zu die Flöte zu blasen; – «

Prokop suchte sofort wieder nach seinem Hausschlüssel, aber Zwakh wehrte ihm.

» – infolge allgemeiner Amnestie wurde dem Babinski der Rest der Strafe nachgesehen, und er bekam die Stelle eines Pförtners im Kloster der ›Barmherzigen Schwestern‹.

Die leichte Gartenarbeit, die er nebenbei mit zu versehen hatte, ging ihm dank der großen, während seines früheren Wirkungskreises erworbenen Geschicklichkeit im Gebrauch des Spatens hurtig von der Hand, sodass ihm hinlänglich Muße blieb, Herz und Geist an guter, sorgfältig ausgewählter Lektüre zu läutern.

Die daraus resultierenden Folgen waren hocherfreulich.

So oft ihn die Oberin samstagabends ins Wirtshaus schickte, damit er sein Gemüt ein wenig erheitere, jedes Mal kam er pünktlich vor Anbruch der Nacht nach Hause, mit dem Hinweis, der Verfall der allgemeinen Moral stimme ihn trübe und so viel lichtscheues Gesindel schlimmster Sorte mache die Landstraße unsicher, dass es für jeden Friedliebenden ein Gebot der Klugheit sei, rechtzeitig die Schritte heimwärts zu lenken.

Es war nun damaliger Zeit in Prag bei den Wachsziehern die Unsitte eingerissen, kleine Figürchen feilzuhalten, die ein rotes Manterl umhängen hatten und den Raubmörder Babinski darstellten.

Wohl in keiner der leidtragenden Familien fehlte ein solches.

Gewöhnlich aber standen sie in den Läden unter Glasstürzen, und über nichts konnte sich Babinski so empören, als wenn er eines derartigen Wachsbildes ansichtig wurde.

›Es ist im höchsten Grade unwürdig und zeugt von einer Gemütsroheit sondergleichen, einem Menschen beständig die Verfehlungen seiner Jugendzeit vor Augen zu führen‹, pflegte Babinski in solchen Fällen zu sagen ›und es ist tief zu bedauern, dass von Seiten der Obrigkeit nichts geschieht, so offenkundigem Unfug zu steuern.‹ Noch auf dem Totenbett äußerte er sich in ähnlichem Sinne.

Nicht vergebens, denn bald darauf verfügte die Behörde die Einstellung des Handels mit den ärgerniserregenden Babinskischen Statuetten.« – – – – – – – –

Zwakh tat einen mächtigen Schluck aus seinem Grogglas und alle drei grinsten wie die Teufel, dann wandte er vorsichtig den Kopf nach der farblosen Kellnerin, und ich sah, wie sie eine Träne im Auge zerdrückte. – – –

– »Na, und Sie geben nichts zum Besten, außer – natürlich – dass Sie aus Dankbarkeit für den überstandenen Kunstgenuss die Zeche berappen, wertgeschätzter Kollege und Gemmenschneider?« fragte mich Vrieslander nach einer langen Pause allgemeinen Tiefsinnes.

Ich erzählte ihnen meine Wanderung durch den Nebel.

Als ich in der Schilderung zu der Stelle kam, wo ich das weiße Haus erblickt hatte, nahmen alle drei vor Spannung die Pfeifen aus den Zähnen, und als ich schloss, schlug Prokop mit der Faust auf den Tisch und rief: »Das ist doch rein – – ! Alle Sagen, die es gibt, erlebt dieser Pernath am eigenen Kadaver. – A propos, der Golem von damals – Sie wissen: die Sache hat sich aufgeklärt.«

»Wieso aufgeklärt?« fragte ich baff. »Sie kennen doch den verrückten jüdischen Bettler ›Haschile‹? Nein? Nun also: Dieser Haschile war der Golem.«

»Ein Bettler der Golem?«

»Jawohl, der Haschile war der Golem. Heute Nachmittag ging das Gespenst seelenvergnügt bei hellichtem Sonnenschein in seinem berüchtigten altmodischen Anzug aus dem 17. Jahrhundert durch die Salnitergasse spazieren, und da hat es der Schinder mit einer Hundeschlinge glücklich eingefangen.«

»Was soll das heißen? Ich verstehe kein Wort!« fuhr ich auf.

»Ich sage Ihnen doch: Der Haschile war es! Er hat die Kleider, höre ich, vor längerer Zeit hinter einem Haustor gefunden. – Übrigens, um auf das weiße Haus auf der Kleinseite zurückzukommen; die Sache ist furchtbar interessant. Es geht nämlich eine alte Sage, dass dort oben in der Alchimistengasse ein Haus steht, das nur bei Nebel sichtbar wird, und auch da bloß ›Sonntagskindern‹. Man nennt es ›die Mauer zur letzten Laterne‹. Wer bei Tag hinaufgeht, sieht dort nur einen großen, grauen Stein, – dahinter stürzt es jäh ab in die Tiefe in den Hirschgraben, und Sie können von Glück sagen, Pernath, dass Sie keinen Schritt weiter gemacht haben: Sie wären unfehlbar hinuntergefallen und hätten sämtliche Knochen gebrochen.

Unter dem Stein, heißt es, ruht ein riesiger Schatz, und er soll von dem Orden der ›Asiatischen Brüder‹, die angeblich Prag gegründet haben, als Grundstein für ein Haus gelegt worden sein, das dereinst am Ende der Tage ein Mensch bewohnen wird – besser gesagt ein Hermaphrodit – ein Geschöpf, das sich aus Mann und Weib zusammensetzt. Und der wird das Bild eines Hasen im Wappen tragen, – nebenbei, der Hase war das Symbol des Osiris, und daher stammt wohl die Sitte mit dem Osterhasen.

Bis die Zeit gekommen ist, heißt es, hält Methusalem in eigener Person Wache an dem Ort, damit Satan nicht den Stein beflattert und einen Sohn mit ihm zeugt: den sogenannten Armilos. – Haben Sie noch nie von diesem Armilos erzählen hören? – Sogar wie er aussehen würde, weiß man – das heißt, die alten Rabbiner wissen es, – wenn er auf die Welt käme: Haare aus Gold würde er haben, rückwärts zum Schopf gebunden, dann: zwei Scheitel, sichelförmige Augen und Arme bis herunter zu den Füßen.«

»Dieses Ehrengigerl sollte man aufzeichnen«, brummte Vrieslander und suchte nach einem Bleistift.

»Also: Pernath, wenn Sie einmal das Glück haben sollten, ein Hermaphrodit zu werden und en passant den vergrabenen Schatz zu finden«, schloss Prokop, »dann vergessen Sie nicht, dass ich stets Ihr bester Freund gewesen bin!«

– Mir war nicht zum Spaßmachen zumute, und ich fühlte ein leises Weh im Herzen.

Zwakh mochte es mir ansehen, wenn er auch den Grund nicht wusste, denn er kam mir rasch zu Hilfe:

»Jedenfalls ist es höchst merkwürdig, fast unheimlich, dass Pernath gerade eine Vision an jener Stelle hatte, die mit einer uralten Sage so eng verknüpft ist. – Da sind Zusammenhänge, aus deren Umklammerung sich ein Mensch anscheinend nicht befreien kann, wenn seine Seele die Fähigkeit hat, Formen zu sehen, die dem Tastsinn vorenthalten sind. – Ich kann mir nicht helfen, das Übersinnliche ist doch das Reizvollste! – Was meint ihr?«

Vrieslander und Prokop waren ernst geworden, und jeder von uns hielt eine Antwort für überflüssig.

»Was meinen Sie, Eulalia?« wiederholte Zwakh, zurückgewendet, »ist nicht das Übersinnliche das Reizvollste?«

Die alte Kellnerin kratzte sich mit der Stricknadel am Kopf, seufzte, errötete und sagte: »Aber gähn' Sie! Sie sind mir ein Schlimmer.« – – – – – – –

»Eine verdammt gespannte Luft war heute den ganzen Tag über«, fing Vrieslander an, nachdem sich unser Heiterkeitsausbruch gelegt hatte, »nicht einen Pinselstrich hab' ich fertiggebracht. Fortwährend hab' ich an die Rosina denken müssen, wie sie im Frack getanzt hat.«

»Ist sie wieder aufgefunden worden?« fragte ich.

»›Aufgefunden‹ ist gut. Die Sittenpolizei hat sie doch für ein längeres Engagement gewonnen! – Vielleicht hat sie dem Herrn Kommissar – damals ›beim Loisitschek‹, ins Auge gestochen? Jedenfalls ist sie jetzt – fieberhaft tätig und trägt wesentlich zur Hebung des Fremdenverkehrs in der Judenstadt bei. Ein verflucht dralles Mensch ist sie übrigens schon geworden in der kurzen Zeit.«

»Wenn man bedenkt, was ein Weib aus einem Mann machen kann bloß dadurch, dass sie ihn verliebt sein lässt in sich, es ist zum Staunen«, warf Zwakh hin. »Um das Geld aufzubringen, zu ihr gehen zu können, ist der arme Bursche, der Jaromir, über Nacht Künstler geworden. Er geht in den Wirtshäusern herum und schneidet Silhouetten für Gäste aus, die sich auf diese Art porträtieren lassen.«

Prokop, der den Schluss überhört hatte, schmatzte mit den Lippen: »Wirklich? Ist sie so hübsch geworden, die Rosina? – Haben Sie ihr schon ein Küsschen geraubt, Vrieslander?«

Die Kellnerin sprang sofort auf und verließ indigniert das Zimmer.

»Das Suppenhuhn! Die hat's wahrhaftig nötig, – Tugendanfälle! Pah!«, brummte Prokop ärgerlich hinter ihr drein.

»Was wollen Sie, sie ist doch bei der unrichtigen Stelle abgegangen. Und außerdem war der Strumpf gerade fertig«, beschwichtigte ihn Zwakh. – – –

Der Wirt brachte neuen Grog und die Gespräche fingen allmählich an, eine schwüle Richtung zu nehmen. Zu schwül, als dass sie mir nicht ins Blut gegangen wären bei meiner fiebrigen Stimmung.

Ich sträubte mich dagegen, aber je mehr ich mich innerlich abschloss und an Angelina zurückdachte, um so heißer brauste es mir in den Ohren.

Ziemlich unvermittelt verabschiedete ich mich.

Der Nebel war durchsichtiger geworden, sprühte feine Eisnadeln auf mich, war aber immer noch so dicht, dass ich die Straßentafeln nicht lesen konnte und von meinem Heimweg um ein Geringes abkam.

Ich war in eine andere Gasse geraten und wollte eben umkehren, da hörte ich meinen Namen rufen: »Herr Pernath! Herr Pernath!« Ich blickte um mich, in die Höhe: Niemand!

Ein offenes Haustor, darüber diskret eine kleine, rote Laterne, gähnte neben mir auf, und eine helle Gestalt – schien mir – stand tief im Flur darin.

Wieder: »Herr Pernath! Herr Pernath!« Im Flüsterton. Ich trat erstaunt in den Gang, – da schlangen sich warme Frauenarme um meinen Hals, und ich sah bei dem Lichtstrahl, der aus einem sich langsam öffnenden Türspalt fiel, dass es Rosina war, die sich heiß an mich presste. – – – – – – – – – – – – – – – – –

List

Ein grauer, blinder Tag.

Bis tief in den Morgen hinein hatte ich geschlafen, traumlos, bewusstlos, wie ein Scheintoter.

Meine alte Bedienerin war ausgeblieben oder hatte vergessen einzuheizen.

Kalte Asche lag im Ofen.

Staub auf den Möbeln.

Der Fußboden nicht gekehrt.

Fröstelnd ging ich auf und ab.

Widerwärtiger Geruch nach ausgeatmetem Fusel lag im Zimmer. Mein Mantel, meine Kleider stanken nach altem Tabakrauch.

Ich riss das Fenster auf, schloss es wieder – der kalte, schmutzige Hauch von der Straße war unerträglich.

Spatzen mit durchnässtem Gefieder hockten regungslos draußen auf den Dachrinnen.

Wohin ich blickte, missfarbene Verdrossenheit. Alles in mir war zerrissen, zerfetzt.

Das Sitzpolster auf dem Lehnstuhl – wie fadenscheinig es war! Die Rosshaare quollen hervor aus den Rändern.

Man musste es zum Tapezierer schicken – ach was, sollte es so bleiben – noch ein ödes Menschenleben hindurch, bis alles zu Gerümpel zerfiel!

Und dort, welch geschmackloser, zweckwidriger Plunder, diese Zwirnlappen an den Fenstern!

Warum drehte ich sie nicht zu einem Strick und erhenkte mich daran?!

Dann brauchte ich diese augenverletzenden Dinge wenigstens nie mehr zu sehen, und der ganze graue, zermürbende Jammer war vorüber – ein für allemal.

Ja! Das war das Gescheiteste! Ein Ende machen. Heute noch. Jetzt noch – vormittags. Gar nicht erst zum Essen gehen. – Ein ekelhafter Gedanke, mit vollem Magen sich aus der Welt zu schaffen! In der nassen Erde liegen und unverdaute, verfaulende Speisen in sich zu haben.

Wenn nur nie wieder die Sonne scheinen wollte und ihre freche Lüge von der Freude des Daseins einem ins Herz funkeln wollte!

Nein! ich ließ mich nicht mehr narren, wollte nicht länger der Spielball sein eines täppischen, zwecklosen Schicksals, das mich emporhob und dann wieder in Pfützen stieß, bloß damit ich die Vergänglichkeit alles Irdischen einsehen sollte, etwas, was ich längst wusste, was jedes Kind weiß, jeder Hund auf der Straße weiß.

Arme, arme Mirjam! Wenn ich ihr wenigstens helfen könnte.

Es hieß, einen Entschluss fassen, einen ernsten, unabänderlichen Beschluss, bevor der verfluchte Trieb zum Dasein wieder in mir erwachen konnte und mir neue Trugbilder vorgaukeln.

Wozu hatten sie mir denn gedient, alle diese Botschaften aus dem Reich des Unverweslichen? Zu nichts, zu gar gar nichts. Nur dazu vielleicht, dass ich im Kreis herumgetaumelt war und jetzt die Erde als unmögliche Qual empfand.

Da gab es nur noch eins.

Ich rechnete im Kopf zusammen, wie viel Geld ich auf der Bank liegen hatte.

Ja, nur so ging es. Das war noch das Einzige, Winzige, was von meinen nichtigen Taten im Leben irgendeinen Wert haben konnte!

Alles, was ich besaß – die paar Edelsteine in der Schublade dazu, – zusammenschnüren in ein Paket und es Mirjam schicken. Ein paar Jahre wenigstens würde es die Sorge ums tägliche Leben von ihr nehmen. Und einen Brief an Hillel schreiben, in dem ich ihm sagte, wie es um sie stand mit dem »Wunder«.

Er allein konnte ihr helfen. Ich fühlte, ja, er würde Rat wissen für sie.

Ich suchte die Steine zusammen, steckte sie ein, sah auf die Uhr; wenn ich jetzt auf die Bank ging – in einer Stunde konnte alles in Ordnung gebracht sein.

Und dann noch einen Strauß roter Rosen kaufen für Angelina! – – – es schrie auf in mir vor Weh und wilder Sehnsucht. – Nur noch einen Tag, einen einzigen Tag möchte ich leben! Um dann abermals dieselbe würgende Verzweiflung mitmachen zu müssen? Nein, nicht eine einzige Minute mehr warten! Es kam wie Befriedigung über mich, dass ich mir nicht nachgegeben hatte.

Ich blickte umher. Blieb mir noch etwas zu tun?

Richtig, die Feile dort. Ich steckte sie in die Tasche, – wollte sie fortwerfen irgendwo auf der Gasse, wie ich es mir neulich schon vorgenommen.

Ich hasste die Feile! Wie viel hatte gefehlt, und ich wäre zum Mörder geworden durch sie. – – – – – – – –

Wer kam mich denn da wieder stören? Es war der Trödler.

»Nur en Augenblick, Herr von Pernath«, bat er fassungslos, als ich ihm bedeutete, dass ich keine Zeit hätte. »Nur en ganz en kurzen Augenblick. Nur ä paar Worte.«

Der Schweiß lief ihm übers Gesicht, und er zitterte vor Aufregung.

»Kann man hier auch ungestört mit Ihnen sprechen, Herr von Pernath? Ich möcht' nicht, dass der – der Hillel wieder hereinkommt. Sperren Sie doch lieber die Tür ab, oder geh'mer besser ins Nebenzimmer«, – er zog mich in seiner gewohnten, heftigen Art hinter sich drein.

Dann sah er sich ein paar Mal scheu um und flüsterte heiser: »Ich hab mir's überlegt, wissen Sie, – das von neilich. Es is besser so. Es kommt nix hereaus dabei. Gut. Vorüber is vorüber.«

Ich suchte in seinen Augen zu lesen.

Er hielt meinen Blick aus, krampfte aber die Hand in die Stuhllehne, solche Anstrengung kostete es ihn.

»Das freut mich, Herr Wassertrum«, sagte ich, so freundlich ich konnte, »das Leben ist zu trüb, als dass man es sich gegenseitig noch mit Hass verbittern sollte.«

»Rein, als ob man ein gedrucktes Buch reden hört«, grunzte er erleichtert, wühlte in seinen Hosentaschen und zog wieder die goldene Uhr mit den verbogenen Sprungdeckeln hervor, »und damit Sie sehen, ich mein's ehrlich, müssen Sie die Kleinigkeit da von mir annehmen. Als Geschenk.«

»Was fällt Ihnen denn ein«, wehrte ich ab, »Sie werden doch wohl nicht glauben – «, da fiel mir ein, was Mirjam über ihn gesagt hatte, und ich streckte ihm die Hand hin, um ihn nicht zu kränken.

Er achtete nicht darauf, wurde plötzlich weiß wie die Wand, lauschte und röchelte: »Da! Da! Hab' ich's doch gewusst. Schon wieder der Hillel! Er klopft.«

Ich horchte, ging ins andere Zimmer zurück und zog zu seiner Beruhigung die Verbindungstür hinter mir halb zu.

Es war diesmal nicht Hillel. Charousek trat ein, legte, wie zum Zeichen, dass er wisse, wer nebenan sei, den Finger an die Lippen und überschüttete mich in der nächsten Sekunde und ohne abzuwarten, was ich sagen würde, mit einem Schwall von Worten: »Oh, mein hochverehrter, liebwerter Meister Pernath, wie soll ich nur die Worte finden, Ihnen meine Freude auszudrücken, dass ich Sie allein und wohlauf zu Hause antreffe.« – – – Er sprach wie ein Schauspieler, und seine schwülstige, unnatürliche Redeweise stand in so krassem Gegensatz zu seinem verzerrten Gesicht, dass ich ein tiefes Grauen vor ihm empfand.

»Niemals hätte ich, Meister, es gewagt, in dem zerlumpten Zustand zu Ihnen zu kommen, in dem Sie mich gewiss schon des öfteren auf der Straße erblickt haben, – doch, was sage ich, erblickt! Haben Sie mir doch oft huldreich die Hand gereicht.

Dass ich heute vor Sie hintreten kann mit weißem Kragen und in sauberem Anzug, – wissen Sie, wem ich es verdanke? Einem der edelsten und leider – ach – meist verkannten Menschen unserer Stadt. Rührung übermannt mich, wenn ich seiner gedenke.

Selber in bescheidenen Verhältnissen, hat er dennoch eine offene Hand für Arme und Bedürftige. Von jeher, wenn ich ihn traurig vor seinem Laden stehen sah, trieb es mich aus tiefstem Herzen heraus, zu ihm zu treten und ihm stumm die Hand zu drücken.

Vor einigen Tagen rief er mich an, als ich vorüberging, schenkte mir Geld und versetzte mich dadurch in die Lage, mir gegen Ratenzahlung einen Anzug kaufen zu können.

Und wissen Sie, Meister Pernath, wer mein Wohltäter war? –

Mit Stolz sage ich es, denn ich war von jeher der Einzige, der geahnt hat, welch goldenes Herz in seinem Busen schlägt: Es war – Herr Aaron Wassertrum!« – – –

Ich verstand natürlich, dass Charousek seine Komödie auf den Trödler, der nebenan lauschte, gemünzt hatte, wenn mir auch unklar blieb, was er damit bezweckte; keinesfalls schien mir die allzu plumpe Schmeichelei geeignet, den misstrauischen Wassertrum hinters Licht zu führen. Charousek erriet offenbar aus meiner bedenklichen Miene, was ich dachte, schüttelte grinsend den Kopf, und auch seine nächsten Worte sollten mir wahrscheinlich sagen, dass er seinen Mann genau kenne und wisse, wie dick er auftragen dürfe.

»Jawohl! Herr – Aaron – Wassertrum! Es drückt mir fast das Herz ab, dass ich ihm nicht selbst sagen kann, wie unendlich dankbar ich ihm bin, und beschwöre Sie, Meister, verraten Sie ihm niemals, dass ich hier war und Ihnen alles erzählt habe. – Ich weiß, die Selbstsucht der Menschen hat ihn verbittert und tiefes, unheilbares – ach, leider nur zu gerechtfertigtes Misstrauen in seine Brust gepflanzt.

Ich bin Seelenarzt, aber auch mein Gefühl sagt mir, es ist am besten: Herr Wassertrum erfährt nie – auch aus meinem Munde nicht – wie hoch ich von ihm denke. – Es hieße das, Zweifel in sein unglückliches Herz säen. Und das sei ferne von mir. Lieber soll er mich für undankbar halten.

Meister Pernath! Ich bin selbst ein Unglücklicher und weiß von Kindesbeinen an, was es heißt, einsam und verlassen in der Welt zu stehen! Ich kenne nicht einmal den Namen meines Vaters. Auch mein Mütterlein habe ich niemals von Angesicht zu Angesicht gesehen. Sie muss frühzeitig gestorben sein – « Charouseks Stimme wurde seltsam geheimnisvoll und eindringlich, – »und war, wie ich bestimmt glaube, eine jener tiefseelisch angelegten Naturen, die nie sagen können, wie unendlich sie lieben, und zu denen auch Herr Aaron Wassertrum gehört.

Ich besitze eine abgerissene Seite aus dem Tagebuch meiner Mutter – ich trage das Blatt beständig auf der Brust – und darin steht, dass sie meinen Vater, obschon er hässlich gewesen sein soll, geliebt hat, wie wohl noch nie ein sterbliches Weib auf Erden einen Mann geliebt hat.

Dennoch scheint sie es nie gesagt zu haben. – Vielleicht aus ähnlichen Gründen, weshalb ich z. B. Herrn Wassertrum nicht sagen könnte – und wenn mir das Herz darüber bräche – was ich für ihn an Dankbarkeit fühle.

Aber noch eins geht aus dem Tagebuchblatt hervor, wenn ich es auch nur erraten kann, denn die Sätze sind fast unleserlich vor Tränenspuren; mein Vater, wer auch immer er gewesen war – sein Andenken möge vergehen im Himmel und auf Erden! – muss scheußlich an meiner Mutter gehandelt haben.«

– Charousek fiel plötzlich auf die Knie, dass der Boden dröhnte, und schrie in so markerschütternden Tönen, dass ich nicht wusste, spielte er noch immer Komödie oder war er wahnsinnig geworden:

»Du Allmächtiger, dessen Namen der Mensch nicht aussprechen soll, hier auf meinen Knien liege ich vor dir: Verflucht, verflucht, verflucht sei mein Vater in alle Ewigkeit!«

Er biss das letzte Wort förmlich entzwei und horchte eine Sekunde lang mit aufgerissenen Augen.

Dann feixte er wie der Satan. Mir schien es, als hätte Wassertrum nebenan leise gestöhnt.

»Verzeihen Sie, Meister«, fuhr Charousek nach einer Pause mit mimenhaft erstickter Stimme fort, »verzeihen Sie, dass es mich übermannt hat, aber es ist mein Gebet früh und spät, der Allmächtige wolle es fügen, dass mein Vater, wer immer er auch sein möge, dereinst das grässlichste Ende nehme, das sich ausdenken lässt.«

Ich wollte unwillkürlich etwas erwidern, allein Charousek unterbrach mich rasch: »Doch jetzt, Meister Pernath, komme ich zu der Bitte, die ich Ihnen vorzutragen habe: Herr Wassertrum besaß einen Schützling, den er über die Maßen ins Herz geschlossen hatte, – es dürfte ein Neffe von ihm gewesen sein. Es heißt sogar, es sei sein Sohn gewesen, aber ich will es nicht glauben, denn sonst hätte er doch denselben Namen getragen, in Wirklichkeit aber hieß er Wassory, Dr. Theodor Wassory.

Die Tränen treten mir in die Augen, wenn ich ihn im Geiste vor mir sehe. Ich war ihm aus ganzer Seele zugetan, als hätte mich ein unmittelbares Band der Liebe und Verwandtschaft mit ihm verknüpft.«

Charousek schluchzte, als könne er vor Ergriffenheit kaum weitersprechen.

»Ach, dass dieser Edeling von der Erde gehen musste! – Ach! Ach! Was auch der Grund gewesen sein mag, – ich habe ihn nie erfahren, – er hat sich selbst den Tod gegeben. Und ich war unter denen, die zu Hilfe gerufen wurden – ach, ach, zu spät – zu spät – zu spät! Und als ich dann allein am Totenlager stand und seine kalte, bleiche Hand mit Küssen bedeckte, da, warum soll ich es nicht eingestehen, Meister Pernath? – es war ja doch kein Diebstahl – da nahm ich eine Rose von der Brust der Leiche und eignete mir das Fläschchen an, mit dessen Inhalt der Unglückliche seinem blühenden Leben ein schnelles Ende bereitet hatte.«

Charousek zog eine Medizinflasche hervor und fuhr bebend fort: »Beides – lege – ich – hier – auf – Ihren Tisch, die verdorrte Rose und die Phiole; sie waren mir ein Andenken an meinen dahingegangenen Freund.

Wie oft in Stunden innerer Verlassenheit, wenn ich mir den Tod herbeiwünschte in der Einsamkeit meines Herzens und der Sehnsucht nach meiner toten Mutter, spielte ich mit diesem Fläschchen, und es gab mir einen seligen Trost, zu wissen, ich brauchte nur die Flüssigkeit auf ein Tuch zu gießen und einzuatmen und schwebte schmerzlos hinüber in die Gefilde, wo mein lieber, guter Theodor ausruht von den Mühsalen unseres Jammertales.

Und nun bitte ich Sie, hochverehrter Meister, – und deswegen bin ich hergekommen – nehmen Sie beides und bringen Sie es Herrn Wassertrum.

Sagen Sie, Sie hätten es von jemandem bekommen, dem Dr. Wassory nahestand, dessen Namen Sie jedoch gelobt hätten, nie zu nennen, – vielleicht von einer Dame.

Er wird es glauben, und es wird ihm ein Andenken sein, wie es ein teures Andenken für mich war.

Das soll der heimliche Dank sein, den ich ihm gebe. Ich bin arm und es ist alles, was ich habe, aber es macht mich froh, zu wissen: beides wird jetzt ihm gehören, und dennoch ahnt er nicht, dass ich der Geber bin.

Es liegt darin zugleich auch für mich etwas unendlich Süßes.

Und jetzt leben Sie wohl, teurer Meister, und seien Sie im Voraus viel tausendmal bedankt.«

Er hielt meine Hand fest, zwinkerte und flüsterte mir, als ich noch immer nicht verstand, kaum hörbar etwas zu.

»Warten Sie, Herr Charousek, ich werde Sie ein Stückchen hinunterbegleiten«, sagte ich mechanisch die Worte nach, die ich von seinen Lippen las, und ging mit ihm hinaus.

Auf dem finsteren Treppenabsatz im ersten Stock blieben wir stehen, und ich wollte mich von Charousek verabschieden.

»Ich kann mir denken, was Sie mit der Komödie bezweckt haben. – – Sie – Sie wollen, dass sich Wassertrum mit dem Fläschchen vergiftet!« Ich sagte es ihm ins Gesicht.

»Freilich«, gab Charousek aufgeräumt zu.

»Und dazu, glauben Sie, werde ich meine Hand bieten?«

»Durchaus nicht nötig.«

»Aber ich sollte Wassertrum doch die Flasche bringen, sagten Sie vorhin!«

Charousek schüttelte den Kopf:

»Wenn Sie jetzt zurückgehen, werden Sie sehen, dass er sie bereits eingesteckt hat.«

»Wie können Sie das nur annehmen?« fragte ich erstaunt. »Ein Mensch wie Wassertrum wird sich niemals umbringen, – ist viel zu feig dazu – handelt nie nach plötzlichen Impulsen.«

»Da kennen Sie das schleichende Gift der Suggestion nicht«, unterbrach mich Charousek ernst. »Hätte ich in alltäglichen Worten geredet, würden Sie vielleicht recht behalten, aber auch den kleinsten Tonfall habe ich vorher berechnet. Nur das widerlichste Pathos wirkt auf solche Hundsfötter! Glauben Sie mir! Sein Mienenspiel bei jedem meiner Sätze hätte ich Ihnen hinzeichnen können. – Kein ›Kitsch‹ wie es die Maler nennen, ist niederträchtig genug, als dass er nicht der bis ins Mark verlogenen Menge Tränen entlockte – sie ins Herz trifft! Glauben Sie denn, man hätte nicht längst sämtliche Theater mit Feuer und Schwert ausgetilgt, wenn es anders wäre? An der Sentimentalität erkennt man die Kanaille. Tausende armer Teufel können verhungern, da wird nicht geweint, aber wenn ein Schminkkamel auf der Bühne, als Bauerntrampel verkleidet, die Augen verdreht, dann heulen sie wie die Schlosshunde. – – Wenn Väterchen Wassertrum vielleicht auch morgen vergessen hat, was ihm soeben noch – Herzjauche kostete, jedes meiner Worte wird wieder in ihm lebendig werden, wenn die Stunden reifen, wo er sich selbst unendlich bedauernswert vorkommt. – In solchen Momenten des großen Misereres bedarf es bloß eines leisen Anstoßes, – und für den werde ich sorgen – und selbst die feigste Pfote greift nach dem Gift. Es muss nur zur Hand sein! Theodorchen hätte wahrscheinlich auch nicht zugegrapst, wenn ich's ihm nicht so bequem gemacht hätte.«

»Charousek, Sie sind ein furchtbarer Mensch«, rief ich entsetzt. »Empfinden Sie denn gar kein – – – «

Er hielt mir schnell den Mund zu und drängte mich in eine Mauernische!

»Still! Da ist er!«

Mit taumelnden Schritten, sich an der Wand stützend, kam Wassertrum die Stiege herunter und wankte an uns vorüber.

Charousek schüttelte mir flüchtig die Hand und schlich ihm nach. – – –

Als ich in mein Zimmer zurückgekehrt war, sah ich, dass die Rose und das Fläschchen verschwunden waren und an ihrer Stelle die goldene, zerbeulte Uhr des

Trödlers auf dem Tisch lag. – – – – – – – – – – – – – – –

›Acht Tage müsse ich warten, ehe ich mein Geld bekommen könne; es sei das die übliche Kündigungsfrist‹, hatte man mir auf der Bank gesagt. Man solle den Direktor holen, denn ich sei in größter Eile und gedächte in einer Stunde abzureisen, hatte ich eine Ausrede gebraucht. Er sei nicht zu sprechen und könne an den Gepflogenheiten der Bank auch nichts ändern, hieß es, und ein Kerl mit einem Glasauge, der zugleich mit mir an den Schalter getreten war, hatte darüber gelacht.

Acht graue, furchtbare Tage auf den Tod sollte ich also warten!

Wie ein Zeitraum ohne Ende kam es mir vor. – – – –

Ich war so niedergeschlagen, dass ich mir gar nicht bewusst wurde, wie lange ich schon vor der Tür eines Kaffeehauses auf und ab geschritten sein mochte.

Endlich trat ich ein, bloß um den widerwärtigen Kerl mit dem Glasauge los zu werden, der mir von der Bank her nachgekommen war und sich immer in meiner Nähe hielt und, wenn ich ihn anblickte, sofort auf dem Boden herumsuchte, als habe er etwas verloren.

Er hatte einen hellkarierten, viel zu engen Rock an und schwarze, speckglänzende Hosen, die ihm wie Säcke um die Beine schlotterten. Auf seinem linken Stiefel war ein eiförmiger, gewölbter Lederfleck aufgesteppt, dass es aussah, als trüge er darunter einen Siegelring auf der Zehe.

Kaum hatte ich mich niedergesetzt, kam auch er herein und ließ sich an einem Nebentisch nieder.

Ich glaubte, er wolle mich anbetteln, und suchte schon nach meinem Portemonnaie, da sah ich einen großen Brillanten an seinen wulstigen Metzgerfingern aufblitzen.

Stunden und Stunden saß ich in dem Kaffeehaus und glaubte vor innerer Nervosität wahnsinnig werden zu müssen, – aber wohin sollte ich gehen? Nach Hause? Herumschlendern? Eines schien mir grässlicher als das andere.

Die veratmete Luft, das ewige, alberne Klappen der Billardkugeln, das trockene, unaufhörliche Geräusper eines halbblinden Zeitungstigers mir gegenüber, ein storchbeiniger Zollbeamter, der abwechselnd in der Nase bohrte oder sich mit gelben Zigarettenfingern vor einem Taschenspiegel den Schnurrbart kämmte, ein braunsammetenes Gebrodel ekelhafter, verschwitzter, schnatternder Italiener um den Kartentisch in der Ecke, die bald unter gellem Gekreisch ihre Trümpfe mit dem Faustknöchel hinschlugen, bald unter Brecherscheinungen ins Zimmer spuckten. Und das alles in den Wandspiegeln doppelt und dreifach sehen zu müssen! Es sog mir langsam das Blut aus den Adern. –

Es wurde allmählich dunkel und ein plattfüßiger, knieweicher Kellner tastete mit einer Stange nach den Gaslüstern, um sich endlich kopfschüttelnd zu überzeugen, dass sie nicht brennen wollten.

So oft ich das Gesicht wandte, immer begegnete ich dem schielenden Wolfsblick des Glasäugigen, der sich dann jedes Mal rasch hinter eine Zeitung versteckte oder seinen schmutzigen Schnurrbart in die langst ausgetrunkene Kaffeetasse tauchte.

Er hatte seinen steifen, runden Hut tief aufgestülpt, dass ihm die Ohren fast waagrecht abstanden, machte aber keine Miene, aufzubrechen.

Es war nicht mehr auszuhalten. Ich zahlte und ging.

Wie ich die Glastür hinter mir zumachen wollte, nahm mir jemand die Klinke aus der Hand. – Ich drehte mich um: Wieder der Kerl!

Ärgerlich wollte ich nach links biegen, in Richtung der Judenstadt, da drängte er sich an meine Seite und hinderte mich daran.

»Da hört denn doch alles auf!« schrie ich ihn an.

»Nach rechts geht's«, sagte er kurz.

»Was soll das heißen?«

Er fixierte mich frech: »Sie sind der Pernath!«

»Sie wollen wahrscheinlich sagen: Herr Pernath?«

Er lachte nur hämisch: »Alsdann keine Faxen jetz! Sie gah'n Sie mit!«

»Ja, sind Sie toll? Wer sind Sie eigentlich?« fuhr ich auf.

Er gab keine Antwort, schlug seinen Rock zurück und zeigte vorsichtig auf einen abgeschabten Blechadler, der im Futter festgesteckt war.

Ich begriff: der Falott war Geheimpolizist und verhaftete mich.

»So sagen Sie doch, um Himmels willen, was ist denn los?«

»Sie werden sich's schonn erfahrrähn. Auf dem Däpartemänt«, erwiderte er grob. »Alla marsch jetz!«

Ich schlug ihm vor, ich wollte einen Wagen nehmen.

»Nix da!«

Wir gingen zur Polizei. – – – – – – – –

Ein Gendarm führte mich vor eine Tür.

ALOIS OTSCHIN
Polizeirat

las ich auf der Porzellantafel.

»Sie kännen sich einträtten«, sagte der Gendarm.

Zwei schmierige Schreibtische mit meterhohen Aufsätzen standen einander gegenüber.

Ein paar verkraxte Stühle dazwischen.

Das Bild des Kaisers an der Wand.

Ein Glas mit Goldfischen auf dem Fensterbrett.

Sonst nichts im Zimmer.

Ein Klumpfuß und daneben ein dicker Filzschuh unter zerfransten grauen Hosen hinter dem linken Schreibpult.

Ich hörte rascheln. Jemand murmelte ein paar Worte in böhmischer Sprache und gleich darauf tauchte der Herr Polizeirat vom rechten Schreibtisch auf und trat vor mich hin.

Er war ein kleiner Mann mit grauem Spitzbart und hatte die sonderbare Manier, bevor er anfing zu reden, die Zähne zu fletschen wie jemand, der in grelles Sonnenlicht schaut.

Dabei kniff er die Augen hinter den Brillenglasern zusammen, was ihm den Ausdruck furchterregender Niedertracht verlieh.

»Sie heißen Athanasius Pernath und sind« – er blickte auf ein Blatt Papier, auf dem nichts stand – »Gemmenschneider.«

Sofort kam Leben in den Klumpfuß unter dem anderen Schreibtisch; er wetzte sich an dem Stuhlbein, und ich hörte das Rauschen einer Schreibfeder.

Ich bejahte: »Pernath. Gemmenschneider.«

»No, da sin wir ja gleich beisammen, Herr – – Pernath, – jawohl Pernath. Ja wohl ja.« – Der Herr Polizeirat war mit einem Schlag von erstaunlicher Liebenswürdigkeit, als hätte er die erfreulichste Nachricht von der Welt bekommen, streckte mir beide Hände entgegen und bemühte sich in lächerlicher Weise, die Miene eines Biedermannes aufzusetzen.

»Also, Herr Pernath, erzählen Sie mir einmal, was treiben Sie so den ganzen Tag?«

»Ich glaube, dass Sie das nichts angeht, Herr Otschin«, antwortete ich kalt.

Er kniff die Augen zusammen, wartete einen Moment und fuhr blitzschnell los: »Seit wann hat die Gräfin ihr Verhältnis mit dem Savioli?«

Ich war auf etwas Ähnliches gefasst gewesen und zuckte nicht mit der Wimper.

Er suchte mich geschickt durch Kreuz- und Querfragen in Widersprüche zu verwickeln, aber, so sehr mir auch vor Entsetzen das Herz im Halse schlug, ich verriet mich nicht und kam immer wieder darauf zurück, dass ich den Namen Savioli nie gehört hätte, mit Angelina von meinem Vater her befreundet sei, und dass sie schon öfter Kameen bei mir bestellt habe.

Ich fühlte trotzdem genau, dass der Polizeirat mir ansah, wie ich ihn belog, und innerlich schäumte vor Wut, nichts aus mir herausbekommen zu können.

Er dachte eine Weile nach, dann zog er mich am Rock dicht an sich, deutete warnend mit dem Daumen auf den linken Schreibtisch und flüsterte mir ins Ohr: »Athanasius! Ihr seliger Vater war mein bester Freund. Ich will Sie retten, Athanasius! Aber Sie müssen mir alles sagen über die Gräfin. – Hören Sie: alles.«

Ich begriff nicht, was das bedeuten sollte. »Was meinen Sie damit: Sie wollen mich retten?«, fragte ich laut.

Der Klumpfuß stampfte ärgerlich auf den Boden. Der Polizeirat wurde aschgrau im Gesicht vor Hass. Zog die Lippe empor. Wartete. – Ich wusste, dass er gleich wieder losspringen würde; (sein Verblüffungssystem erinnerte mich an Wassertrum) und wartete ebenfalls, – sah, dass ein Bocksgesicht, der Inhaber des Klumpfußes, lauernd hinter dem Schreibpult auftauchte – – dann schrie mich der Polizeirat plötzlich gellend an: »Mörder«.

Ich war sprachlos vor Verblüffung.

Missmutig zog sich das Bocksgesicht wieder hinter sein Pult zurück.

Auch der Herr Polizeirat schien ziemlich betreten über meine Ruhe, versteckte es aber geschickt, indem er einen Stuhl herbeizog und mich aufforderte, Platz zu nehmen.

»Sie verweigern also, über die Gräfin die von mir gewünschte Auskunft zu geben, Herr Pernath?«

»Ich kann sie nicht geben, Herr Polizeirat, wenigstens nicht in dem Sinne, wie Sie erwarten. Erstens kenne ich niemand namens Savioli, und dann bin ich felsenfest überzeugt, dass es eine Verleumdung ist, wenn man der Gräfin nachsagt, sie hintergehe ihren Gatten.«

»Sind Sie bereit, das zu beeiden?«

Mir stockte der Atem. »Ja! Jederzeit.«

»Gut. Hm.«

Eine längere Pause entstand, während der der Polizeirat angestrengt nachzugrübeln schien.

Als er mich wieder anblickte, lag ein komödiantenhafter Zug von Schmerzlichkeit in seiner Fratze. Unwillkürlich musste ich an Charousek denken, wie er dann mit tränenerstickter Stimme anfing: »Mir können Sie es doch sagen, Athanasius, – mir, dem alten Freund Ihres Vaters, – mir, der Sie auf den Armen getragen hat – « Ich konnte das Lachen kaum verbeißen, er war höchstens zehn Jahre älter als ich – »nicht wahr, Athanasius, es war Notwehr?«

Das Bockgesicht erschien abermals.

»Was war Notwehr?«, fragte ich verständnislos.

»Das mit dem – Zottmann!« schrie mir der Polizeirat einen Namen ins Gesicht.

Das Wort traf mich wie ein Dolchstich: Zottmann! Zottmann! Die Uhr! Der Name Zottmann stand doch in der Uhr eingraviert.

Ich fühlte, wie mir alles Blut zum Herzen strömte: Der grauenhafte Wassertrum hatte mir die Uhr gegeben, um den Verdacht des Mordes auf mich zu lenken.

Sofort warf der Polizeirat die Maske ab, fletschte die Zähne und kniff die Augen zusammen: »Sie gestehen also den Mord ein, Pernath?«

»Das ist alles ein Irrtum. Ein entsetzlicher Irrtum. Um Gottes willen hören Sie mich an. Ich kann es Ihnen erklären, Herr Polizeirat – – !« schrie ich.

»Werden Sie mir jetzt alles mitteilen in Bezug auf die Frau Gräfin«, unterbrach er mich rasch: »Ich mache Sie aufmerksam, Sie verbessern Ihre Lage damit.«

»Ich kann nicht mehr sagen, als bereits geschehen ist: Die Gräfin ist unschuldig.«

Er biss die Zähne zusammen und wandte sich an das Bocksgesicht: »Schreiben Sie: – Also, Pernath gesteht den Mord an dem Versicherungsbeamten Karl Zottmann ein.« Mich packte eine besinnungslose Wut. »Sie Polizeikanaille!« brüllte ich los, »was unterstehen Sie sich?!« Ich suchte nach einem schweren Gegenstand. Im nächsten Augenblick hatten mich zwei Schutzleute gepackt und mir Handschellen angelegt.

Der Polizeirat blähte sich jetzt wie der Hahn auf dem Mist: »Und die Uhr da?«, – er hielt plötzlich die verbeulte Uhr in der Hand, – »hat der unglückliche Zottmann noch gelebt, als Sie ihn beraubten, oder nicht?«

Ich war wieder ganz ruhig geworden und gab mit klarer Stimme zu Protokoll: »Die Uhr hat mir heute Vormittag der Trödler Aaron Wassertrum – geschenkt.«

Ein wieherndes Gelächter brach los, und ich sah, wie der Klumpfuß und der Filzpantoffel zusammen einen Freudentanz unter dem Schreibtisch aufführten. – – – –

Qual

Die Hände gefesselt, hinter mir ein Gendarm mit aufgepflanztem Bajonett, musste ich durch die abendlich beleuchteten Straßen gehen.

Gassenjungen zogen in Scharen johlend links und rechts mit, Weiber rissen die Fenster auf, drohten mit Kochlöffeln herunter und schimpften hinter mir drein.

Schon von weitem sah ich den massigen Steinwürfel des Gerichtsgebäudes mit der Inschrift auf dem Giebel herannahen:

»Die strafende Gerechtigkeit ist
die Beschirmung aller Braven.«

Dann nahm mich ein riesiges Tor auf und ein Flurzimmer, in dem es nach Küche stank.

Ein vollbärtiger Mann mit Säbel, Beamtenrock und -mütze, barfuß und die Beine in langen, um die Knöchel zusammengebundenen Unterhosen, stand auf, stellte die Kaffeemühle, die er zwischen den Knien hielt, weg und befahl mir, mich auszuziehen.

Dann visitierte er meine Taschen, nahm alles heraus, was er darin fand, und fragte mich, ob ich – Wanzen hätte.

Als ich verneinte, zog er mir die Ringe von den Fingern und sagte, es sei gut, ich könnte mich wieder ankleiden.

Man führte mich mehrere Stockwerke hinauf und durch Gänge, in denen vereinzelt große, graue, verschließbare Kisten in den Fensternischen standen.

Eiserne Türen mit Riegelstangen und kleinen, vergitterten Ausschnitten, über jedem eine Gasflamme, zogen sich in ununterbrochener Reihe die Wand entlang. Ein hünenhafter, soldatisch aussehender Gefangenenwärter – das erste ehrliche Gesicht seit Stunden – sperrte eine der Türen auf, schob mich in eine dunkle, schrankartige, pestilenzialisch stinkende Öffnung und schloss hinter mir ab.

Ich stand in vollkommener Finsternis und tappte mich zurecht. Mein Knie stieß an einen Blechkübel. Endlich erwischte ich – der Raum war so eng, dass ich mich kaum umdrehen konnte – eine Klinke, und stand in – einer Zelle.

Je zwei und zwei Pritschen mit Strohsäcken an den Mauern. Der Durchgang dazwischen nur einen Schritt breit. Ein Quadratmeter Gitterfenster hoch oben in der Querwand ließ den matten Schein des Nachthimmels herein.

Unerträgliche Hitze, vom Geruch alter Kleider verpestete Luft erfüllte den Raum.

Als sich meine Augen an die Dunkelheit gewöhnt hatten, sah ich, dass auf drei der Pritschen – die vierte war leer – Menschen in grauen Sträflingskleidern saßen; die Arme auf die Knie gestützt und die Gesichter in den Händen vergraben.

Keiner sprach ein Wort.

Ich setzte mich auf das leere Bett und wartete. Wartete. Wartete.

Eine Stunde.

Zwei – drei Stunden!

Wenn ich draußen einen Schritt zu hören glaubte, fuhr ich auf: Jetzt, jetzt kam man mich holen, um mich dem Untersuchungsrichter vorzuführen. Jedes Mal war es eine Täuschung gewesen. Immer wieder verloren sich die Schritte auf dem Gang.

Ich riss mir den Kragen auf – glaubte, ersticken zu müssen.

Ich hörte, wie ein Gefangener nach dem anderen sich ächzend ausstreckte.

»Kann man denn das Fenster da oben nicht aufmachen?«, fragte ich voll Verzweiflung laut in die Dunkelheit hinein. Ich erschrak fast vor meiner eigenen Stimme.

»Es geht net«, antwortete es mürrisch von einem der Strohsäcke herüber.

Ich tastete trotzdem mit der Hand an der Schmalwand entlang; ein Brett in Brusthöhe lief quer hin – – – zwei Wasserkrüge – – – Stücke von Brotrinden.

Mühsam kletterte ich hinauf, hielt mich an den Gitterstäben und presste das Gesicht an die Fensterritzen, um wenigstens etwas frische Luft zu atmen. – – – – – –

So stand ich, bis mir die Knie zitterten. Eintöniger, schwarzgrauer Nachtnebel vor meinen Augen. Die kalten Eisenstäbe schwitzten. Es musste bald Mitternacht sein.

Hinter mir hörte ich schnarchen. Nur einer schien nicht schlafen zu können; er warf sich hin und her auf dem Stroh und stöhnte manchmal halblaut auf.

Wollte denn der Morgen nicht endlich kommen?! Da! Es schlug wieder.

Ich zählte mit bebenden Lippen: Eins, zwei, drei! – Gott sei Dank, nur noch wenige Stunden, dann musste die Dämmerung kommen. Es schlug weiter: Vier? fünf? – Der Schweiß trat mir auf die Stirn. – Sechs!! – Sieben – – – es war elf Uhr.

Erst eine Stunde war vergangen, seit ich das letzte Mal hatte schlagen hören. – –

Allmählich legten sich meine Gedanken zurecht: Wassertrum hat mir die Uhr des vermissten Zottmann zugespielt, um mich in Verdacht zu bringen, einen Mord begangen zu haben. – Er musste also selbst der Mörder sein; wie hätte er sonst in den Besitz der Uhr kommen können? Würde er die Leiche irgendwo gefunden und dann erst beraubt haben, hätte er sich bestimmt die tausend Gulden Belohnung geholt, die für die Entdeckung des Vermissten öffentlich ausgesetzt waren. – Das konnte aber nicht sein: die Plakate klebten noch immer an den Straßenecken, wie ich deutlich auf meinem Weg ins Gefängnis gesehen hatte. – – – – – –

Dass der Trödler mich angezeigt haben musste, war klar.

Ebenso, dass er mit dem Polizeirat, wenigstens was Angelina betraf, unter einer Decke steckte. Wozu sonst das Verhör wegen Savioli?

Andererseits ging daraus hervor, dass Wassertrum Angelinas Briefe noch nicht in Händen hatte.

Ich grübelte nach – – –

Mit einem Schlag stand alles mit entsetzlicher Deutlichkeit vor mir, als wäre ich selbst dabei gewesen.

Ja; nur so konnte es sein. Wassertrum hatte meine eiserne Kassette, in der er Beweise vermutete, heimlich an sich genommen, als er gerade mit seinen Polizeikomplizen meine Wohnung durchstöberte, – konnte sie nicht sogleich öffnen, da ich den Schlüssel bei mir trug und war – – – vielleicht gerade jetzt daran, sie in seiner Höhle aufzubrechen.

In wahnsinniger Verzweiflung rüttelte ich an den Gitterstäben, sah Wassertrum im Geiste vor mir, wie er in Angelinas Briefen wühlte – – Wenn ich nur Charousek benachrichtigen könnte, dass er Savioli wenigstens rechtzeitig warnen ging!

Einen Augenblick klammerte ich mich an die Hoffnung, meine Verhaftung müsse bereits wie ein Lauffeuer in der Judenstadt bekannt geworden sein, und ich vertraute auf Charousek wie auf einen rettenden Engel. Gegen seine infernalische Schlauheit kam der Trödler nicht auf; »Ich werde ihn genau in der Stunde an der Gurgel haben, in der er Dr. Savioli an den Hals will«, hatte Charousek schon einmal gesagt.

In der nächsten Minute wieder verwarf ich alles und eine wilde Angst packte mich: Wie, wenn Charousek zu spät kam? Dann war Angelina verloren. – – – – –

Ich biss mir die Lippen blutig und zerkrallte mir die Brust aus Reue, dass ich die Briefe damals nicht sofort verbrannt hatte; – – – ich schwor es mir, Wassertrum noch in derselben Stunde aus der Welt zu schaffen, wo ich wieder auf freiem Fuß sein würde.

Ob ich von eigener Hand starb oder am Galgen – was lag mir daran!

Dass der Untersuchungsrichter meinen Worten glauben würde, wenn ich ihm die Geschichte mit der Uhr plausibel machte, ihm von Wassertrums Drohungen erzählte, – keinen Augenblick zweifelte ich daran.

Bestimmt morgen schon musste ich frei sein; zumindest würde das Gericht auch Wassertrum wegen Mordverdachts verhaften lassen.

Ich zählte die Stunden und betete, dass sie rascher vergehen möchten; starrte hinaus in den schwärzlichen Dunst.

Nach unsäglich langer Zeit fing es endlich an, heller zu werden, und zuerst wie ein dunkler Fleck, dann immer deutlicher, tauchte ein kupfernes, riesiges Gesicht aus dem Nebel: das Zifferblatt einer alten Turmuhr. Doch die Zeiger fehlten; – neuerliche Qual. Dann schlug es fünf.

Ich hörte, wie die Gefangenen erwachten und gähnend eine Unterhaltung in böhmischer Sprache führten.

Eine Stimme kam mir bekannt vor; ich drehte mich um, stieg von dem Brett herunter und – sah den blatternarbigen Loisa auf der Pritsche, gegenüber der meinigen, sitzen und mich verwundert anstarren.

Die beiden anderen waren Gesellen mit verwegenen Gesichtern und musterten mich geringschätzig.

»Defraudant? Was?«, fragte der eine halblaut seinen Kameraden und stieß ihn mit dem Ellenbogen an.

Der Gefragte brummte irgendetwas verächtlich, kramte in seinem Strohsack, holte ein schwarzes Papier hervor und legte es auf den Boden.

Dann schüttete er aus dem Krug ein wenig Wasser darauf, kniete nieder, bespiegelte sich darin und kämmte sich mit den Fingern das Haar in die Stirn.

Hierauf trocknete er das Papier mit zärtlicher Sorgfalt ab und versteckte es wieder unter der Pritsche.

»Pan Pernath, Pan Pernath«, murmelte Loisa dabei beständig mit aufgerissenen Augen vor sich hin, wie jemand, der ein Gespenst sieht.

»Die Herrschaften kennen einand, wie ich bemerkö«, sagte der Ungekämmte, dem dies auffiel, in dem geschraubten Dialekt eines tschechischen Wieners und machte mir spöttisch eine halbe Verbeugung: »Erlaubens mich vorzustellen, Vóssatka ist mein Name. Der schwarze Vóssatka. – Brandstiftung«, setzte er eine Oktave tiefer stolz hinzu.

Der Frisierte spuckte zwischen den Zähnen durch, blickte mich eine Weile verächtlich an, deutete sich dann auf die Brust und sagte lakonisch: »Einbruch.«

Ich schwieg.

»No, und zweng wos für einen Verdachtö sin Sie hier, Herr Graf?« fragte der Wiener nach einer Pause.

Ich überlegte einen Moment, dann sagte ich ruhig: »Wegen Raubmord«.

Die beiden fuhren verblüfft auf, der spöttische Ausdruck auf ihren Gesichtern machte einer Miene grenzenloser Hochachtung Platz, und sie riefen fast wie aus einem Munde: »Räschpäkt, Räschpäkt.«

Als sie sahen, dass ich keine Notiz von ihnen nahm, zogen sie sich in die Ecke zurück und unterhielten sich flüsternd miteinander.

Nur einmal stand der Frisierte auf, kam zu mir, prüfte schweigend die Muskeln meines Oberarms und ging dann kopfschüttelnd zu seinem Freund zurück.

»Sie sind doch auch unter dem Verdacht hier, den Zottmann ermordet zu haben?« fragte ich Loisa unauffällig.

Er nickte. »Ja, schon lang.«

Wieder vergingen einige Stunden.

Ich schloss die Augen und stellte mich schlafend.

»Herr Pernath. Herr Pernath!« hörte ich plötzlich ganz leise Loisas Stimme.

»Ja?« – – – Ich tat, als erwachte ich.

»Herr Pernath? Bitte entschuldigen Sie, – bitte – bitte, wissen Sie nicht, was die Rosina macht? – Ist sie zu Hause?«, stotterte der arme Bursche. Er tat mir unendlich leid, wie er mit seinen entzündeten Augen an meinen Lippen hing und vor Aufregung die Hände verkrampfte.

»Es geht ihr gut. Sie – sie ist jetzt Kellnerin beim – – alten Ungelt«, log ich.

Ich sah, wie er erleichtert aufatmete. – – – – – – – – – – – –

Zwei Sträflinge hatten auf einem Brett Blechtöpfe mit heißem Wurstabsud stumm hereingebracht und drei davon in die Zelle gestellt, dann knallten nach einigen Stunden abermals die Riegel und der Aufseher führte mich zum Untersuchungsrichter.

Mir schlotterten die Knie vor Erwartung, wie wir treppauf, treppab schritten.

»Glauben Sie, ist es möglich, dass ich heute noch freigelassen werde?«, fragte ich den Aufseher beklommen.

Ich sah, wie er mitleidig ein Lächeln unterdrückte. »Hm. Heute noch? Hm – Gott, – möglich ist ja alles.« – Mir wurde eiskalt.

Wieder las ich eine Porzellantafel an einer Tür und einen Namen:

KARL FREIHERR VON LEISETRETER
Untersuchungsrichter

Wieder ein schmuckloses Zimmer und zwei Schreibpulte mit meterhohen Aufsätzen. Ein alter, großer Mann mit weißem, geteiltem Vollbart, schwarzem Gehrock, roten, wulstigen Lippen, knarrenden Stiefeln.

»Sie sind Herr Pernath?«

»Jawohl.«

»Gemmenschneider?«

»Jawohl.«

»Zelle Nr. 70?«

»Jawohl.«

»Des Mordes an Zottmann verdächtig?«

»Ich bitte, Herr Untersuchungsrichter – – «

»Des Mordes an Zottmann verdächtig?«

»Wahrscheinlich. Wenigstens vermute ich es. Aber – – «

»Geständig?«

»Was soll ich denn gestehen, Herr Untersuchungsrichter, ich bin doch unschuldig!«

»Geständig?«

»Nein.«

»Dann verhänge ich Untersuchungshaft über Sie. – Führen Sie den Mann hinaus, Gefangenenwärter.«

»Bitte, so hören Sie mich doch an, Herr Untersuchungsrichter, – ich muss unbedingt heute noch zu Hause sein. Ich habe wichtige Dinge zu veranlassen – – «

Hinter dem zweiten Schreibtisch meckerte jemand.

Der Herr Baron schmunzelte. –

»Führen Sie den Mann hinaus, Gefangenenwärter.« – – – – – – – –

Tag um Tag schlich dahin, Woche um Woche, und immer noch saß ich in der Zelle.

Um zwölf Uhr durften wir täglich hinunter in den Gefängnishof und mit anderen Untersuchungsgefangenen und Sträflingen zu zweit 40 Minuten im Kreis herumgehen auf der nassen Erde.

Miteinander zu reden, war verboten.

In der Mitte des Platzes stand ein kahler, sterbender Baum, in dessen Rinde ein ovales Glasbild der Muttergottes eingewachsen war.

An den Mauern wuchsen kümmerliche Ligusterstauden, die Blätter fast schwarz vom fallenden Ruß.

Ringsum die Gitter der Zellen, aus denen zuweilen ein kittgraues Gesicht mit blutleeren Lippen herunterschaute.

Dann ging's wieder hinauf in die gewohnten Grüfte zu Brot, Wasser und Wurstabsud und sonntags zu faulenden Linsen.

Erst einmal war ich wieder vernommen worden: Ob ich Zeugen hätte, dass mir »Herr« Wassertrum angeblich die Uhr geschenkt habe?

»Ja, Herrn Schemajah Hillel – – das heißt – nein« (ich erinnerte mich, er war nicht dabei gewesen) – – »aber Herr Charousek – nein, auch er war ja nicht dabei.«

»Kurz: also niemand war dabei?«

»Nein, niemand war dabei, Herr Untersuchungsrichter.«

Wieder das Gemecker hinter dem Schreibtisch und wieder das: »Führen Sie den Mann hinaus, Gefangenenwärter!« – – – – – – – –

Meine Besorgnis um Angelina war einer dumpfen Resignation gewichen: Der Zeitpunkt, wo ich um sie zittern musste, war vorüber. Entweder Wassertrums Racheplan war längst geglückt, oder Charousek hatte eingegriffen, sagte ich mir.

Aber die Sorge um Mirjam trieb mich jetzt fast zum Wahnsinn.

Ich stellte mir vor, wie sie Stunde um Stunde darauf wartete, dass sich das Wunder erneuere, – wie sie früh am Morgen, wenn der Bäcker kam, hinauslief und mit bebenden Händen das Brot untersuchte, – wie sie vielleicht um meinetwillen vor Angst verging.

Oft in der Nacht peitschte es mich aus dem Schlaf, und ich stieg auf das Wandbrett und starrte empor zu dem kupfernen Gesicht der Turmuhr und verzehrte mich in dem Wunsch, meine Gedanken möchten zu Hillel dringen und ihm ins Ohr schreien, er solle Mirjam helfen und sie erlösen von der Qual des Hoffens auf ein Wunder.

Dann wieder warf ich mich auf das Stroh und hielt den Atem an, bis mir die Brust fast zersprang, – um das Bild meines Doppelgängers vor mich zu zwingen, damit ich ihn zu ihr schicken könnte als einen Trost.

Und einmal war er auch erschienen neben meinem Lager mit den Buchstaben: Chabrat Zereh Aur Bocher in Spiegelschrift auf der Brust, und ich wollte aufschreien vor Jubel, dass jetzt alles wieder gut würde, aber er war in den Boden versunken, noch ehe ich ihm den Befehl geben konnte, Mirjam zu erscheinen. – – – – – –

Dass ich so gar keine Nachricht bekam von meinen Freunden!

Ob es denn verboten sei, einem Briefe zu schicken? fragte ich meine Zellengenossen. Sie wussten es nicht. Sie hätten noch nie welche bekommen – allerdings wäre auch niemand da, der ihnen schreiben könnte, sagten sie.

Der Gefangenenwärter versprach mir, sich gelegentlich zu erkundigen. – –

Meine Nägel waren rissig geworden vom Abbeißen und mein Haar verwildert, denn Schere, Kamm und Bürste gab es nicht. Auch kein Wasser zum Waschen.

Fast ununterbrochen kämpfte ich mit Brechreiz, denn der Wurstabsud war mit Soda gewürzt statt mit Salz. – – Eine Gefängnisvorschrift, um dem »Überhandnehmen des Geschlechtstriebs vorzubeugen.« – – –

Die Zeit verging in grauer, furchtbarer Eintönigkeit. Drehte sich wie im Kreis wie ein Rad der Qual.

Da gab es die gewissen Momente, die jeder von uns kannte, wo plötzlich einer oder der andere aufsprang und stundenlang auf und ab lief wie ein wildes Tier, um sich dann wieder gebrochen auf die Pritsche fallen zu lassen und stumpfsinnig weiter zu warten – zu warten – zu warten.

Wenn der Abend kam, zogen die Wanzen in Scharen gleich Ameisen über die Wände und ich fragte mich erstaunt, warum denn der Kerl in Säbel und Unterhosen mich so gewissenhaft ausgeforscht habe, ob ich kein Ungeziefer hätte.

Fürchtete man vielleicht im Landesgericht, es könne eine Kreuzung fremder Insektenrassen entstehen?

Mittwoch vormittags kam gewöhnlich ein Schweinskopf herein mit Schlapphut und zuckenden Hosenbeinen, der Gefängnisarzt Dr. Rosenblatt, und überzeugte sich, dass alle vor Gesundheit strotzten.

Und wenn einer sich beschwerte, gleichgültig worüber, so verschrieb er – Zinksalbe zum Einreiben der Brust.

Einmal kam auch der Landgerichtspräsident – ein hochgewachsener, parfümierter Halunke der »guten Gesellschaft«, dem die gemeinsten Laster im Gesicht geschrieben standen, und sah nach, ob – alles in Ordnung sei, »ob sich noch immer kaner derhenkt hobe«, wie sich der Frisierte ausdrückte.

Ich war auf ihn zugetreten, um ihm eine Bitte vorzutragen, da hatte er einen Satz hinter den Gefangenenwärter gemacht und mir einen Revolver vorgehalten. – »Was ich denn wolle«, schrie er mich an.

Ob Briefe für mich da seien, fragte ich höflich. Statt der Antwort bekam ich einen Stoß vor die Brust vom Herrn Dr. Rosenblatt, der gleich darauf das Weite suchte. Auch der Herr Präsident zog sich zurück und höhnte durch den Türausschnitt – ich solle lieber den Mord gestehen. Eher bekäme ich in diesem Leben keine Briefe.

Ich hatte mich längst an die schlechte Luft und die Hitze gewöhnt und fröstelte beständig. Selbst, wenn die Sonne schien.

Zwei der Gefangenen hatten schon einige Male gewechselt, aber ich achtete nicht darauf. Diese Woche waren es ein Taschendieb und ein Wegelagerer, das nächste Mal ein Falschmünzer oder ein Hehler, die hereingeführt wurden.

Was ich gestern erlebte, war heute vergessen.

Gegen das Wühlen der Sorge um Mirjam verblassten alle äußeren Begebenheiten.

Nur ein Ereignis hatte sich mir tiefer eingeprägt – es verfolgte mich zuweilen als Zerrbild bis in den Traum.

Ich hatte auf dem Wandbrett gestanden, um hinauf in den Himmel zu starren, da fühlte ich plötzlich, dass mich ein spitzer Gegenstand in die Hüfte stach, und als ich nachsah, bemerkte ich, dass es die Feile gewesen war, die sich mir durch die Tasche zwischen Rock und Futter gebohrt hatte. Sie musste schon lange dort gesteckt haben, sonst hätte sie der Mann in der Flurstube gewiss bemerkt.

Ich zog sie heraus und warf sie achtlos auf meinen Strohsack.

Als ich dann herunterstieg, war sie verschwunden, und ich zweifelte keinen Augenblick, dass nur Loisa sie genommen haben konnte.

Einige Tage später holte man ihn aus der Zelle, um ihn einen Stock tiefer unterzubringen.

Es dürfe nicht sein, dass zwei Untersuchungsgefangene, die desselben Verbrechens beschuldigt wären, wie er und ich, in der gleichen Zelle säßen, hatte der Gefangenenwärter gesagt.

Aus ganzem Herzen wünschte ich, es möchte dem armen Burschen gelingen, sich mit Hilfe der Feile zu befreien.

Mai

Auf meine Frage, welches Datum denn wäre – die Sonne schien so warm wie im Hochsommer und der müde Baum im Hof trieb ein paar Knospen – hatte der Gefangenenwärter zuerst geschwiegen, dann aber mir zugeflüstert, es sei der 15. Mai. Eigentlich dürfe er es nicht sagen, denn es sei verboten, mit den Gefangenen zu sprechen, – insbesondere solche, die noch nicht gestanden hätten, müssten hinsichtlich der Zeit im Unklaren gehalten werden.

Drei volle Monate war ich also schon im Gefängnis und noch immer keine Nachricht aus der Welt da draußen. – – – – – – – – – –

Wenn es Abend wurde, drangen leise Klänge eines Klaviers durch das Gitterfenster, das jetzt an warmen Tagen offen war.

Die Tochter des Beschließers unten spiele, hatte mir ein Sträfling gesagt. – –

Tag und Nacht träumte ich von Mirjam. Wie es ihr wohl ging?!

Zuzeiten hatte ich das tröstliche Gefühl, als seien meine Gedanken zu ihr gedrungen und stünden an ihrem Bett, während sie schlief, und legten ihr lindernd die Hand auf die Stirn.

Dann wieder, in Momenten der Hoffnungslosigkeit, wenn einer nach dem andern meiner Zellengenossen zum Verhör geführt wurde, – nur ich nicht, – drosselte mich eine dumpfe Furcht, sie sei vielleicht schon lange tot.

Da stellte ich dann Fragen an das Schicksal, ob sie noch lebe oder nicht, krank sei oder gesund, und die Anzahl einer Handvoll Halme, die ich aus dem Strohsack riss, sollte mir Antwort geben.

Und fast jedes Mal »ging es schlecht aus«, und ich wühlte in meinem Innern nach einem Blick in die Zukunft; – suchte meine Seele, die mir das Geheimnis verbarg, zu überlisten durch die scheinbar abseits liegende Frage, ob wohl für mich dereinst noch ein Tag kommen würde, wo ich heiter sein und wieder lachen könnte.

Immer bejahte das Orakel in solchen Fällen, und dann war ich eine Stunde lang glücklich und froh.

Wie eine Pflanze heimlich wächst und sprosst, war allmählich in mir eine unbegreifliche, tiefe Liebe zu Mirjam erwacht, und ich fasste es nicht, dass ich so oft hatte bei ihr sitzen und mit ihr reden können, ohne mir damals schon klar darüber geworden zu sein.

Der zitternde Wunsch, dass auch sie mit gleichen Gefühlen an mich denken möchte, steigerte sich in solchen Augenblicken oft bis zur Ahnung der Gewissheit, und wenn ich dann auf dem Gang draußen einen Schritt hörte, fürchtete ich mich beinahe davor, man könnte mich holen und freilassen und mein Traum würde in der groben Wirklichkeit der Außenwelt in nichts zerrinnen.

Mein Ohr war in der langen Zeit der Haft so scharf geworden, dass ich auch das leiseste Geräusch vernahm.

Jedes Mal bei Anbruch der Nacht hörte ich in der Ferne einen Wagen fahren und zergrübelte mir den Kopf, wer wohl darin sitzen möchte.

Es lag etwas seltsam Fremdartiges in dem Gedanken, dass es Menschen gab da draußen, die tun und lassen durften, was sie wollten, – die sich frei bewegen konnten und da und dort hingehen, und es dennoch nicht als unbeschreiblichen Jubel empfanden.

Dass auch ich jemals wieder so glücklich werden würde, im Sonnenschein durch die Straßen wandern zu können – – ich war nicht mehr imstande, es mir vorzustellen.

Der Tag, an dem ich Angelina in den Armen gehalten, schien mir einem längst verflossenen Dasein anzugehören; – ich dachte daran zurück mit jener leisen Wehmut, wie sie einen beschleicht, wenn man ein Buch aufschlägt und findet dann welke Blumen, die einst die Geliebte der Jugendjahre getragen hat.

Ob wohl der alte Zwakh noch immer Abend für Abend mit Vrieslander und Prokop beim »Ungelt« saß und der vertrockneten Eulalia das Hirn konfus machte?

Nein, es war doch Mai – die Zeit, wo er mit seinem Marionettenkasten durch die Provinznester zog und auf grünen Wiesen vor den Toren den Ritter Blaubart spielte.

Ich saß allein in der Zelle. – Vóssatka, der Brandstifter, mein einziger Gefährte seit einer Woche, war vor ein paar Stunden zum Untersuchungsrichter geholt worden.

Merkwürdig lange dauerte diesmal sein Verhör.

Da. Die eiserne Vorlegestange klirrte an der Tür. Und mit freudestrahlender Miene stürmte Vóssatka herein, warf ein Bündel Kleider auf die Pritsche und begann, sich mit Windeseile umzukleiden.

Den Sträflingsanzug warf er Stück für Stück mit einem Fluch auf den Boden.

»Nix hamms mer beweisen könna, dö Hallodri. – Brandstiftung! – Ja doder«, er zog mit dem Zeigefinger an seinem unteren Augenlid. »Auf den schwarzen Vóssatka sans jung. – Der Wind war's, hab i g'sagt. Und bi fest blimm. Den kennens iazt eispirrn, wanns'n derwischen – den Herrn von Wind. – No servus heit Abend! – Do werd aufdraht. Beim Loisitschek.« – Er breitete die Arme aus und tanzte einen »G'strampften«. – »Nur einmahl im Leböhn blie–het der Mai.« Er stülpte sich mit einem Krach einen steifen Deckel mit einer kleinen blaugesprenkelten Nusshäherfeder darauf über den Schädel. – »Ja, richtig, das wird Ihna intrissirn, Herr Graf: wissens was Neies? Eana Freund, der Loisa, is ausbrochen! – Grad hab i's erfahrehn oben bei die Hallodri. Schon vurigen Monat – gegen Uldimoh hat er das Weide gesucht und ist längst ieber – pbhuit« – er schlug sich mit den Fingern auf den Handrücken – »ieber alle Bergöh.« –

»Aha, die Feile«, dachte ich mir und lächelte.

»Alsdann haltens Ihna jetzt auch bald dazu, Herr Graf«, der Brandstifter streckte mir kameradschaftlich die Hand hin, »dass Sie möglichst bei Zeitöhn freikommen. – Und wenn Sie mal kein Geld nicht habehn, fragen Sie sich nur beim Loisitschek nach dem schwarzen Vóssatka. – Kennte mich jedes Mädel durten. So! – Alsdann Servus, Herr Graf. War mir ein Vergniegen.«

Er stand noch in der Türe, da schob der Wärter schon einen neuen Untersuchungsgefangenen in die Zelle.

Auf den ersten Blick erkannte ich in ihm den Schlot mit der Soldatenmütze, der einmal neben mir bei Regenwetter in dem Torbogen der Hahnpassgasse gestanden hatte. Eine freudige Überraschung! Vielleicht wusste er zufällig etwas über Hillel und Zwakh und alle die andern?

Ich wollte sofort anfangen, ihn auszufragen, aber zu meinem größten Erstaunen legte er mit geheimnisvoller Miene den Finger an den Mund und bedeutete mir, ich solle schweigen.

Erst als die Tür von außen abgesperrt und der Schritt des Gefangenenwärters auf dem Gang verhallt war, kam Leben in ihn.

Mir schlug das Herz vor Aufregung.

Was sollte das bedeuten?

Kannte er mich denn, und was wollte er?

Das erste, was der Schlot tat, war, dass er sich niedersetzte und seinen linken Stiefel auszog.

Dann zerrte er mit den Zähnen einen Stöpsel aus dem Absatz, entnahm dem entstandenen Hohlraum ein kleines gebogenes Eisenblech, riss die anscheinend nur locker befestigte Schuhsohle ab und reichte mir beides mit stolzer Miene hin. –

Alles in Windeseile und ohne auf meine erregten Fragen auch nur im Geringsten zu achten.

»So! Einen schönen Gruß vom Herrn Charousek.«

Ich war so verblüfft, dass ich kein Wort herausbringen konnte. –

»Brauchens' bloß Eisenblechl nähmen und Sohlen ausanand brechen in der Nacht. Oder wann sunst niemand siecht. – Ise nämlich hohl inewändig« – erklärte der Schlot mit überlegener Miene, »und finden Sie sich drinn eine Brieffel von Herrn Charousek.«

Im Übermaß meines Entzückens fiel ich dem Schlot um den Hals, und die Tränen stürzten mir aus den Augen.

Er wehrte mich voll Milde ab und sagte vorwurfsvoll: »Missen sich mehr zusammennähmen, Herr von Pernath! Mir habens me nicht eine Minutten zum Zeit verlieren. Es kann sich soffort herauskommen, dass ich in der falschen Zellen bin. Der Franzl und ich habens me unt beim Pordjöh die Nummern mitsamm vertauscht.« –

Ich musste wohl ein sehr dummes Gesicht gemacht haben, denn der Schlot fuhr fort: »Wann Sie das auch nicht verstähn, macht nix. Kurz, ich bin hier, Pasta!«

»Sagen Sie doch«, fiel ich ihm ins Wort, »sagen Sie doch, Herr – – Herr – – –«

»Wenzel«, – half mir der Schlot aus, »ich heiß' der schöne Wenzel.«

»Sagen Sie mir doch, Wenzel, was macht der Archivar Hillel, und wie geht es seiner Tochter?«

»Dazu ist jetzt keine Zeit nicht«, unterbrach mich der schöne Wenzel ungeduldig. »Ich kann ich doch im näxen Augenblick herausgeschmissen werden. – Also, ich bin ich hier, weil ich einen Raubanfall extra eingestanden hab – – «

»Was, Sie haben bloß meinetwegen, und um zu mir kommen zu können, einen Raubanfall begangen, Wenzel?« fragte ich erschüttert.

Der Schlot schüttelte verächtlich den Kopf: »Wenn ich wirklich einen Raub auf all begangen hätt, mecht ich ihm doch nicht eingestähen. Was glauben Sie von mir!?«

Ich verstand allmählich: – der brave Kerl hatte eine List gebraucht, um mir den Brief Charouseks ins Gefängnis zu schmuggeln.

»So; zuverderscht« – er machte ein äußerst wichtiges Gesicht – »muss ich Ihnen Unterricht in der Ebilebsie gäben.«

»Worin?«

»In der Ebilebsie! – Gäbm S' amal scharf Obacht und merkens Ihna alles genau! – Alsdann schaugens här: Zuerscht macht me Speichel in der Goschen«; – er blies die Backen auf und bewegte sie hin und her, wie jemand, der sich den Mund ausspült – »dann kriegt me Schaum vorm Maul, sengen S' so«: – er machte auch dies. Mit widerwärtiger Natürlichkeit. »Nachhe drehte ma die Daumen in die Faust. – Nachhe kugelt me die Augen raus« – er schielte entsetzlich – »und dann – das ise sich bisl schwär – stoßt me so halbeten Schrei aus. Segen S', so: Bö – bö – bö, und gleichzeitig fallt me sich um.« Er ließ sich der Länge nach zu Boden fallen, dass das Haus zitterte, und sagte beim Aufstehen: »Das ise sich die natierliche Ebilebsie, wie's uns der Dr. Hulbert gottsälig beim ›Bataljohn‹ gelernt hat.«

»Ja, ja, es ist täuschend ähnlich«, gab ich zu, »aber wozu dient das alles?«

»Weil Sie sich zuerscht aus der Zellen rausmissen!«, erklärte der schöne Wenzel. »Der Dr. Rosenblatt is doch ein Mordsochs! Wenn einer schon gar kan Kopf mehr hat, sagt der Rosenblatt immer noch: der Mann ise sich pumperlgesund! – Nur vor die Ebilebsie hat e' an Viechsräschpäkt. Wann aner daas gut kann, gleich ise drieben in der Krankenzelle. – – Und da ise sich das Ausbrechen dann ein Kinderspielzeug«; – er wurde tief geheimnisvoll – »den Fenstergitter in der Krankenzelle ise nämlich durchgesägt und nur schwach mit Dreck zusammengepappt. – Es ise sich das ein Geheimnis vom Bataljohn! – Sie brauchen dann bloß ein paar Nächte scharf aufpassen und, wenn Sie eine Seilschlingen vom Dach herunter bis vors Fenster kommen segen, heben Sie leise den Gitter aus, damit niemand nicht aufwacht, steckens die Schultern in die Schlinge, und mir ziegen Ihnen hinauf aufs Dach und lassen Ihnen auf der andern Seiten hinunter auf die Straßen. – Pasta.«

»Weshalb soll ich denn aus dem Gefängnis ausbrechen?« wandte ich schüchtern ein, »ich bin doch unschuldig.«

»Das ise doch kein Grund, um nicht auszubrechen!« widerlegte mich der schöne Wenzel und machte vor Erstaunen kreisrunde Augen.

Ich musste meine ganze Beredsamkeit aufbieten, um ihm den verwegenen Plan, der, wie er sagte, das Resultat eines »Bataillons«beschlusses war, auszureden.

Dass ich »die Gabe Gottes« von der Hand wies und lieber warten wollte, bis ich von selbst freikommen würde, war ihm unbegreiflich.

»Jedenfalls danke ich Ihnen und Ihren braven Kameraden auf das aller Herzlichste«, sagte ich gerührt und drückte ihm die Hand. »Wenn die schwere Zeit für mich vorüber ist, wird es mein Erstes sein, mich Ihnen allen erkenntlich zu zeigen.«

»Ise gar nicht nätig«, lehnte Wenzel freundlich ab. »Wann Sie ein paar Glas ›Pils‹ zahlen, nähmen wir sich dankbar an, abe sunst nix. Pan Charousek, was ise jetz Schatzmistr vom Bataljohn hat e' uns schon erzählt, was Sie für ein heimlicher

Wohltäter sin. Soll ich ihm was ausrichten, wenn ich in paar Täg wieder herauskomm?«

»Ja, bitte«, fiel ich rasch ein, »sagen Sie ihm, er möchte zu Hillel gehen und ihm mitteilen, ich hätte so viel Angst wegen der Gesundheit seiner Tochter Mirjam. Herr Hillel solle sie nicht aus den Augen lassen. – Werden Sie sich den Namen merken? Hillel!«

»Hirräl?«

»Nein: Hillel.«

»Hillär?«

»Nein: Hill–el.«

Wenzel zerbrach sich fast die Zunge an dem für einen Tschechen unmöglichen Namen, aber schließlich bewältigte er ihn doch unter wilden Grimassen.

»Und dann noch eins. Herr Charousek möge – ich lasse ihn herzlich drum bitten – sich auch, soweit es in seiner Macht steht, der »vornehmen Dame« – er weiß schon, wer darunter zu verstehen ist – annehmen.«

»Sie meinen sich wahrscheinlich die adlige Flietschen, die was da Gspusi ghabt hat mit dem Niemetz – dem Dr. Sapoli? – No, die hat sich doch scheiden lassen und ise mit dem Kind und dem Sapoli fürt.«

»Wissen Sie das bestimmt?«

Ich fühlte meine Stimme zittern. So sehr ich mich um Angelinas willen freute, – es krampfte mir doch das Herz zusammen.

Wie viel Sorge hatte ich ihretwegen getragen und jetzt – – – war ich vergessen.

Vielleicht glaubte sie, ich sei wirklich ein Raubmörder.

Ein bitterer Geschmack stieg mir in die Kehle.

Der Schlot schien mit dem Feingefühl, das verwahrlosten Menschen seltsamerweise eigen ist bei allen Dingen, die sich um Liebe drehen, erraten zu haben, wie mir zumute war, denn er blickte scheu weg und antwortete nicht.

»Wissen Sie vielleicht auch, wie es Herrn Hillels Tochter, dem Fräulein Mirjam geht? Kennen Sie sie?« fragte ich gepresst.

»Mirjam? Mirjam?« – Wenzel legte sein Gesicht in nachdenkliche Falten – »Mirjam? – Gäht sich die öfters in der Nacht zum Loisitschek?«

Ich musste unwillkürlich lächeln. »Nein. Bestimmt nicht.«

»Dann kenn ich sie nicht«, sagte Wenzel trocken.

Wir schwiegen eine Weile.

Vielleicht steht in dem Briefchen etwas über sie, hoffte ich.

»Dass den Wassertrum der Deiwel g'holt hat«, fing Wenzel plötzlich wieder an, »wärden Sie sich wohl schon gehärt haben?«

Ich fuhr entsetzt auf.

»No ja.« – Wenzel deutete auf seine Kehle. – »Murxi, murxi! Ich sag ich Ihnän; es war Ihnän schaislich. Wie sie den Laden aufgebrochen haben, weil er sich paar Täg nicht hat segen lassen, war ich natierlich der erschte drin; – wie denn nicht! – Und da hat e' durten g'sässen, der Wassertrum, in einem dreckigen Lähnsessel, die Brust voller Blut und die Augen wie aus Glas. – – – Wissen S', ich bin ich ein handfeste Kerl, aber mir hat sich alles gdräht, sag ich Ihnän, und ich hab' gemeint, ich hau ich ohnmächtig hi–iin. Furt' a furt' hab' ich mir vorsagen missen; Wenzel, hab' ich mir vorg'sagt, Wenzel, reg' dich nicht auf, es is doch bloß ein toter Jud. – Er hat eine Feile in der Kehle stecken gehabt und im Laden war sich alles umedum geschmissen. – Ein Raubmord natierlich.«

»Die Feile! Die Feile!« Ich fühlte, wie mir der Atem kalt wurde vor Grausen. Die Feile! So hatte sie also doch ihren Weg gefunden!

»Ich weiß ich auch, wer's war«, fuhr Wenzel nach einer Pause halblaut fort. »Niemand anders, sag ich Ihnän, als der blattersteppige Loiso. – Ich hab' ich nämlich sein Taschenmesser auf dem Boden im Laden entdeckt und rasch eing'stäckt, damit sich die Polizei nicht draufkommt. – Ise sich durch einen unterirdischen Gang in den Laden – – –«, er brach mit einem Ruck seine Rede ab und horchte ein paar Sekunden lang angestrengt, dann warf er sich auf die Pritsche und fing an, fürchterlich zu schnarchen.

Gleich darauf klirrte das Vorhängeschloss und der Gefängniswärter kam herein und musterte mich argwöhnisch.

Ich machte ein teilnahmsloses Gesicht und Wenzel war kaum zu erwecken.

Erst nach vielen Püffen richtete er sich gähnend auf und taumelte, gefolgt von dem Wärter, schlaftrunken hinaus. – – – – – – – – – – – – – – –

Fiebernd vor Spannung faltete ich Charouseks Brief auseinander und las:

Den 12. Mai.

»Mein lieber armer Freund und Wohltäter!

Woche um Woche habe ich gewartet, dass Sie endlich freikommen würden, – immer vergebens, – habe alle möglichen Schritte versucht, um Entlastungsmaterial für Sie zu sammeln, aber ich fand keins.

Ich bat den Untersuchungsrichter, das Verfahren zu beschleunigen, aber jedes Mal hieß es, er könne nichts tun – es sei Sache der Staatsanwaltschaft und nicht die seinige.

Amtsschimmel!

Eben erst, vor einer Stunde, gelang mir jedoch etwas, von dem ich mir den besten Erfolg erhoffe: Ich habe erfahren, dass Jaromir dem Wassertrum eine goldene Taschenuhr, die er nach der damaligen Verhaftung seines Bruders Loisa in dessen Bett gefunden hatte, verkauft hat.

Beim ›Loisitschek‹, wo, wie Sie wissen, die Detektive verkehren, geht das Gerücht, man hätte die Uhr des angeblich ermordeten Zottmann – dessen Leiche übrigens noch immer nicht entdeckt ist – als *corpus delicti* bei Ihnen gefunden. Das übrige reimte ich mir zusammen: Wassertrum *et cetera!*

Ich habe mir Jaromir sofort vorgenommen, ihm 1000 *fl.* gegeben – – « Ich ließ den Brief sinken, und die Freudentränen traten mir in die Augen; nur Angelina konnte Charousek die Summe gegeben haben. Weder Zwakh, noch Prokop, noch Vrieslander besaßen so viel Geld. – Sie hatte mich also doch nicht vergessen! – Ich las weiter: » – 1000 *fl.* gegeben und ihm weitere 2000 *fl.* versprochen, wenn er mit mir sofort zur Polizei ginge und eingestünde, die Uhr seinem Bruder zu Hause entwendet und verkauft zu haben. – Das alles kann aber erst geschehen, wenn dieser Brief durch Wenzel bereits an Sie unterwegs ist. Die Zeit reicht nicht aus.

Aber seien Sie versichert, es wird geschehen. Heute noch. Ich bürge Ihnen dafür.

Ich zweifle keinen Augenblick, dass Loisa den Mord begangen hat und die Uhr die Zottmanns ist.

Sollte sie es wider Erwarten nicht sein, – nun, dann weiß Jaromir, was er zu tun hat. – Jedenfalls wird er sie als die bei Ihnen gefundene agnoszieren.

Also, harren Sie aus und verzweifeln Sie nicht! Der Tag, wo Sie frei sein werden, steht vielleicht bald bevor.

Ob trotzdem ein Tag kommen wird, wo wir uns wiedersehen? Ich weiß es nicht.

Fast möchte ich sagen: ich glaube es nicht, denn mit mir geht's rasch zu Ende, und ich muss auf der Hut sein, dass mich die letzte Stunde nicht überrascht.

Aber eins halten Sie fest, wir werden uns wiedersehen.

Wenn auch nicht in diesem Leben und nicht wie die Toten in jenem Leben, aber an dem Tag, wo die Zeit zerbricht, – wo, wie es in der Bibel steht, der HERR die ausspeien wird aus seinem Munde, die lau waren und weder kalt noch warm. – – –

Wundern Sie sich nicht, dass ich so rede! Ich habe nie mit Ihnen über diese Dinge gesprochen und, als Sie einmal das Wort ›Kabbala‹ berührten, bin ich Ihnen ausgewichen, aber – ich weiß, was ich weiß.

Vielleicht verstehen Sie, was ich meine, und wenn nicht, so streichen Sie, ich bitte Sie darum, das, was ich gesagt habe, aus Ihrem Gedächtnis. – – Einmal, in meinen Delirien, glaubte ich – ein Zeichen auf Ihrer Brust zu sehen. – Mag sein, dass ich wach geträumt habe.

Nehmen Sie an, wenn Sie mich wirklich nicht verstehen sollten, dass ich gewisse Erkenntnisse gehabt habe – innerlich! – fast schon von Kindheit an, die mich einen seltsamen Weg geführt haben; – Erkenntnisse, die sich nicht decken mit dem, was die Medizin lehrt oder Gott sei Dank noch nicht weiß; hoffentlich auch nie erfahren wird.

Aber ich habe mich nicht dumm machen lassen von der Wissenschaft, deren höchstes Ziel es ist, einen – ›Wartesaal‹ auszustaffieren, den man am besten niederrisse. Doch genug davon.

Ich will Ihnen erzählen, was sich inzwischen zugetragen hat: Ende April war Wassertrum so weit, dass meine Suggestion anfing zu wirken. Ich sah es daran, dass er auf der Gasse beständig gestikulierte und laut mit sich selbst sprach.

So etwas ist ein sicheres Zeichen, dass die Gedanken eines Menschen sich zum Sturm rotten, um über ihren Herrn herzufallen.

Dann kaufte er sich ein Taschenbuch und machte sich Notizen. Er schrieb! Er schrieb! Dass ich nicht lache! Er schrieb.

Und dann ging er zu einem Notar. Unten vor dem Haus wusste ich, was er oben machte: – er machte sein Testament.

Dass er mich zum Erben einsetzte, habe ich mir allerdings nicht gedacht. Ich hätte wahrscheinlich den Veitstanz bekommen vor Vergnügen, wenn's mir eingefallen wäre.

Er setzte mich zum Erben ein, weil ich der einzige auf der Erde bin, an dem er noch etwas gutmachen könnte, wie er glaubte. Das Gewissen hat ihn überlistet.

Vielleicht war's auch die Hoffnung, ich würde ihn segnen, wenn ich mich nach seinem Tod durch seine Huld plötzlich als Millionär sähe, und dadurch den Fluch wettmachen, den er in Ihrem Zimmer aus meinem Mund hat mit anhören müssen.

Dreifach hat demnach meine Suggestion gewirkt.

Rasend witzig, dass er heimlich also doch an eine Wiedervergeltung im Jenseits geglaubt hat, während er sich's das ganze Leben lang mühselig ausreden wollte.

Aber so ist's bei allen den Ganzgescheiten; man sieht es schon an der wahnwitzigen Wut, in die sie geraten, wenn man's ihnen ins Gesicht sagt. Sie fühlen sich ertappt.

Von dem Moment an, wo Wassertrum vom Notar kam, ließ ich ihn nicht mehr aus dem Auge.

Des Nachts horchte ich an den Verschlagbrettern seines Ladens, denn jede Minute konnte die Entscheidung fallen. –

Ich glaube, durch Mauern hindurch würde ich das ersehnte schnalzende Geräusch gehört haben, wenn er den Stöpsel aus der Giftflasche gezogen hätte.

Es fehlte vielleicht nur eine Stunde, und mein Lebenswerk war vollbracht.

Da griff ein Unberufener ein und ermordete ihn. Mit einer Feile.

Lassen Sie sich das Nähere von Wenzel erzählen, mir wird es zu bitter, alles das niederschreiben zu müssen.

Nennen Sie es Aberglaube, – aber, wie ich sah, dass Blut vergossen worden war – die Dinge im Laden waren befleckt davon, – kam es mir vor, als sei mir seine Seele entwischt.

Etwas in mir, – ein feiner, untrüglicher Instinkt – sagt mir, dass es nicht dasselbe ist, ob ein Mensch von fremder Hand stirbt oder von eigener, – dass Wassertrum sein Blut mit sich in die Erde hätte nehmen müssen, dann erst wäre meine Mission erfüllt gewesen. – Jetzt, wo es anders gekommen ist, fühle ich mich als Ausgestoßener, als ein Werkzeug, das nicht würdig befunden wurde in der Hand des Todesengels.

Aber ich will mich nicht auflehnen. Mein Hass ist von der Art, die übers Grab hinausgeht, und noch habe ich ja mein eigenes Blut, das ich vergießen kann, wie ich will, damit es dem seinigen nachgehe im Reich der Schatten auf Schritt und Tritt. –

Jeden Tag, seit sie Wassertrum verscharrt haben, sitze ich draußen bei ihm auf dem Friedhof und horche in meine Brust hinein, was ich tun soll.

Ich glaube, ich weiß es bereits, aber ich will noch warten, bis das innere Wort, das zu mir spricht, klar wird wie eine Quelle. – Wir Menschen sind unrein, und oft bedarf es langen Fastens und Wachens, bis wir das Flüstern unserer Seele verstehen. – – –

In der verflossenen Woche wurde mir offiziell vom Gericht mitgeteilt, dass mich Wassertrum zum Universalerben eingesetzt hat.

Dass ich für mich keinen Kreuzer davon anrühre, brauche ich Ihnen wohl nicht zu versichern, Herr Pernath. – Ich werde mich hüten, ›ihm‹ – für ›drüben‹ eine

Handhabe zu geben.

Die Häuser, die er besessen hat, lasse ich versteigern, die Gegenstände, die er berührt hat, werden verbrannt, und was an Geld und Geldeswert sich dann ergibt, fällt nach meinem Tode zu einem Drittel Ihnen zu. –

Ich sehe im Geiste, wie Sie aufspringen und protestieren, aber ich kann Sie beruhigen. Was Sie bekommen, ist Ihr rechtmäßiges Eigentum mit Zinsen und Zinseszinsen. Schon lange wusste ich, dass Wassertrum vor Jahren Ihren Vater und seine Familie um alles gebracht hat, – erst jetzt bin ich in der Lage, es aktenmäßig nachweisen zu können.

Ein zweites Drittel wird unter die zwölf Mitglieder des »Bataillons« verteilt, die den Dr. Hulbert noch persönlich gekannt haben. Ich will, dass jeder von ihnen reich wird und Zutritt bekommt zur Prager – »guten Gesellschaft«.

Das letzte Drittel gehört zu gleichen Teilen den nächsten sieben Raubmördern des Landes, die mangels zureichender Beweise freigesprochen werden müssen.

Ich bin das dem öffentlichen Ärgernis schuldig.

So. Das wäre wohl alles.

Und jetzt, mein lieber, lieber Freund, leben Sie wohl und gedenken Sie zuweilen

Ihres
aufrichtigen und dankbaren
Innocenz Charousek.«

Tief erschüttert legte ich den Brief aus der Hand. Ich konnte mich nicht freuen über die Nachricht von meiner bevorstehenden Enthaftung.

Charousek! Armer Mensch! Wie ein Bruder kümmerte er sich um mein Schicksal. Bloß, weil ich ihm einst 100 *fl.* geschenkt hatte. Wenn ich ihm nur einmal noch die Hand drücken könnte!

Ich fühlte, ja, er hatte recht; der Tag würde nie kommen.

Ich sah ihn vor mir: Seine flackernden Augen, die schwindsüchtigen Schultern, die hohe, noble Stirn.

Vielleicht, dass alles ganz anders gekommen wäre, wenn eine hilfreiche Hand rechtzeitig in dies verdorrte Leben eingegriffen hätte.

Noch einmal las ich den Brief durch.

Wie viel Methode in Charouseks Irrsinn lag! Ob er überhaupt irrsinnig war?

Ich schämte mich beinahe, diesen Gedanken auch nur einen Augenblick geduldet zu haben.

Sagten seine Anspielungen nicht genug? Er war ein Mensch wie Hillel, wie Mirjam, wie ich selbst; ein Mensch, über den die eigene Seele Gewalt gewonnen hatte, – den sie durch die wilden Schluchten und Klüfte des Lebens emporführte in die Firnenwelt eines unbetretenen Landes.

Er, der doch ein ganzes Leben auf Mord gesonnen, stand er nicht reiner da, als irgendeiner von denen, die naserümpfend umhergehen und angelernte Gebote eines unbekannten, mythischen Propheten zu befolgen vorgeben?

Er hielt das Gebot, das ihm ein übermächtiger Trieb diktierte, ohne an eine »Belohnung« hier oder jenseits auch nur zu denken.

Was er getan hatte, war es etwas anderes als frömmste Pflichterfüllung in des Wortes verborgenster Bedeutung?

»Feig, hinterlistig, mordgierig, krank, eine problematische – eine Verbrechernatur« – ich hörte förmlich, wie das Urteil der Menge über ihn lauten musste, wenn sie mit ihren blinden Stalllaternen in seine Seele hineinzuleuchten käme, – dieser geifernden Menge, die nie und nimmer begreifen wird, dass die giftige Herbstzeitlose tausendfach schöner und edler ist als der nützliche Schnittlauch. – – –

Wieder ging das Türschloss draußen, und ich hörte, dass man einen Menschen hereinschob.

Ich drehte mich nicht einmal um, so sehr war ich erfüllt von dem Eindruck des Briefes.

Kein Wort über Angelina, nichts von Hillel stand darin.

Freilich, Charousek musste in größter Eile geschrieben haben, die Schrift verriet es mir.

Ob mir wohl noch ein Brief von ihm heimlich überbracht werden würde?

Ich hoffte heimlich auf den morgigen Tag, auf den gemeinsamen Rundgang der Gefangenen im Hof. – Da war es noch am leichtesten, dass mir irgendeiner vom »Bataillon« etwas zusteckte.

Eine leise Stimme schreckte mich aus meinen Grübeleien:

»Würden Sie gestatten, mein Herr, dass ich mich Ihnen vorstelle? Mein Name ist Laponder. Amadeus Laponder«.

Ich drehte mich um.

Ein kleiner, schmächtiger, noch ziemlich junger Mann in gewählter Kleidung, nur ohne Hut, wie alle Untersuchungsgefangenen, verbeugte sich korrekt vor mir.

Er war glattrasiert wie ein Schauspieler, und seine großen, hellgrün glänzenden, mandelförmigen Augen hatten das Eigentümliche an sich, dass, so geradeaus sie auch auf mich gerichtet waren, sie mich doch nicht zu sehen schienen. – Es lag so etwas wie – Geistesabwesenheit darin.

Ich murmelte meinen Namen und verbeugte mich ebenfalls und wollte mich wieder umdrehen, konnte aber lange den Blick von dem Menschen nicht wenden, so fremdartig wirkte er auf mich mit dem pagodenhaften Lächeln, das die aufwärts gezogenen Mundwinkel der feingeschwungenen Lippen beständig seinem Gesicht aufdrückten.

Er sah fast aus wie eine chinesische Buddhastatue aus Rosenquarz, mit seiner faltenlosen, durchsichtigen Haut, der mädchenhaft schmalen Nase und den zarten Nüstern.

»Amadeus Laponder, Amadeus Laponder«, wiederholte ich vor mich hin.

»Was er wohl begangen haben mag?« – – – – – – – – – –

»Waren Sie schon beim Verhör«, fragte ich nach einer Weile.

»Ich komme soeben von dort. – Hoffentlich werde ich Sie hier nicht lange inkommodieren müssen«, antwortete Herr Laponder liebenswürdig.

»Armer Teufel«, dachte ich mir, »er ahnt nicht, was einem Untersuchungsgefangenen bevorsteht.«

Ich wollte ihn langsam vorbereiten: »Man gewöhnt sich allmählich an das Stillsitzen, wenn einmal die ersten, schlimmsten Tage vorüber sind.« – – –

Er machte ein verbindliches Gesicht. Pause.

»Hat das Verhör lange gedauert, Herr Laponder?«

Er lächelte zerstreut: »Nein. Ich wurde bloß gefragt, ob ich geständig sei, und musste das Protokoll unterschreiben.«

»Sie haben unterschrieben, dass Sie geständig sind?« fuhr es mir heraus.

»Allerdings.«

Er sagte es, als ob es sich von selbst verstünde.

Es kann nichts Schlimmes sein, legte ich mir zurecht, weil er so gar keine Aufregung zeigt. Wahrscheinlich eine Herausforderung zum Duell oder etwas Ähnliches.

»Ich bin leider schon so lange hier, dass es mir wie ein Menschenleben vorkommt«; – ich seufzte unwillkürlich, und er machte sofort eine teilnehmende Miene. »Ich wünsche Ihnen, dass Sie das nicht mitzumachen brauchen, Herr Laponder. Nach allem, was ich sehe, werden Sie wohl bald wieder auf freiem Fuß sein.«

»Wie man's nimmt«, antwortete er ruhig, aber es klang wie ein versteckter Doppelsinn.

»Sie glauben nicht?« fragte ich lächelnd. Er schüttelte den Kopf.

»Wie soll ich das verstehen? – Was haben Sie denn gar so Schreckliches begangen? Verzeihen Sie, Herr Laponder, es ist nicht Neugierde von mir, – lediglich Teilnahme, dass ich frage.«

Er zögerte einen Augenblick, dann sagte er, ohne mit der Wimper zu zucken: »Lustmord.«

Mir war, als hätte er mich mit einem Stock über den Kopf geschlagen.

Vor Abscheu und Grausen konnte ich keinen Ton herausbringen.

Er schien es zu bemerken und blickte diskret zur Seite, aber nicht das leiseste Mienenspiel in seinem automatenhaft lächelnden Gesicht verriet, dass er über mein plötzlich verändertes Benehmen verletzt gewesen wäre.

Wir wechselten kein Wort weiter und blickten stumm aneinander vorbei. – – –

Als ich mich nach Einbruch der Dunkelheit niederlegte, folgte er sogleich meinem Beispiel, entkleidete sich, hängte sorgsam seine Kleider an den Wandnagel, streckte sich aus und schien, nach seinen ruhigen, tiefen Atemzügen zu schließen, unmittelbar darauf fest eingeschlafen zu sein.

Die ganze Nacht konnte ich nicht zur Ruhe kommen.

Das beständige Gefühl, ein solches Scheusal in meiner nächsten Nähe zu haben und dieselbe Luft mit ihm atmen zu müssen, war mir so grässlich und aufregend, dass die Eindrücke des Tages, Charouseks Brief und all das erlebte Neue tief in den Hintergrund traten.

Ich hatte mich so gelegt, dass ich den Mörder beständig im Auge behielt, denn ich würde es nicht haben ertragen können, ihn hinter mir zu wissen.

Die Zelle war vom Schimmer des Mondes matt durchdämmert, und ich konnte sehen, dass Laponder regungslos, fast starr, dalag.

Seine Züge hatten etwas Leichenhaftes bekommen, und der halbgeöffnete Mund erhöhte diesen Eindruck.

Viele Stunden hindurch änderte er nicht ein einziges Mal seine Lage.

Erst spät nach Mitternacht, als ein dünner Mondstrahl auf sein Gesicht fiel, kam eine leise Unruhe über ihn und er bewegte unaufhörlich die Lippen, wie jemand, der im Schlaf spricht. Es schien immer dasselbe Wort zu sein, – ein zweisilbiger Satz vielleicht, – so wie: »Lass mich. Lass mich, Lass mich.« – – – – – –

Die nächsten paar Tage vergingen, ohne dass ich Notiz von ihm genommen hätte, und auch er brach niemals das Schweigen.

Sein Benehmen blieb nach wie vor gleich liebenswürdig. So oft ich auf und ab gehen wollte, sah er es mir sofort an und zog höflich, wenn er auf der Pritsche saß, die Füße zurück, um mir nicht im Weg zu sein.

Ich fing an, mir Vorwürfe wegen meiner Schroffheit zu machen, konnte aber die Abscheu vor ihm beim besten Willen nicht loswerden.

So sehr ich gehofft hatte, mich an seine Nähe gewöhnen zu können, – es ging nicht.

Selbst in den Nächten hielt es mich wach. Kaum eine Viertelstunde verbrachte ich im Schlaf.

Abend für Abend wiederholte sich haargenau derselbe Vorgang: Er wartete respektvoll, bis ich mich ausstreckte, zog dann seine Kleider aus, legte sie pedantisch in Falten, hängte sie auf, und so weiter und so weiter. – – –

Eines Nachts – es mochte um die zweite Stunde sein – stand ich schlaftrunken vor Müdigkeit wieder auf dem Wandbrett, starrte in den Vollmond, dessen Strahlen sich wie glitzerndes Öl auf dem kupfernen Gesicht der Turmuhr spiegelten, und dachte voll Trauer an Mirjam.

Da hörte ich plötzlich leise ihre Stimme hinter mir.

Sofort war ich wach, überwach, – fuhr herum und horchte.

Eine Minute verging.

Schon glaubte ich, ich hätte mich getäuscht, da kam es wieder. Ich konnte die Worte nicht genau verstehen, aber es klang wie:

»Frag' mich. Frag' mich.«

Es war bestimmt Mirjams Stimme.

Schlotternd vor Aufregung stieg ich, so leise ich konnte, herab und trat an das Bett Laponders.

Das Mondlicht schien voll auf sein Gesicht, und ich konnte deutlich unterscheiden, dass er die Lider offen hatte, doch nur das Weiße der Augäpfel war sichtbar.

An der Starre der Wangenmuskeln sah ich, dass er im Tiefschlaf lag.

Nur die Lippen bewegten sich wieder wie neulich.

Und allmählich verstand ich die Worte, die hinter seinen Zähnen hervordrangen: »Frag' mich. Frag' mich.«

Die Stimme war der von Mirjam täuschend ähnlich.

»Mirjam? Mirjam?« rief ich unwillkürlich, dämpfte aber sofort den Ton, um den Schläfer nicht zu wecken.

Ich wartete, bis sein Gesicht wieder starr geworden war, dann wiederholte ich leise: »Mirjam? Mirjam?«

Sein Mund formte ein kaum vernehmbares, aber doch deutliches: »Ja.«

Ich legte mein Ohr dicht an seine Lippen.

Nach einer Weile hörte ich Mirjams Stimme flüstern – so unverkennbar ihre Stimme, dass mir Kälteschauer über die Haut liefen.

Ich trank die Worte so gierig, dass ich nur den Sinn begriff. Sie sprach von Liebe zu mir und von dem unsagbaren Glück, dass wir uns endlich gefunden hätten – und uns nie wieder trennen würden – hastig – ohne Pause, wie jemand, der fürchtet, unterbrochen zu werden und jede Sekunde ausnützen will.

Dann wurde die Stimme stockend – erlosch zeitweilig ganz.

»Mirjam?« fragte ich, bebend vor Angst und mit eingezogenem Atem, »Mirjam, bist du gestorben?«

Lange keine Antwort.

Dann fast unverständlich: »Nein. – Ich lebe. – Ich schlafe.« – –

Nichts mehr.

Ich lauschte und lauschte.

Vergebens.

Nichts mehr.

Vor Ergriffenheit und Zittern musste ich mich auf die Kante der Pritsche stützen, um nicht vornüber auf Laponder zu fallen.

Die Täuschung war so vollständig gewesen, dass ich Mirjam momentelang tatsächlich vor mir liegen zu sehen glaubte und alle meine Kraft zusammennehmen musste, um nicht einen Kuss auf die Lippen des Mörders zu drücken.

»Henoch! Henoch!« – hörte ich ihn plötzlich lallen, dann immer klarer und artikulierter: »Henoch! Henoch!«

Sofort erkannte ich Hillel.

»Bist du es, Hillel?«

Keine Antwort.

Ich erinnerte mich, gelesen zu haben, dass man Schlafenden, um sie zum Reden zu bringen, die Fragen nicht ins Ohr stellen dürfe, sondern gegen das Nervengeflecht in der Magengrube richten müsse.

Ich tat es: »Hillel?«

»Ja, ich höre dich!«

»Ist Mirjam gesund? Weißt du alles?« fragte ich schnell.

»Ja. Ich weiß alles. Wusste es längst. – Sei ohne Sorge, Henoch, und fürchte dich nicht!«

»Kannst du mir verzeihen, Hillel?«

»Ich sage dir doch, sei ohne Sorge.«

»Werden wir uns bald wiedersehen?« – Ich fürchtete, die Antwort nicht mehr verstehen zu können; schon der letzte Satz war nur noch gehaucht worden.

»Ich hoffe es. Ich will warten – auf dich – wenn ich kann – dann muss ich – Land – – – «

»Wohin? In welches Land?« – ich fiel beinahe auf Laponder – »In welches Land? In welches Land?«

» – Land – Gad – südlich – Palästina – « Die Stimme erstarb.

Hundert Fragen schossen mir in der Verwirrung durch den Kopf: Warum nennt er mich Henoch? Zwakh, Jaromir, die Uhr, Vrieslander, Angelina, Charousek.

»Leben Sie wohl und gedenken Sie meiner zuweilen«, kam es plötzlich wieder laut und deutlich von den Lippen des Mörders. Diesmal in Charouseks Tonfall, aber ähnlich so, als hätte ich selbst es gesagt.

Ich erinnerte mich, es war wörtlich der Schluss-Satz aus Charouseks Brief. –

Das Gesicht Laponders lag bereits im Dunkel. Das Mondlicht fiel auf die Kopfenden des Strohsacks. In einer Viertelstunde musste es aus der Zelle verschwunden sein. – Ich stellte Frage auf Frage, bekam aber keine Antwort mehr. Der Mörder lag unbeweglich da wie eine Leiche und hatte die Lider geschlossen. – – – – – – – – – – –

Ich machte mir die heftigsten Vorwürfe, alle die Tage über in Laponder nur den Verbrecher und niemals den Menschen gesehen zu haben. –

Nach dem, was ich soeben erlebt, war er offenbar ein Somnambuler – ein Geschöpf, das unter dem Einfluss des Vollmonds stand.

Vielleicht hatte er den Lustmord in einer Art Dämmerzustand begangen. Bestimmt sogar. –

Jetzt, wo der Morgen graute, war die Starrheit aus seinen Zügen gewichen und hatte dem Ausdruck seligen Friedens Platz gemacht.

So ruhig kann ein Mensch doch nicht schlummern, der einen Mord auf dem Gewissen hat, sagte ich mir.

Ich konnte den Moment, wo er aufwachen würde, kaum erwarten. Ob er wohl wüsste, was geschehen war?

Endlich schlug er die Augen auf, begegnete meinem Blick und sah zur Seite.

Sofort trat ich zu ihm und ergriff seine Hand: »Verzeihen Sie mir, Herr Laponder, dass ich bisher so unfreundlich zu Ihnen gewesen bin. Es war das Ungewohnte, das – «

»Seien Sie überzeugt, mein Herr, ich begreife vollkommen«, unterbrach er mich lebhaft, »dass es ein scheußliches Gefühl sein muss, mit einem Lustmörder beisammen zu sein.«

»Reden Sie nicht mehr davon«, bat ich. »Es ist mir heute Nacht so mancherlei durch den Kopf gegangen, und ich werde den Gedanken nicht los, Sie könnten vielleicht – – – « ich suchte nach Worten.

»Sie halten mich für krank«, half er mir heraus.

Ich bejahte: »Ich glaube es aus gewissen Anzeichen schließen zu dürfen. Ich – ich – darf ich Ihnen eine direkte Frage stellen, Herr Laponder?«

»Ich bitte darum.«

»Es klingt etwas merkwürdig, – aber – würden Sie mir sagen, was Sie heute geträumt haben?«

Er schüttelte lächelnd den Kopf: »Ich träume nie.«

»Aber Sie haben aus dem Schlaf gesprochen.«

Er blickte überrascht auf. Dachte eine Weile nach. Dann sagte er bestimmt: »Das kann nur geschehen sein, wenn Sie mich etwas gefragt haben.« – Ich gab es zu. »Denn wie gesagt, ich träume nie. Ich – ich wandere«, setzte er nach einer Pause halblaut hinzu.

»Sie wandern? Wie soll ich das verstehen?«

Er schien nicht recht mit der Sprache heraus zu wollen, und ich hielt es für angezeigt, ihm die Gründe zu nennen, die mich bewogen hatten, in ihn zu dringen, und erzählte ihm in Umrissen, was nachts geschehen war.

»Sie können sich fest darauf verlassen«, sagte er ernst, als ich zu Ende war, »dass alles auf Richtigkeit beruht, was ich im Schlaf gesprochen habe. Wenn ich vorhin bemerkte, dass ich nicht träume, sondern ›wandere‹, so meinte ich damit, dass mein Traumleben anders beschaffen ist als das – sagen wir, normaler Menschen. Nennen Sie es, wenn Sie wollen, ein Austreten aus dem Körper. – – So war ich z. B. heute Nacht in einem höchst sonderbaren Zimmer, zu dem der Eingang von unten herauf durch eine Falltür führte.«

»Wie sah es aus?« fragte ich rasch. »War es unbewohnt? Leer?«

»Nein; es standen Möbel darin; aber nicht viele. Und ein Bett, in dem ein junges Mädchen schlief – oder wie scheintot lag, – und ein Mann saß neben ihr und hielt seine Hand über ihre Stirn.« – Laponder schilderte die Gesichter der beiden. Kein Zweifel, es waren Hillel und Mirjam.

Ich wagte vor Spannung kaum zu atmen.

»Bitte, erzählen Sie weiter. War sonst noch jemand im Zimmer?«

»Sonst noch jemand? Warten Sie – – – nein: sonst war niemand mehr im Zimmer. Ein siebenflammiger Leuchter brannte auf dem Tisch. – Dann ging ich eine Wendeltreppe hinunter.«

»Sie war zerbrochen?« fiel ich ein.

»Zerbrochen? Nein, nein; sie war ganz in Ordnung. Und von ihr zweigte seitlich eine Kammer ab, darin saß ein Mann mit silbernen Schnallen an den Schuhen und von fremdartigem Typus, wie ich noch nie einen Menschen gesehen habe: von gelber Gesichtsfarbe und mit schrägstehenden Augen; – er war vornüber gebeugt und schien auf etwas zu warten. Auf einen Auftrag vielleicht.«

»Ein Buch, – ein altes großes Buch haben Sie nirgends gesehen?«, forschte ich.

Er rieb sich die Stirn: »Ein Buch sagen Sie? – Ja. Sehr richtig; ein Buch lag auf dem Boden. Es war aufgeschlagen, ganz aus Pergament, und mit einem großen, goldenen ›A‹ fing die Seite an.«

»Mit einem ›I‹, meinen Sie wohl?«

»Nein, mit einem ›A‹.«

»Wissen Sie das bestimmt? War es nicht ein ›I‹?«

»Nein, es war bestimmt ein ›A‹.«

Ich schüttelte den Kopf und fing an zu zweifeln. Offenbar hatte Laponder im Halbschlaf in meinem Vorstellungsinhalt gelesen und alles wirr durcheinander gebracht: Hillel, Mirjam, den Golem, das Buch Ibbur und den unterirdischen Gang.

»Haben Sie die Gabe zu ›wandern‹, wie Sie es nennen, schon lang?« fragte ich.

»Seit meinem 21. Jahr – «, er stockte, schien nicht gern davon zu reden; da nahm seine Miene plötzlich den Ausdruck grenzenlosen Erstaunens an, und er starrte auf meine Brust, als ob er dort etwas sähe.

Ohne auf meine Verwunderung zu achten, ergriff er hastig meine Hand und bat – fast flehentlich: »Um Himmels willen, sagen Sie mir alles. Es ist heute der letzte Tag, den ich bei Ihnen verbringen darf. Vielleicht schon in einer Stunde werde ich abgeholt, um mein Todesurteil anzuhören. – – – «

Ich unterbrach ihn entsetzt: »Dann müssen Sie mich mitnehmen als Zeugen! Ich werde beschwören, dass Sie krank sind. – Sie sind mondsüchtig. Es darf nicht sein, dass man Sie hinrichtet, ohne Ihren Geisteszustand untersucht zu haben. So nehmen Sie doch Vernunft an!« Er wehrte nervös ab: »Das ist doch so nebensächlich, – bitte, sagen Sie mir alles!«

»Aber was soll ich Ihnen denn sagen? – Reden wir doch lieber von Ihnen und – «

»Sie müssen, ich weiß das jetzt, gewisse, seltsame Dinge erlebt haben, die mich nah angehen, – näher als Sie ahnen können; – – ich bitte Sie, sagen Sie mir alles!« flehte er.

Ich konnte es nicht fassen, dass ihn mein Leben mehr interessierte als seine eigenen, doch wahrhaftig genügend dringenden Angelegenheiten; um ihn aber zu beruhigen, erzählte ich ihm alles, was mir an Unbegreiflichem geschehen war.

Bei jedem größeren Abschnitt nickte er zufrieden, wie jemand, der eine Sache bis zum Grunde durchschaut.

Als ich zu der Stelle kam, wo die Erscheinung ohne Kopf vor mir gestanden und mir die schwarzroten Körner hingehalten hatte, konnte er es kaum erwarten, den Schluss zu erfahren.

»Also, aus der Hand geschlagen haben Sie sie ihm«, murmelte er sinnend. »Ich hätte nie gedacht, dass es einen dritten ›Weg‹ geben könnte.«

»Es war das kein dritter Weg«, sagte ich, »es war derselbe, wie wenn ich die Körner abgelehnt hätte.«

Er lächelte.

»Glauben Sie nicht, Herr Laponder?«

»Wenn Sie sie abgelehnt hätten, wären Sie wohl auch den ›Weg des Lebens‹ gegangen, aber die Körner, die magische Kräfte bedeuten, wären nicht zurückgeblieben. – So sind sie auf den Boden gerollt, wie Sie sagen. Das heißt, sie sind hiergeblieben und werden von Ihren Vorfahren so lange gehütet, bis die Zeit des Keimens da ist. Dann werden die Kräfte, die in Ihnen jetzt noch schlummern, lebendig werden.« – Ich verstand nicht: »Von meinen Vorfahren werden die Körner behütet?«

»Sie müssen es teilweise symbolisch auffassen, was Sie erlebt haben«, erklärte Laponder. »Der Kreis der bläulich strahlenden Menschen, der Sie umstand, war die Kette der ererbten ›Iche‹, die jeder von einer Mutter Geborene mit sich herumschleppt. Die Seele ist nichts ›Einzelnes‹, – sie soll es erst werden, und das nennt man dann: ›Unsterblichkeit‹; Ihre Seele ist noch zusammengesetzt aus vielen ›Ichen‹ – so, wie ein Ameisenstaat aus vielen Ameisen; Sie tragen die seelischen Reste vieler tausend Vorfahren in sich: – die Häupter Ihres Geschlechtes. Bei allen Wesen ist es so. Wie könnte denn ein Huhn, das aus einem Ei künstlich erbrütet wurde, sich sogleich die richtige Nahrung suchen, wenn nicht die Erfahrung von Jahrmillionen in ihm stäke? – Das Vorhandensein des ›Instinkts‹ verrät die Gegenwart der Vorfahren im Leib und in der Seele. – Aber, verzeihen Sie, ich wollte Sie nicht unterbrechen.«

Ich erzählte zu Ende. Alles. Auch das, was Mirjam über den »Hermaphroditen« gesagt hatte.

Als ich innehielt und aufblickte, bemerkte ich, dass Laponder weiß geworden war wie der Kalk an der Wand und Tränen über seine Wangen liefen.

Rasch stand ich auf, tat, als sähe ich es nicht, und ging in der Zelle auf und ab, um abzuwarten, bis er sich beruhigt haben würde.

Dann setzte ich mich ihm gegenüber und bot meine ganze Beredsamkeit auf, ihn zu überzeugen, wie dringend nötig es wäre, den Richtern gegenüber auf seinen krankhaften Geisteszustand hinzuweisen.

»Wenn Sie wenigstens den Mord nicht eingestanden hätten!« schloss ich.

»Aber ich musste doch! Man hat mich auf mein Gewissen gefragt«, sagte er naiv.

»Halten Sie denn eine Lüge für schlimmer als – als einen Lustmord?« fragte ich verblüfft.

»Im Allgemeinen vielleicht nicht, in meinem Fall gewiss. – Sehen Sie, als ich vom Untersuchungsrichter gefragt wurde, ob ich gestünde, hatte ich die Kraft, die Wahrheit zu sagen. Es stand also in meiner Wahl, zu lügen oder nicht zu lügen. – Als ich den Lustmord beging – – bitte, ersparen Sie mir die Details, es war so grässlich, dass ich die Erinnerung nicht wieder aufleben lassen möchte – – als ich den Lustmord beging, da hatte ich keine Wahl. Wenn ich auch bei vollkommen klarem Bewusstsein handelte, so hatte ich dennoch keine Wahl: Irgendetwas, dessen Vorhandensein in mir ich nie geahnt hatte, wachte auf und war stärker als ich. Glauben Sie, wenn ich die Wahl gehabt haben würde, ich hätte gemordet? – Nie habe ich getötet – nicht einmal das kleinste Tier, – und jetzt wäre ich es schon gar nicht imstande. – – – Nehmen Sie an, es wäre Menschengesetz zu morden, und auf der Unterlassung stünde der Tod – ähnlich, wie es im Krieg der Fall ist, – augenblicklich hätte ich mir den Tod verdient, weil mir keine Wahl bliebe. Ich könnte ganz einfach nicht morden. Damals, als ich den Lustmord beging, lag die Sache umgekehrt.«

»Um so mehr, wo Sie sich jetzt quasi als ein anderer fühlen, müssen Sie alles aufbieten, dem Richterspruch zu entgehen!« wandte ich ein.

Laponder machte eine abwehrende Handbewegung: »Sie irren! Die Richter haben von ihrem Standpunkt aus ganz recht. Sollen sie einen Menschen wie mich vielleicht frei umherlaufen lassen? Damit morgen oder übermorgen wieder das Unheil losbricht?«

»Nein; aber in einer Heilanstalt für Geisteskranke sollte man Sie internieren. Das ist es doch, was ich sage!«

»Wenn ich irrsinnig wäre, hätten Sie recht«, erwiderte Laponder gleichmütig. »Aber ich bin nicht irrsinnig. Ich bin etwas ganz anderes, – etwas, was dem Irrsinn sehr ähnlich sieht, aber gerade das Gegenteil ist. Bitte, hören Sie zu. Sie werden mich sogleich verstehen. – – – Was Sie mir vorhin von dem Phantom ohne Kopf – ein Symbol natürlich, dieses Phantom; den Schlüssel können Sie leicht finden, wenn Sie darüber nachdenken – erzählten, ist mir einst genauso passiert. Nur habe ich die Körner angenommen. Ich gehe also den ›Weg des Todes‹! – Für mich ist das Heiligste, das ich denken kann, meine Schritte vom Geistigen in mir lenken zu lassen. Blind, vertrauensvoll, wohin der Weg auch führen mag, ob zum Galgen oder zum Thron, ob zur Armut oder zum Reichtum. Niemals habe ich gezögert, wenn die Wahl in meine Hand gelegt war.

Darum habe ich auch nicht gelogen, als die Wahl in meiner Hand lag.

Kennen Sie die Worte des Propheten Micha:

»Es ist dir gesagt, Mensch, was gut ist,
und was der Herr von dir fordert«?

Würde ich gelogen haben, hätte ich eine Ursache geschaffen, weil ich die Wahl hatte; – als ich den Mord beging, schuf ich keine Ursache; nur die Wirkung einer in mir schlummernden, längst gelegten Ursache, über die ich keine Gewalt mehr besaß, wurde frei. Also sind meine Hände rein.

Dadurch, dass das Geistige in mir mich zum Mörder werden ließ, hat es eine Hinrichtung an mir vollzogen; dadurch, dass mich die Menschen an den Galgen knüpfen, wird mein Schicksal losgelöst von dem ihrigen – ich komme zur Freiheit.«

Er ist ein Heiliger, fühlte ich, und das Haar sträubte sich mir vor Schauder über meine eigene Kleinheit.

»Sie haben mir erzählt, dass Sie durch den hypnotischen Eingriff eines Arztes in Ihr Bewusstsein lange die Erinnerung an Ihre Jugendzeit vergessen hatten«, fuhr er fort. »Es ist das das Kennzeichen, – das Stigma – aller derer, die von der ›Schlange des geistigen Reiches‹ gebissen sind. Es scheint fast, als müssten in uns zwei Leben aufeinander gepfropft werden, wie ein Edelreis auf den wilden Baum, ehe das Wunder der Erweckung geschehen kann; – was sonst durch den Tod getrennt wird, geschieht hier durch Erlöschen der Erinnerung – manchmal nur durch eine plötzliche innere Umkehr.

Bei mir war es so, dass ich scheinbar ohne äußere Ursache in meinem 21. Jahr eines Morgens wie verändert erwachte. Was mir bis dahin lieb gewesen, erschien mir mit einem Mal gleichgültig. Das Leben kam mir dumm vor wie eine Indianergeschichte und verlor an Wirklichkeit; die Träume wurden zu Gewissheit – zu apodiktischer, beweiskräftiger Gewissheit, verstehen Sie wohl, zu beweiskräftiger, realer Gewissheit, und das Leben des Tages wurde zum Traum. – Alle Menschen könnten das, wenn sie den Schlüssel hätten. Und der Schlüssel liegt einzig und allein darin, dass man sich seiner ›Ichgestalt‹, sozusagen seiner Haut, im Schlaf bewusst wird, – die schmale Ritze findet, durch die sich das Bewusstsein zwängt zwischen Wachsein und Tiefschlaf.

Darum sagte ich vorhin: Ich ›wandere‹ und nicht: Ich ›träume‹.

Das Ringen nach der Unsterblichkeit ist ein Kampf um das Zepter gegen die uns innewohnenden Klänge und Gespenster; und das Warten auf das Königwerden des eigenen ›Ichs‹ ist das Warten auf den Messias.

Der schemenhafte Habal Garmin, den Sie gesehen haben, der ›Hauch der Knochen‹ der Kabbala, das war der König. Wenn er gekrönt sein wird, – dann reißt der Strick entzwei, mit dem Sie durch die äußeren Sinne und den Schornstein des Verstandes an die Welt gebunden sind.

Wieso es kommen konnte, dass ich trotz meinem Losgetrenntsein vom Leben über Nacht zum Lustmörder werden konnte, fragen Sie mich? Der Mensch ist wie ein Glasrohr, durch das bunte Kugeln laufen, bei fast allen im Leben nur die eine. Ist die Kugel rot, heißt der Mensch ›schlecht‹. Ist sie gelb, dann ist der Mensch ›gut‹. Laufen zwei hintereinander – eine rote und eine gelbe, dann hat ›man‹ einen ›ungefestigten‹ Charakter. Wir von der ›Schlange Gebissenen‹, machen in einem Leben durch, was sonst an der ganzen Rasse in einem Weltenalter geschieht: Die farbigen Kugeln rasen hintereinander her durch das Glasrohr, und wenn sie zu Ende sind – – dann sind wir Propheten, – sind die Spiegel Gottes geworden.«

Laponder schwieg.

Lange konnte auch ich kein Wort sprechen. Seine Rede hatte mich fast betäubt.

»Weshalb fragten Sie mich vorhin so ängstlich nach meinen Erlebnissen, wo Sie doch so viel, viel höher stehen als ich?« fing ich endlich wieder an.

»Sie irren«, sagte Laponder, »ich stehe weit unter Ihnen. – Ich fragte Sie, weil ich fühlte, dass Sie den Schlüssel besitzen, der mir noch fehlte.«

»Ich? Einen Schlüssel? O Gott!«

»Jawohl Sie! Und Sie haben ihn mir gegeben. – Ich glaube nicht, dass es einen glücklicheren Menschen auf Erden gibt, als ich es heute bin.«

Draußen entstand ein Geräusch; die Riegel wurden zurückgeschoben, – Laponder achtete kaum darauf: »Das mit dem Hermaphroditen war der Schlüssel. Jetzt habe ich die Gewissheit. Schon deshalb bin ich froh, dass man mich holen kommt, denn bald bin ich am Ziel.«

Vor Tränen konnte ich Laponders Gesicht nicht mehr unterscheiden, ich hörte nur das Lächeln in seiner Stimme. »Und jetzt, leben Sie wohl, Herr Pernath, und denken Sie, das, was man morgen aufhenkt, sind nur meine Kleider; Sie haben mir das Schönste eröffnet, – das Letzte, was ich noch nicht wusste. Jetzt geht's zur Hochzeit – – – «; er stand auf und folgte dem Gefangenenwärter –; »es hängt mit dem Lustmord eng zusammen«, waren die letzten Worte, die ich hörte und nur dunkel begriff. – – – – – – – – – – – – – –

So oft seit jener Nacht der Vollmond am Himmel stand, glaubte ich immer wieder Laponders schlafendes Gesicht auf der grauen Leinwand des Bettes liegen zu sehen.

In den nächsten Tagen, nachdem er weggeführt worden war, hatte ich ein Hämmern und Zimmern aus dem Hinrichtungshof heraufdröhnen hören, das manchmal bis zum Morgengrauen dauerte.

Ich erriet, was es bedeutete, und hielt mir stundenlang die Ohren zu vor Verzweiflung.

Monat um Monat verfloss. Ich sah, wie der Sommer zerrann, am Krankwerden des kümmerlichen Laubs im Hof; roch es an dem pelzigen Hauch, der aus den Mauern drang.

Wenn mein Blick bei den Rundgängen auf den sterbenden Baum fiel und das eingewachsene Glasbild der Heiligen in seiner Rinde, zog ich unwillkürlich jedes Mal den Vergleich, wie tief sich auch Laponders Gesicht in mich eingegraben hatte. Beständig trug ich es in mir herum, dieses Buddhagesicht mit der faltenlosen Haut und dem seltsamen, immerwährenden Lächeln.

Ein einziges Mal noch – im September – hatte mich der Untersuchungsrichter holen lassen und misstrauisch gefragt, wie ich es begründen könne, dass ich bei dem Bankschalter gesagt, ich müsse dringend verreisen, und warum ich in den Stunden vor meiner Verhaftung so unruhig gewesen wäre und meine sämtlichen Edelsteine zu mir gesteckt hätte.

Auf meine Antwort, ich sei mit der Absicht umgegangen, mir das Leben zu nehmen, hatte es wieder hinter dem Schreibtisch höhnisch gemeckert. –

Bis dahin war ich allein in meiner Zelle gewesen und konnte meinen Gedanken, meiner Trauer um Charousek, der, wie ich fühlte, längst tot sein musste, und Laponder und meiner Sehnsucht nach Mirjam nachhängen.

Dann kamen wieder neue Gefangene: Diebische Kommis mit verlebten Gesichtern, dickwanstige Bankkassierer, – »Waisenkinder«, wie der schwarze Vóssatka sie genannt haben würde, – und verpesteten mir die Luft und die Stimmung.

Eines Tages gab einer von ihnen voll Entrüstung zum Besten, dass vor geraumer Zeit ein Lustmord in der Stadt geschehen sei. Zum Glück hätte man den Täter sogleich erwischt und kurzen Prozess mit ihm gemacht.

»Laponder hat er geheißen, der Schuft, der gottserbärmliche«, schrie ein Kerl mit einer Raubtierschnauze, der wegen Kindsmisshandlung zu – 14 Tagen Gefängnis verurteilt worden war, dazwischen. »Auf frischer Tat habn's'n g'fasst. Die Lampen is umg'fallen bei dem Krawall und's Zimmer is ausbrennt. Die Leich' von dem Mädel is dabei so verkohlt, dass mer bis zum heutigen Tage noch nöt hat rausbringen können, wer sie eigentlich war. Schwarze Haar hat's g'habt und a schmal's G'sicht, dös is alls, was mer weiß. Und der Laponder hat net ums Verrecken rausg'rückt mit ihrem Namen. – Wann's nach mir gangen wär, i hätt ihm d'Haut ab'zogen und Pfeffer drauf g'streut. – Dös san halt die feinen Herren! Mörder san's, alle z'samm. – – – – Als ob's net anderne Mittel g'nua gebet, wann aner a Mädel los sein wüll«, setzte er mit zynischem Lächeln hinzu.

Die Wut kochte in mir, und am liebsten hätte ich den Halunken zu Boden geschlagen.

Nacht für Nacht schnarchte er in dem Bett, auf dem Laponder gelegen. Ich atmete auf, als er endlich freigelassen wurde.

Aber selbst da war ich ihn noch nicht los; seine Rede hatte sich wie ein Pfeil mit Widerhaken in mich eingebohrt.

Fast beständig, hauptsächlich in der Dunkelheit, nagte jetzt in mir der grausige Verdacht, Mirjam könnte das Opfer Laponders gewesen sein.

Je mehr ich dagegen ankämpfte, desto tiefer verstrickte ich mich in dem Gedanken, bis er beinahe zur fixen Idee wurde.

Manchmal, besonders wenn der Mond grell durchs Gitter schien, wurde es besser. Ich konnte mir die Stunden, die ich mit Laponder verlebt, dann lebendig machen, und das tiefe Gefühl für ihn verscheuchte mir die Qual, – aber nur zu oft kamen die grässlichen Minuten wieder, wo ich Mirjam ermordet und verkohlt im Geist vor mir sah und glaubte, vor Angst den Verstand verlieren zu müssen.

Die schwachen Anhaltspunkte, die ich für meinen Verdacht hatte, verdichteten sich in solchen Zeiten zu einem geschlossenen Ganzen, – zu einem Gemälde voll unbeschreiblich entsetzenerregender Einzelheiten.

Anfangs November gegen 10 Uhr abends, es war bereits stockfinster und die Verzweiflung in mir hatte einen derartigen Höhepunkt erreicht, dass ich mich, um nicht laut aufzuschreien, in meinen Strohsack verbiss wie ein verdurstendes Tier, öffnete plötzlich der Gefangenenwärter die Zelle und forderte mich auf, mit ihm zum Untersuchungsrichter zu kommen. Ich fühlte mich so schwach, dass ich mehr taumelte als ging.

Die Hoffnung, jemals dieses schreckliche Haus verlassen zu dürfen, war längst in mir gestorben.

Ich machte mich darauf gefasst, wieder eine kalte Frage gestellt zu bekommen, das stereotype Gemecker hinter dem Schreibtisch zu hören und dann zurück in die Finsternis zu müssen.

Der Herr Baron Leisetreter war bereits nach Hause gegangen und nur ein alter, buckliger Schreiber mit Spinnenfingern stand im Zimmer.

Dumpf wartete ich, was mit mir geschehen würde.

Es fiel mir auf, dass der Gefangenenwärter mit hereingekommen war und mir gutmütig zublinzelte, aber ich war viel zu niedergeschlagen, als dass ich mir über die Bedeutung alles dessen hätte klarwerden können.

»Die Untersuchung hat ergeben«, fing der Schreiber an, meckerte, stieg auf einen Sessel und kramte erst lange auf dem Bücherbord nach Schriftstücken, ehe er fortfuhr, »hat ergeben, dass der in Frage kommende Karl Zottmann vor seinem Tod anlässlich einer heimlichen Zusammenkunft mit der unverehelichten ehemaligen Prostituierten Rosina Metzeles, die damaliger Zeit den Spitznamen ›die rote Rosina‹ führte, dann später von einem taubstummen, nunmehr unter polizeilicher Aufsicht stehenden Silhouettenschneider namens Jaromir Kwäßnitschka aus dem Weinsalon ›Kautsky‹ losgekauft wurde und seit einigen Monaten mit Seiner Durchlaucht dem Fürsten Ferri Athenstädt im gemeinsamen, wilden Konkubinate als Maiteresse lebt, von hinterlistiger Hand in ein unterirdisches, aufgelassenes Kellergewölbe des Hauses Nummer *conscriptionis* 21873, gebrochen durch römisch III, der Hahnpassgasse, laufende Numero sieben, gelockt, dortselbst eingeschlossen und sich selbst, beziehungsweise dem Tode durch Verhungern oder Erfrieren überlassen wurde. – – Der oben erwähnte Zottmann nämlich«, erklärte der Schreiber mit einem Blick über die Brille hinweg und blätterte ein paarmal um. »Die Untersuchung hat weiters ergeben, dass der obenerwähnte Karl Zottmann allem Anscheine nach – nach eingetretenem Ableben – seiner sämtlichen bei ihm getragenen Habseligkeiten, insbesondere seiner sub faszikel römisch P gebrochen durch ›Bäh‹ beigeschlossenen doppelmanteligen Taschenuhr« – der Schreiber hob die Uhr an der Kette in die Höhe – »beraubt wurde. Der eidesstattlichen Aussage des Silhouettenschnitzers Jaromir Kwáßnitschka, verwaisten Sohnes des vor 17 Jahren verstorbenen Hostienbäckers gleichen Namens, die Uhr im Bette seines inzwischen flüchtig gegangenen Bruders Loisa gefunden und an den Altwarenhändler und mehrfachen, inzwischen aus dem Leben geschiedenen Realitätenbesitzer Aaron Wassertrum gegen Inempfangnahme von Geldeswert veräußert zu haben, konnte mangels Glaubwürdigkeit kein Gewicht beigelegt werden.

Die Untersuchung hat weiters ergeben, dass die Leiche des erwähnten Karl Zottmann in der rückwärtigen Hosentasche zur Zeit ihrer Auffindung ein Notizbuch bei sich trug, in der sie vermutlich bereits einige Tage vor erfolgtem Ableben mehrere den Tatbestand erhellende und die Ergreifung des Täters durch die k. k. Behörden erleichternde Eintragungen vorgenommen hatte.

Das Augenmerk einer hohen k. und k. Staatsanwaltschaft wurde demzufolge auf den nunmehr durch die Zottmannschen letztwilligen Notizen dringend verdächtig gewordenen Loisa Kwáßnitschka, zurzeit flüchtig, gelenkt und unter einem verfügt, die Untersuchungshaft gegen Athanasius Pernath, Gemmenschneider, dermalen noch unbescholten, aufzuheben, und das Verfahren gegen ihn einzustellen.

Prag im Juli
gezeichnet
Dr. Freiherr von Leisetreter.«

Der Boden schwankte unter meinen Füßen, und ich verlor eine Minute das Bewusstsein.

Als ich erwachte, saß ich auf einem Stuhl, und der Gefangenenwärter klopfte mir freundlich auf die Schulter.

Der Schreiber war vollkommen ruhig geblieben, schnupfte, schnäuzte sich und sagte zu mir: »Die Verlesung der Verfügung hat sich bis heute hinausgezogen, weil Ihr Name mit einem ›Päh‹ beginnt und naturgemäß im Alphabet erst gegen Schluss vorkommen kann.« – Dann las er weiter: »Überdies ist der Athanasius Pernath, Gemmenschneider, in Kenntnis zu setzen, dass ihm laut testamentarischer Verfügung des im Mai mit Tod abgegangenen stud. med. Innocenz Charousek ein Drittel von dessen gesamter Verlassenschaft ins Erbe zugefallen ist, und ist er zur Unterfertigung des Protokolls hiermit anzuhalten.«

Der Schreiber hatte bei dem letzten Wort die Feder eingetunkt und fing an zu schmieren.

Ich erwartete gewohnheitsmäßig, dass er meckern würde, aber er meckerte nicht.

»Innocenz Charousek«, murmelte ich ihm wie geistesabwesend nach.

Der Gefangenenwärter beugte sich über mich und flüsterte mir ins Ohr: »Kurz vor seinem Tode war er bei mir, der Herr Dr. Charousek, und hat sich nach Ihnen erkundigt. Er lässt Sie viel – vielmals grüßen, hat er g'sagt. Ich hab's natürlich damals nicht ausrichten dürfen. Es ist streng verboten. Ein schreckliches Ende hat er übrigens genommen, der Herr Dr. Charousek. Er hat sich selbst entleibt. Man hat ihn tot auf dem Grabhügel des Aaron Wassertrum, auf der Brust liegend, gefunden. – Er hat zwei tiefe Löcher in die Erde gegraben gehabt, sich die Pulsadern aufgeschnitten und dann die Arme in die Löcher gesteckt. So ist er verblutet. Er ist wahrscheinlich wahnsinnig gewesen, der Herr Dr. Char – – – «

Der Schreiber schob geräuschvoll seinen Stuhl zurück und reichte mir die Feder zum Unterschreiben.

Dann richtete er sich stolz auf und sagte genau im Tonfall seines freiherrlichen Vorgesetzten: »Gefangenenwärter, führen Sie den Mann hinaus.« – – – – – – – –

Wie vor langer, langer Zeit hatte wiederum der Mann mit Säbel und Unterhosen im Torzimmer seine Kaffeemühle vom Schoß genommen; nur dass er mich diesmal nicht untersuchte und mir meine Edelsteine, das Portemonnaie mit den zehn Gulden darin, meinen Mantel und alles übrige zurückgab. – – – – – – – – – –

Dann stand ich auf der Straße.

»Mirjam! Mirjam! Jetzt endlich naht das Widersehen!« – Ich unterdrückte einen Schrei wildesten Entzückens.

Es musste Mitternacht sein. Der Vollmond schwebte glanzlos wie ein fahler Messingteller hinter Dunstschleiern.

Das Pflaster war mit einer zähen Schicht von Schmutz bedeckt.

Ich wankte auf eine Droschke zu, die im Nebel aussah wie ein zusammengebrochenes vorsintflutliches Ungeheuer. Meine Beine versagten fast den Dienst; ich hatte das Gehen verlernt und taumelte – auf empfindungslosen Sohlen wie ein Rückenmarkskranker. – – –

»Kutscher, fahren Sie mich, so rasch Sie können, in die Hahnpassgasse 7! – Haben Sie mich verstanden?: – Hahnpassgasse 7.«

Frei

Nach wenigen Metern Fahrt blieb die Droschke stehen.

»Hahnpassgassä, gnä' Herr?«

»Ja, ja, nur rasch.«

Wieder fuhr der Wagen ein Stück weiter. Wieder blieb er stehen.

»Um Himmels willen, was gibt's denn?«

»Hahnpassgassä, gnä' Herr?«

»Ja, ja. Ja doch.«

»In die Hahnpassgassä kann me doch nicht fahrrähn!«

»Warum denn nicht?«

»Ise sich doch ieberall Pflaste aufgrissen, Judenstadt wirde sich doch assaniert.«

»Also fahren Sie eben, soweit Sie können, aber jetzt rasch gefälligst.«

Die Droschke machte einen einzigen Galoppsprung und stolperte dann gemächlich weiter.

Ich ließ die klapprigen Fenster herunter und sog mit gierigen Lungen die Nachtluft ein.

Alles war mir so fremd geworden, so unbegreiflich neu: Die Häuser, die Straßen, die geschlossenen Läden.

Ein weißer Hund trabte einsam und missgelaunt auf dem nassen Trottoir vorüber. Ich sah ihm nach. – Wie sonderbar!! Ein Hund! Ich hatte ganz vergessen, dass es solche Tiere gab. – Vor Freude kindisch rief ich ihm nach: »Aber, aber! Wie kann man nur so verdrossen sein.« – – –

Was Hillel wohl sagen würde!? – Und Mirjam?

Nur noch wenige Minuten und ich war bei ihnen. Nicht eher wollte ich aufhören, an ihre Tür zu klopfen, bis ich sie aus den Federn getrieben.

Jetzt war ja alles gut – all der Jammer dieses Jahres vorüber! –

Würde das ein Weihnachten werden!

Diesmal durfte ich es nicht verschlafen, wie das letzte Mal.

Einen Augenblick lähmte mich wieder das alte Entsetzen. Die Worte des Sträflings mit der Raubtierschnauze fielen mir ein. Das verbrannte Gesicht – der Lustmord – aber nein, nein! – Ich schüttelte es gewaltsam ab; nein, nein, es konnte, es konnte nicht sein. – Mirjam lebte! Ich hatte doch ihre Stimme aus Laponders Mund gehört.

Nur noch eine Minute – eine halbe – – und dann –

Die Droschke hielt vor einem Trümmerhaufen. Barrikaden aus Pflastersteinen überall!

Rote Laternen brannten darauf.

Beim Schein von Fackeln grub und schaufelte ein Heer von Arbeitern.

Halden von Schutt und Mauerbrocken versperrten den Weg. Ich kletterte umher, versank bis ans Knie.

Das hier, das musste doch die Hahnpassgasse sein?!

Mühsam orientierte ich mich. Nichts als Ruinen ringsum.

Stand denn da nicht das Haus, in dem ich gewohnt hatte?

Die Vorderseite war eingerissen.

Ich kletterte auf einen Erdhügel; tief unter mir lief ein schwarzer, gemauerter Gang die ehemalige Gasse entlang. Ich schaute empor; wie riesige Bienenzellen hingen die bloßgelegten Wohnräume nebeneinander in der Luft, halb vom Fackelschein, halb von dem trüben Mondlicht beschienen.

Das dort oben, das musste mein Zimmer sein –; ich erkannte es an der Bemalung der Wände. Nur noch ein Streifen davon war übrig.

Und daranstoßend das Atelier – Saviolis. Mir wurde plötzlich ganz leer im Herzen. Wie seltsam! Das Atelier! – Angelina! – – So weit, so unabsehbar fern lag das alles hinter mir!

Ich drehte mich um. Von dem Haus, in dem Wassertrum gewohnt, kein Stein mehr auf dem anderen. Alles dem Erdboden gleichgemacht: Der Trödlerladen, die Kellerwohnung Charouseks – – – alles, alles.

»Der Mensch geht dahin wie ein Schatten« – fiel mir ein Satz ein, den ich einmal irgendwo gelesen.

Ich fragte einen Arbeiter, ob er nicht wisse, wo die Leute jetzt wohnten, die hier ausgezogen seien; ob er vielleicht den Archivar Schemajah Hillel kenne.

»Nix daitsch«, war die Antwort.

Ich schenkte dem Mann einen Gulden. Er verstand zwar sofort Deutsch, konnte mir aber keine Auskunft geben. Auch von seinen Kameraden niemand.

Vielleicht, dass beim »Loisitschek« etwas zu erfahren wäre?

Der »Loisitschek« sei zugesperrt, hieß es, das Haus würde renoviert.

Also irgendjemand in der Nachbarschaft wecken! – Ging das nicht?

»Weit a breit wohnt sich keine Katz«, sagte der Arbeiter; »weil ise behärdlich verbotten. Von wägen Typhus.«

»Der ›Ungelt‹? Der wird doch offen haben?«

»Ungelt ise sich geschlossen.«

»Bestimmt?«

»Bestimmt!«

Aufs Geratewohl nannte ich ein paar Namen von Höcklern und Tabaktrafikantinnen, die in der Nähe gewohnt hatten; dann die Namen Zwakh, Vrieslander, Prokop – – – – – Bei allen schüttelte der Mann den Kopf.

»Vielleicht kennen Sie den Jaromir Kwáßnitschka?«

Der Arbeiter horchte auf.

»Jaromir? Ise sich taubstumm?«

Ich jubelte. Gott sei Dank. Wenigstens ein Bekannter.

»Ja, er ist taubstumm. Wo wohnt er?«

»Schneid 'e sich Bildeln aus? Aus schwarzem Pappjir?«

»Ja. Er ist es schon. Wo kann ich ihn wohl treffen?«

So umständlich wie möglich bezeichnete mir der Mann ein Nachtcaféhaus in der inneren Stadt und fing sofort wieder an zu schaufeln.

Über eine Stunde lang watete ich durch Schuttfelder, balancierte über schwankende Bretter und kroch unter Querbalken durch, die die Straßen versperrten. Das ganze Judenviertel war eine einzige Steinwüste, als hätte ein Erdbeben die Stadt zerstört.

Atemlos vor Aufregung, schmutzbedeckt und mit zerrissenen Schuhen fand ich endlich aus dem Labyrinth heraus.

Ein paar Häuserreihen, und ich stand vor der gesuchten Spelunke.

»Cafe Chaos« stand darüber geschrieben.

Ein menschenleeres, winziges Lokal, das kaum genügend Platz ließ für die paar Tische, die an die Wände gerückt waren.

In der Mitte auf einem dreibeinigen Billard schlief ein Kellner und schnarchte.

Ein Marktweib, mit einem Gemüsekorb vor sich, saß in der Ecke und nickte über einem Glas Caj.

Endlich geruhte der Kellner aufzustehen und mich zu fragen, was ich wünschte. Bei dem frechen Blick, mit dem er mich von Kopf bis Fuß musterte, kam mir erst zu Bewusstsein, wie abgerissen ich aussehen musste.

Ich warf einen Blick in den Spiegel und entsetzte mich: Ein fremdes, blutleeres Gesicht, faltig, grau wie Kitt, mit struppigem Bart und wirrem, langem Haar starrte mir entgegen.

Ob der Silhouettenschneider Jaromir nicht dagewesen sei, fragte ich und bestellte schwarzen Kaffee.

»Woaß net, wo er so lang bleibt«, war die gegähnte Antwort.

Dann legte sich der Kellner wieder auf das Billard und schlief weiter.

Ich nahm das »Prager Tagblatt« von der Wand und – wartete.

Die Buchstaben liefen wie Ameisen über die Seiten, und ich begriff nicht ein einziges Wort von dem, was ich las.

Die Stunden vergingen, und hinter den Scheiben zeigte sich bereits das verdächtige tiefe Dunkelblau, das den Einbruch der Morgendämmerung für ein Lokal mit Gasbeleuchtung anzeigt.

Hie und da spähten ein paar Schutzleute mit grünlich schillernden Federbüschen herein und gingen in langsamem, schwerem Schritt wieder weiter.

Drei übernächtig aussehende Soldaten traten ein.

Ein Straßenkehrer nahm einen Schnaps.

Endlich, endlich: Jaromir.

Er hatte sich so verändert, dass ich ihn anfangs gar nicht wiedererkannte: Die Augen erloschen, die Vorderzähne ausgefallen, das Haar schütter und tiefe Höhlen hinter den Ohren.

Ich war so froh, nach so langer Zeit wieder ein bekanntes Gesicht zu sehen, dass ich aufsprang, ihm entgegenging und seine Hand fasste.

Er benahm sich außerordentlich scheu und blickte immerwährend nach der Türe. Durch alle möglichen Gesten suchte ich ihm begreiflich zu machen, dass ich mich freute, ihn getroffen zu haben. – Er schien es mir lange nicht zu glauben.

Aber, was für Fragen ich auch stellte, stets die gleiche hilflose Handbewegung des Nichtverstehens bei ihm.

Wie konnte ich mich nur verständlich machen?!

Halt! Eine Idee!

Ich ließ mir einen Bleistift geben und zeichnete nacheinander die Gesichter von Zwakh, Vrieslander und Prokop auf. »Was? Alle nicht mehr in Prag?«

Er fuchtelte lebhaft in der Luft herum, machte die Gebärde des Geldzählens, marschierte mit den Fingern über den Tisch, schlug sich auf den Handrücken. Ich erriet: Alle drei hatten wahrscheinlich von Charousek Geld bekommen und zogen jetzt als kaufmännische Kompagnie mit dem vergrößerten Marionettentheater durch die Welt.

»Und Hillel? Wo wohnt er jetzt?« – Ich zeichnete sein Gesicht, ein Haus dazu und ein Fragezeichen.

Das Fragezeichen verstand Jaromir nicht; – er konnte nicht lesen, aber er begriff, was ich wollte, – nahm ein Streichholz, warf es scheinbar in die Höhe und ließ es nach Taschenspielerart geschickt verschwinden.

Was bedeutete das? Hillel sollte auch verreist sein?

Ich zeichnete das jüdische Rathaus auf.

Der Taubstumme schüttelte heftig den Kopf.

»Hillel ist also nicht mehr dort?«

»Nein!« (Kopfschütteln)

»Wo ist er denn?«

Wieder das Spiel mit dem Streichholz.

»Er meint halt, dass der Herr weg ist, und niem'd weiß nicht, wohin«, mischte sich der Straßenkehrer, der uns die ganze Zeit über interessiert zugesehen hatte, belehrend ein.

Vor Schreck krampfte sich mir das Herz zusammen: Hillel fort! – Jetzt war ich ganz allein auf der Welt. – – Die Gegenstände im Zimmer fingen vor meinen Augen an zu flimmern.

»Und Mirjam?« Meine Hand zitterte so stark, dass ich ihr Gesicht lange nicht ähnlich zeichnen konnte.

»Ist Mirjam auch verschwunden?«

»Ja. Auch verschwunden. Spurlos.«

Ich stöhnte laut auf, lief im Zimmer hin und her, dass die drei Soldaten einander fragend anblickten.

Jaromir suchte mich zu beruhigen und bemühte sich, mir noch etwas anderes mitzuteilen, was er erfahren zu haben schien: er legte den Kopf auf den Arm, wie jemand, der schläft.

Ich hielt mich an der Tischplatte: »Um Gottes Christi willen, Mirjam ist gestorben?«

Kopfschütteln. Jaromir wiederholte die Gebärde des Schlafens.

»War Mirjam krank gewesen?« Ich zeichnete eine Medizinflasche.

Kopfschütteln. Wieder legte Jaromir die Stirn auf den Arm. – – –

Das Zwielicht kam, eine Gasflamme nach der anderen erlosch und noch immer konnte ich nicht herausbringen, was die Geste bedeuten sollte.

Ich gab es auf. Dachte nach.

Das einzige, was mir zu tun blieb, war, in aller Frühe auf das jüdische Rathaus zu gehen, um dort Erkundigungen einzuziehen, wohin Hillel mit Mirjam gereist sein könne. Ich musste ihnen nach. – – –

Wortlos saß ich neben Jaromir. Stumm und taub wie er.

Als ich nach einer langen Zeit aufblickte, sah ich, dass er mit einer Schere an einer Silhouette herumschnitt.

Ich erkannte das Profil Rosinas. Er reichte mir das Blatt über den Tisch herüber, legte die Hand auf die Augen und – – weinte still vor sich hin. – –

Dann sprang er plötzlich auf und taumelte ohne Gruß zur Tür hinaus. – – – – –

Der Archivar Schemajah Hillel sei eines Tages ohne Grund ausgeblieben und nicht mehr wiedergekommen; seine Tochter habe er jedenfalls mitgenommen, denn auch sie sei von niemand mehr gesehen worden seit jener Zeit, hatte man mir auf dem jüdischen Rathaus gesagt. Das war alles, was ich erfahren konnte.

Keine Spur, wohin sie sich gewandt haben mochten.

Auf der Bank hieß es, mein Geld sei gerichtlich immer noch mit Beschlag belegt, man erwarte aber täglich den Bescheid, es mir auszahlen zu dürfen.

Also auch die Erbschaft Charouseks musste noch den Amtsweg gehen, und ich wartete doch mit brennender Ungeduld auf das Geld, um dann alles aufzubieten, Hillels und Mirjams Spur zu suchen. – – – – – – – –

Ich hatte meine Edelsteine verkauft, die ich noch in der Tasche gehabt, und mir zwei kleine, möblierte, aneinanderstoßende Dachkammern in der Altschulgasse – die einzige Gasse, die von der Assanierung der Judenstadt verschont geblieben, – gemietet.

Sonderbarer Zufall: es war dasselbe wohlbekannte Haus, von dem die Sage ging, der Golem sei einst darin verschwunden.

Ich hatte mich bei den Bewohnern – zumeist kleine Kaufleute oder Handwerker – erkundigt, was denn Wahres an dem Gerücht von dem »Zimmer ohne Zugang« sei, und war ausgelacht worden. – Wie man einen derartigen Unsinn denn glauben könne!

Meine eigenen Erlebnisse, die sich darauf bezogen, hatten im Gefängnis die Blässe eines längst verwehten Traumbildes angenommen und ich sah in ihnen nur noch Symbole ohne Blut und Leben, – strich sie aus dem Buch meiner Erinnerungen.

Die Worte Laponders, die ich zuweilen so klar in mir hörte, als säße er mir gegenüber wie damals in der Zelle und spräche zu mir, bestärkten mich darin, dass ich rein innerlich geschaut haben müsse, was mir ehedem greifbare Wirklichkeit geschienen.

War denn nicht alles vergangen und verschwunden, was ich einst besessen hatte? Das Buch Ibbur, das phantastische Tarockspiel, Angelina und sogar meine alten Freunde Zwakh, Vrieslander und Prokop! – – – – – – – –

Es war Weihnachtsabend, und ich hatte mir einen kleinen Baum mit roten Kerzen nach Hause gebracht. Ich wollte noch einmal jung sein und Lichterglanz um mich haben und den Duft von Tannennadeln und brennendem Wachs.

Ehe das Jahr noch zu Ende ging, war ich vielleicht schon unterwegs und suchte in Städten und Dörfern, oder wohin es mich innerlich ziehen würde, nach Hillel und Mirjam.

Alle Ungeduld, alles Warten war allmählich von mir gewichen und alle Furcht, Mirjam könne ermordet worden sein, und mit dem Herzen wusste ich, ich würde sie beide finden.

Es war ein beständiges glückliches Lächeln in mir, und wenn ich meine Hand auf etwas legte, kam mir's vor, als ginge ein Heilen von ihr aus. Die Zufriedenheit eines Menschen, der nach langer Wanderung heimkehrt und die Türme seiner Vaterstadt von weitem blinken sieht, erfüllte mich auf ganz sonderbare Weise. – Einmal war ich noch in dem kleinen Kaffeehaus gewesen, um Jaromir zum Weihnachtsabend zu mir zu holen. – Er habe sich nie mehr blicken lassen, erfuhr ich, und schon wollte ich betrübt wieder gehen, da kam ein alter Tabulettkrämer herein und bot kleine, wertlose Antiquitäten zum Kauf an.

Ich kramte in seinem Kasten unter all den Uhranhängseln, kleinen Kruzifixen, Kammnadeln und Broschen herum, da fiel mir ein Herz aus rotem Stein an einem verschossenen Seidenband in die Hand, und ich erkannte es voll Erstaunen als das Andenken, das mir Angelina, als sie noch ein kleines Mädchen gewesen, einst beim Springbrunnen in ihrem Schloss geschenkt hatte.

Und mit einem Schlag stand meine Jugendzeit vor mir, als sähe ich in einen Guckkasten tief hinein in ein kindlich gemaltes Bild. –

Lange, lange stand ich erschüttert da und starrte auf das kleine, rote Herz in meiner Hand. – – – – – – – – –

Ich saß in der Dachkammer und lauschte dem Knistern der Tannennadeln, wenn hie und da ein kleiner Zweig über den Wachskerzen zu glimmen begann.

»Vielleicht spielt gerade jetzt in dieser Stunde der alte Zwakh irgendwo in der Welt seinen ›Marionettenweihnachtsabend‹«, malte ich mir aus, – »und deklamiert mit geheimnisvoller Stimme die Strophe seines Lieblingsdichters Oskar Wiener«:

Wo ist das Herz aus rotem Stein?
Es hängt an einem Seidenbande.
O du, o gib das Herz nicht her;
Ich war ihm treu und hatt' es lieb,
Und diente sieben Jahre schwer
Um dieses Herz, und hatt' es lieb!«

Eigentümlich feierlich wurde mir plötzlich zumute. Die Kerzen waren heruntergebrannt. Nur eine einzige flackerte noch. Rauch ballte sich im Zimmer.

Als ob mich eine Hand zöge, wandte ich mich plötzlich um, und da stand mein Ebenbild auf der Schwelle. Mein Doppelgänger. In einem weißen Mantel. Eine Krone auf dem Kopf. Nur einen Augenblick. Dann brachen Flammen durch das Holz der Tür, und eine Wolke erstickenden heißen Qualms schlug herein. Feuersbrunst im Haus! Feuer! Feuer! – – – – – – – – – – – – – – – – –

Ich reiße das Fenster auf. Klettere auf das Dach hinaus. Von weitem rast schon das gellende Klingeln der Feuerwehr heran. Blitzende Helme und abgehackte Kommandorufe.

Dann das gespenstische, rhythmische, schlapfende Atmen der Pumpen, wie die Dämonen des Wassers sich ducken zum Sprung auf ihren Todfeind: das Feuer.

Glas klirrt und rote Lohe schießt aus allen Fenstern. Matratzen werden hinuntergeworfen, die ganze Straße liegt voll davon, Menschen springen nach, werden verwundet weggetragen.

In mir aber jauchzt etwas auf in wilder jubelnder Ekstase; ich weiß nicht warum. Das Haar sträubt sich mir.

Ich laufe auf den Schornstein zu, um nicht versengt zu werden, denn die Flammen greifen nach mir.

Das Seil eines Rauchfangkehrers ist herumgewickelt.

Ich rolle es auf, schlinge es um Handgelenk und Bein, wie ich es als Knabe beim Turnen gelernt habe, und lasse mich ruhig an der Fassade des Hauses hinab. –

Komme an einem Fenster vorbei. Blicke hinein: Drin ist alles blendend erleuchtet. Und da sehe ich – – – da sehe ich – – – – mein ganzer Körper wird ein einziger hallender Freudenschrei: »Hillel! Mirjam! Hillel!«

Ich will auf die Gitterstäbe losspringen. Greife daneben. Verliere den Halt am Seil.

Einen Augenblick hänge ich, Kopf abwärts, die Beine gekreuzt, zwischen Himmel und Erde.

Das Seil singt bei dem Ruck. Knirschend dehnen sich die Fasern.

Ich falle. Mein Bewusstsein erlischt.

Noch im Sturz greife ich nach dem Fenstersims, aber ich gleite ab. Kein Halt: Der Stein ist glatt. – Glatt wie ein Stück Fett.

Schluss

» – – – wie ein Stück Fett!« Das ist der Stein, der aussieht wie ein Stück Fett.

Die Worte gellen mir noch in den Ohren. Dann richte ich mich auf und muss mich besinnen, wo ich bin.

Ich liege im Bett und wohne im Hotel.

Ich heiße doch gar nicht Pernath.

Habe ich das alles nur geträumt?

Nein! So träumt man nicht.

Ich schaue auf die Uhr: Kaum eine Stunde habe ich geschlafen. Es ist halb drei.

Und dort hängt der fremde Hut, den ich heute im Dom auf dem Hradschin verwechselt habe, als ich beim Hochamt auf der Betbank saß.

Steht ein Name darin? – Ich nehme ihn und lese in goldenen Buchstaben auf dem weißen Seidenfutter den fremden und doch so bekannten Namen:

ATHANASIUS PERNATH

Jetzt lässt es mir keine Ruhe mehr; ich ziehe mich hastig an und laufe die Treppe hinunter.

»Portier! Aufmachen! Ich gehe noch eine Stunde spazieren.«

»Wohin, bitt schän?«

»In die Judenstadt. In die Hahnpassgasse. Gibt's überhaupt eine Straße, die so heißt?«

»Freilich, freilich« – der Portier lächelt malitiös – »aber in der Judenstadt, ich mache aufmerksam, ist nicht mehr viel los. Alles neu gebaut, bitte.«

»Macht nichts. Wo liegt die Hahnpassgasse?«

Der dicke Finger des Portiers deutet auf die Karte: »Hier, bitte.«

»Und die Schenke ›Zum Loisitschek‹?«

»Hier, bitte.«

»Geben Sie mir ein großes Stück Papier.«

»Hier, bitte.«

Ich wickle Pernaths Hut hinein. Merkwürdig, er ist fast neu, tadellos sauber und doch so brüchig, als wäre er uralt. –

Unterwegs überlege ich: Alles, was dieser Athanasius Pernath erlebt hat, habe ich im Traum miterlebt, in einer Nacht mitgesehen, mitgehört, mitgefühlt, als wäre ich er gewesen. Warum weiß ich denn aber nicht, was er in dem Augenblick, als der Strick riss und er »Hillel, Hillel!« rief, hinter dem Gitterfenster erblickt hat?

Er hat sich in diesem Augenblick von mir getrennt, begreife ich.

Ich muss diesen Athanasius Pernath auffinden, und wenn ich drei Tage und drei Nächte herumlaufen sollte, nehme ich mir vor. – –

Also das ist die Hahnpassgasse?

Nicht annähernd so habe ich sie im Traum gesehen! – Lauter neue Häuser. – – –

Eine Minute später sitze ich im Café Loisitschek. Ein stilloses, ziemlich sauberes Lokal.

Im Hintergrund allerdings eine Estrade mit Holzgeländer; eine gewisse Ähnlichkeit mit dem alten geträumten »Loisitschek« ist nicht zu leugnen.

»Befehlen, bitt' schön?«, fragt die Kellnerin, ein dralles Mädel, in einen rotsamtenen Frack buchstäblich hineingeknallt.

»Kognak, Fräulein. – So, danke.« – – – – – –

»Hm. Fräulein!«

»Bitte?«

»Wem gehört das Kaffeehaus?«

»Dem Herrn Kommerzialrat Loisitschek. – Das ganze Haus gehört ihm. Ein sehr feiner reicher Herr.«

– Aha, der Kerl mit den Schweinszähnen an der Uhrkette, erinnere ich mich. –

Ich habe einen guten Einfall, der mich orientieren wird: »Fräulein!«

»Bitte?«

»Wann ist die steinerne Brücke eingestürzt?«

»Vor dreiunddreißig Jahren.«

»Hm. Vor dreiunddreißig Jahren!« – Ich überlege: der Gemmenschneider Pernath muss also jetzt fast neunzig sein.

»Fräulein!«

»Bitte?«

»Ist hier niemand unter den Gästen, der sich noch erinnern kann, wie die alte Judenstadt von damals ausgesehen hat? Ich bin Schriftsteller und interessiere mich dafür.«

Die Kellnerin denkt nach: »Von den Gästen? Nein. – Aber warten S': Der Billardmarqueur, der dort mit einem Studenten Carambol spielt, – sehen Sie ihn? Der mit der Hakennase, der Alte, – der hat immer hier gelebt und wird Ihnen alles sagen. Soll ich ihn rufen, wenn er fertig ist?«

Ich folgte dem Blick des Mädchens.

Ein schlanker, weißhaariger, alter Mann lehnt drüben am Spiegel und kreidet seine Queue. Ein verwüstetes, aber seltsam vornehmes Gesicht. Woran erinnert er mich nur?

»Fräulein, wie heißt der Markör?«

Die Kellnerin stützt sich im Stehen mit dem Ellenbogen auf den Tisch, leckt an einem Bleistift, schreibt in Windeseile ihren Vornamen unzählige Male auf die Marmorplatte und löscht ihn jedes Mal mit nassem Finger rasch wieder aus. Dazwischen wirft sie mir mehr oder minder sengende Glutblicke zu; – je nachdem sie ihr gelingen. Unerlässlich ist natürlich das gleichzeitige Emporziehen der Augenbrauen, denn es erhöht das Märchenhafte des Blickes.

»Fräulein, wie heißt der Markör?« wiederhole ich meine Frage. Ich sehe ihr an, sie hätte lieber gehört: Fräulein, warum tragen Sie nicht nur einen Frack? oder etwas Ähnliches, aber ich frage es nicht; mir geht mein Traum zu sehr im Kopf herum.

»No, wie wird er denn heißen«, schmollt sie, »Ferri heißt er halt. Ferri Athenstädt.«

»So so? Ferri Athenstädt! – Hm, – also wieder ein alter Bekannter.«

»Erzählen Sie mir doch recht, recht viel von ihm, Fräulein«, girre ich, muss mich aber sofort mit einem Kognak stärken, »Sie plaudern gar so herzig!« (Ich ekle mich vor mir selber.)

Sie neigt sich geheimnisvoll dicht zu mir, damit mich ihre Haare im Gesicht kitzeln, und flüstert: »Der Ferri, der war Ihnen früher ein ganz ein Geriebener. – Er soll von uraltem Adel gewesen sein – es ist natürlich nur so ein Gerede, weil er keinen Bart nicht trägt – und furchtbar viel Geld g'habt habn. Eine rothaarige Jüdin, die schon von Jugend auf eine ›Person‹ war« – sie schrieb wieder rasch ein paar Mal ihren Namen auf – »hat ihn dann ganz ausgezogen. – Punkto Geld mein' ich natürlich. No, und wie er dann kein Geld nicht mehr gehabt hat, ist sie weg und hat sich von einem hohen Herrn heiraten lassen, von dem ...« – sie flüsterte mir einen Namen ins Ohr, den ich nicht verstehe. »Der hohe Herr hat dann natürlich auf alle Ehre verzichten müssen und sich von da an nur mehr Ritter von Dämmerich nennen dürfen. No ja. Aber dass sie früher eine ›Person‹ g'wesen ist, hat er ihr halt doch nicht wegwaschen können. Ich sag immer … – «

»Fritzi! Zahlen!« ruft jemand von der Estrade herab. –

Ich lasse meine Blicke durch das Lokal wandern, da höre ich plötzlich ein leises metallisches Zirpen, wie von einer Grille, hinter mir.

Ich drehe mich neugierig um. Traue meinen Augen nicht!

Das Gesicht zur Wand gekehrt, alt wie Methusalem, eine Spieldose, so klein wie eine Zigarettenschachtel, in zitternden Skeletthänden sitzt ganz in sich zusammengesunken – der blinde, greise Nephtali Schaffranek in der Ecke und leiert mit der winzigen Kurbel.

Ich trete zu ihm.

Im Flüsterton singt er konfus vor sich hin: »Frau Pick, Frau Hock. Und rote, blaue Stern, die schmusen allerhand. Von Messinung, an Räucherl und Rohn.« – –

»Wissen Sie, wie der alte Mann heißt?«, frage ich einen vorbeieilenden Kellner.

»Nein, mein Herr, niemand kennt weder ihn noch seinen Namen. Er selbst hat ihn vergessen. Er ist ganz allein auf der Welt. Bitte, er ist 110 Jahre alt! Er kriegt bei uns jede Nacht einen sogenannten Gnadenkaffee.«

Ich beugte mich über den Greis, – rufe ihm ein Wort ins Ohr: »Schaffranek!«

Es durchfährt ihn wie ein Blitz. Er murmelt etwas, streicht sich sinnend über die Stirn.

»Verstehen Sie mich, Herr Schaffranek?« Er nickt.

»Passen Sie mal gut auf! Ich möchte Sie etwas fragen, aus alter Zeit. Wenn Sie mir alles gut beantworten, bekommen Sie den Gulden, den ich hier auf den Tisch lege.«

»Gulden«, wiederholt der Greis und fängt sofort an, wie ein Rasender auf seiner zirpenden Spieldose zu kurbeln.

Ich halte seine Hand fest: »Denken Sie einmal nach! – Haben Sie nicht vor etwa 33 Jahren einen Gemmenschneider namens Pernath gekannt?«

»Hadrbolletz! Hosenschneider!« – lallt er asthmatisch auf und lacht übers ganze Gesicht, in der Meinung, ich hätte ihm einen famosen Witz erzählt.

»Nein, nicht Hadrbolletz – – Pernath!«

»Pereles?!« – er jubelt förmlich.

»Nein, auch nicht Pereies. – Per–nath!«

»Pascheies?!« – er kräht vor Freude. – –

Ich gebe enttäuscht meinen Versuch auf. – – – – – –

»Sie wollten mich sprechen, mein Herr?« – der Markör Ferri Athenstädt steht vor mir und verbeugt sich kühl.

»Ja. Ganz richtig. – Wir können dabei eine Partie Billard spielen.«

»Spielen Sie um Geld, mein Herr? Ich gebe Ihnen 90 auf 100 vor.«

»Also gut, um einen Gulden. Fangen Sie vielleicht an, Markör.«

Seine Durchlaucht nimmt das Queue, zielt, gickst, macht ein ärgerliches Gesicht. Ich kenne das, er lässt mich bis 99 kommen, und dann macht er in einer Serie »aus«.

Mir wird immer kurioser zumute. Ich gehe direkt auf mein Ziel los: »Entsinnen Sie sich, Herr Markör: vor langer Zeit, etwa in den Jahren, als die steinerne Brücke einstürzte, in der damaligen Judenstadt einen gewissen – Athanasius Pernath gekannt zu haben?«

Ein Mann in einer rotweiß gestreiften Leinwandjacke, mit Schielaugen und kleinen goldenen Ohrringen, der auf einer Bank an der Wand sitzt und eine Zeitung liest, fährt auf, stiert mich an und bekreuzigt sich.

»Pernath? Pernath?« wiederholt der Markör und denkt angestrengt nach – – »Pernath? – War er nicht groß, schlank? Braunes Haar, melierten kurzgeschnittenen Spitzbart?«

»Ja. Ganz richtig.«

»Etwa 40 Jahre alt damals? Er sah aus wie – – «, Seine Durchlaucht starrt mich plötzlich überrascht an. – »Sie sind ein Verwandter von ihm, mein Herr?!«

Der Schieläugige bekreuzigt sich.

»Ich? Ein Verwandter? Komische Idee. – Nein. Ich interessiere mich nur für ihn. Wissen Sie noch mehr?«, sage ich gelassen, fühle aber, dass mir eiskalt im Herzen wird.

Ferri Athenstädt denkt wieder nach.

»Wenn ich nicht irre, galt er seinerzeit für verrückt. – Einmal behauptete er, er hieße – warten Sie mal, – ja: Laponder! Und dann wieder gab er sich für einen gewissen – Charousek aus.«

»Kein Wort wahr!« fährt der Schieläugige dazwischen. »Den Charousek hat's wirklich gegeben. Mein Vater hat doch mehrere 1000 *fl.* von ihm geerbt.«

»Wer ist dieser Mann?«, fragte ich den Markör halblaut.

»Er ist Fährmann und heißt Tschamrda. – Was den Pernath betrifft, so erinnere ich mich nur, oder glaube es wenigstens – dass er in späteren Jahren eine sehr schöne, dunkelhäutige Jüdin geheiratet hat.«

»Mirjam!« sage ich mir und werde so aufgeregt, dass mir die Hände zittern und ich nicht mehr weiterspielen kann.

Der Fährmann bekreuzigt sich.

»Ja, was ist denn heute mit Ihnen los, Herr Tschamrda?«, fragt der Markör erstaunt.

»Der Pernath hat niemals nicht gelebt«, schreit der Schieläugige los. »Ich glaub's nicht.«

Ich schenke dem Mann sofort einen Kognak ein, damit er gesprächiger wird.

»Es gibt ja wohl Leut', die sagen, der Pernath lebt noch immer«, rückt der Fährmann endlich heraus, »er is, hör' ich, Kammschneider und wohnt auf dem Hradschin.«

»Wo auf dem Hradschin?«

Der Fährmann bekreuzigt sich:

»Das ist es ja eben! Er wohnt, wo kein lebender Mensch wohnen kann, an der Mauer zur letzten Latern.«

»Kennen Sie sein Haus, Herr – Herr – Tschamrda?«

»Nicht um die Welt möcht' ich dort hinaufgehen!«, protestiert der Schieläugige. »Wofür halten Sie mich? Jesus, Maria und Josef!«

»Aber den Weg hinauf könnten Sie mir doch von weitem zeigen, Herr Tschamrda?«

»Das schon«, brummte der Fährmann. »Wenn Sie warten wollen bis 6 Uhr früh; dann geh' ich zur Moldau hinunter. Aber ich rat Ihnen ab! Sie stürzen in den Hirschgraben und brechen Hals und Knochen! Heilige Muttergottes!« – – – – – –

Wir gehen zusammen durch den Morgen; frischer Wind weht vom Fluss her. Ich fühle vor Erwartung kaum den Boden unter mir.

Plötzlich taucht das Haus in der Altschulgasse vor mir auf.

Jedes Fenster erkenne ich wieder: die geschweifte Dachrinne, das Gitter, die fettig glänzenden Steinsimse – alles, alles!

»Wann ist dieses Haus abgebrannt?«, frage ich den Schieläugigen. Es braust mir in den Ohren vor Spannung.

»Abgebrannt? Niemals nicht!«

»Doch! Ich weiß es bestimmt.«

»Nein.«

»Aber ich weiß es doch! Wollen Sie wetten?«

»Wie viel?«

»Einen Gulden.«

»Gemacht!« – Und Tschamrda holt den Hausmeister heraus. »Ist dieses Haus jemals abgebrannt?«

»I woher denn!« Der Mann lacht. –

Ich kann und kann es nicht glauben.

»Schon siebzig Jahr' wohn' ich drin«, beteuert der Hausmeister, »ich müsst's doch wahrhaftig wissen.«

– – – Sonderbar, sonderbar! – – – –

Der Fährmann rudert mich in seinem Kahn, der aus acht ungehobelten Brettern besteht, mit komischen schiefen Zuckbewegungen über die Moldau. Die gelben Wasser schäumen gegen das Holz. Die Dächer des Hradschins glitzern rot in der Morgensonne. Ein unbeschreiblich feierliches Gefühl ergreift Besitz von mir. Ein leise dämmerndes Gefühl wie aus einem früheren Dasein, als sei die Welt um mich her verzaubert – eine traumhafte Erkenntnis, als lebte ich zuweilen an mehreren Orten zugleich.

Ich steige aus.

»Wie viel bin ich schuldig, Herr Tschamrda?«

»Einen Kreuzer. Wenn Sie mitg'holfen hätten rudern, – hätt's zwei Kreuzer 'kost.« – – – – – – – – – – –

Denselben Weg, den ich heute Nacht im Schlaf schon einmal gegangen, wandere ich wieder empor: Die kleine, einsame Schlossstiege. Mir klopft das Herz und ich weiß voraus, jetzt kommt der kahle Baum, dessen Äste über die Mauer herübergreifen.

Nein, er ist mit weißen Blüten besät.

Die Luft ist voll von süßem Fliederhauch.

Zu meinen Füßen liegt die Stadt im ersten Licht wie eine Vision der Verheißung.

Kein Laut. Nur Duft und Glanz.

Mit geschlossenen Augen könnte ich hinauffinden in die kleine, kuriose Alchimistengasse, so vertraut ist mir plötzlich jeder Schritt.

Aber, wo heute Nacht das Holzgitter vor dem weißschimmernden Haus gestanden hat, schließt jetzt ein prachtvolles, gebauchtes, vergoldetes Gitter die Gasse ab.

Zwei Eibenbäume ragen aus blühendem, niederem Gesträuch und flankieren das Eingangstor der Mauer, die hinter dem Gitter entlang läuft.

Ich strecke mich, um über das Strauchwerk hinüberzusehen, und bin geblendet von neuer Pracht.

Die Gartenmauer ist ganz mit Mosaik bedeckt. Türkisblau mit goldenen, eigenartig gemuschelten Fresken, die den Kult des ägyptischen Gottes Osiris darstellen.

Das Flügeltor ist der Gott selbst: Ein Hermaphrodit aus zwei Hälften, die die Türe bilden, – die rechte weiblich, die linke männlich. – Er sitzt auf einem kostbaren, flachen Thron aus Perlmutter – im Halbrelief – und sein goldener Kopf ist der eines Hasen. Die Ohren sind in die Höhe gestellt und dicht aneinander, dass sie aussehen wie die beiden Seiten eines aufgeschlagenen Buches. –

Es riecht nach Tau, und Hyazinthenduft weht über die Mauer herüber. – – –

Lange stehe ich wie versteinert da und staune. Mir wird, als träte eine fremde Welt vor mich, und ein alter Gärtner oder Diener mit silbernen Schnallenschuhen, Jabot und sonderbar zugeschnittenem Rock kommt von links hinter dem Gitter auf mich zu und fragt mich durch die Stäbe, was ich wünsche.

Ich reiche ihm stumm den eingewickelten Hut Athanasius Pernaths hinein.

Er nimmt ihn und geht durch das Flügeltor.

Wie es sich öffnet, sehe ich dahinter ein tempelartiges, marmornes Haus und auf seinen Stufen:

ATHANASIUS PERNATH

und an ihn gelehnt:

MIRJAM,

und beide schauen hinab in die Stadt. Einen Augenblick wendet sich Mirjam um, erblickt mich, lächelt und flüstert Athanasius Pernath etwas zu.

Ich bin gebannt von ihrer Schönheit.

Sie ist so jung, wie ich sie heute Nacht im Traum gesehen.

Athanasius Pernath dreht sich langsam zu mir, und mein Herz bleibt stehen: Mir ist, als sähe ich mich im Spiegel, so ähnlich ist sein Gesicht dem meinigen. – – –

Dann fallen die Flügel des Tores zu, und ich erkenne nur noch den schimmernden Hermaphroditen.

Der alte Diener gibt mir meinen Hut und sagt – – ich höre seine Stimme wie aus den Tiefen der Erde:

»Herr Athanasius Pernath lässt verbindlichst danken und bittet, ihn nicht für ungastfreundlich zu halten, dass er Sie nicht einlädt, in den Garten zu kommen, aber es ist strenges Hausgesetz so von alters her.

Ihren Hut, soll ich ausrichten, habe er nicht aufgesetzt, da ihm die Verwechslung sofort aufgefallen sei.

Er wolle nur hoffen, dass der seinige Ihnen keine Kopfschmerzen verursacht habe.«

B u c h a n z e i g e

Nova Giulianiad
Saitenblätter für die Gitarre und Laute
Herausgegeben von Joerg Sommermeyer
i. V. m. d. Internationalen Gitarristischen Vereinigung
ISSN: 0254-9565
Orlando Syrg, Freiburg i. Brsg., 1983-1988

Josefa Gerhäuser
Leben will ich
Gedichte und Assoziationen
Herausgegeben von JS (Joerg Sommermeyer)
Orlando Syrg Taschenbuch, OrSyTa 12002, Freiburg i. Brsg. 2002

Joerg Sommermeyer
Anton Unbekannt
Pathoaphysischer Antiroman
Tragigroteskenfragment
Herausgegeben von Georg J. Feurig-Sorgenfrei
Orlando Syrg Taschenbuch, 1. Aufl., OrSyTa 12009, Berlin 2009

Joerg K. Sommermeyer (Hg.)
Balleinrubin: Ball, Einstein, Rubiner
Hugo Ball: Tenderenda der Phantast
Carl Einstein: Bebuquin oder die Dilettanten des Wunders
Ludwig Rubiner: Gedichte, Kritiken, Manifeste
Herausg. u. mit einem Nachwort versehen von Joerg K. Sommermeyer
Orlando Syrg Taschenbuch, 1. Aufl., OrSyTa 12017, Berlin 2017

Franz Treller
Nikunthas, König der Miami
Eine Abenteuererzählung aus Nordamerika
Anhang: **Indianer-Gedanken** von Oskar Panizza
und **Die blaue Schlange** von Fritz von Ostini
Vollst. rev. und neu bearb. von Georg J. Feurig-Sorgenfrei
Hrsg. und mit einem Nachw. vers. von Joerg Sommermeyer
Kollektion Abenteuer- & Reiseerzählungen / KAR 1
Orlando Syrg Taschenbuch, 1. Aufl., OrSyTa 22009, Berlin 2010
2. Aufl., OrSyTa 22017, Berlin 2017

Joerg K. Sommermeyer
Vernimm mein Schreien
Pathoaphysischer Antiroman
Tragigroteskenfragment
Herausgegeben von Georg J. Feurig-Sorgenfrei
Orlando Syrg Taschenbuch, 2. durchgesehene, verbesserte und um einen Anhang erweiterte Auflage von *Anton unbekannt*, OrSyTa 32017, Berlin 2017
3. Auflage, Neufassung, OrSyTa 112018, Berlin 2018

Joerg K. Sommermeyer
Lieblingsmärchen
[Andersen, 1001 Nacht, von Arnim, Bechstein, Brentano, de la Motte Fouqué, Brüder Grimm, Hauff, Hebel, Hoffmann, Hofmannsthal, Keller, Mörike, von Sternberg, Stevenson, JS, Storm]
Ausgewählt, zusammengestellt, durchgesehen und revidiert, herausgegeben und mit einem Nachwort versehen
von Joerg K. Sommermeyer
Kollektion Abenteuer- & Reiseerzählungen / KAR 2
Orlando Syrg Taschenbuch, 1. Aufl., OrSyTa 42017, Berlin 2017
2. erweiterte Auflage, OrSyTa 22018, Berlin 2018

Joerg K. Sommermeyer (Hg.)
Franz Kafkas Romane
Der Verschollene (Amerika), Der Prozess, Das Schloss
Durchgesehen, revidiert und herausgegeben
von Joerg K. Sommermeyer
Reihe alte Tradition Azurcelesteblueoscuro / RAT ACBO 1
Exemplarische Werke der Weltliteratur
Orlando Syrg Taschenbuch, 1. Aufl., OrSyTa 52017, Berlin 2017

Joerg K. Sommermeyer (Hg.)
Franz Kafkas Erzählungen
Durchgesehen, revidiert und und mit einem Nachwort herausgegeben
von Joerg K. Sommermeyer
Reihe alte Tradition Azurcelesteblueoscuro / RAT ACBO 2
Exemplarische Werke der Weltliteratur
Orlando Syrg Taschenbuch, 1. Aufl., OrSyTa 12018, Berlin 2018

Joerg K. Sommermeyer (Hg.)
Heinrich von Kleists Erzählungen, Anekdoten und Essays
Durchgesehen, revidiert und mit einem biographischen Abriss
herausgegeben von Joerg K. Sommermeyer
Reihe alte Tradition Azurcelesteblueoscuro / RAT ACBO 3
Exemplarische Werke der Weltliteratur
Orlando Syrg Taschenbuch, 1. Aufl., OrSyTa 32018, Berlin 2018

Joerg K. Sommermeyer (Hg.)
Christian Morgensterns Galgenlieder und Palmström
Durchgesehen, revidiert und mit einem biographischen Abriss
herausgegeben von Joerg K. Sommermeyer
Reihe alte Tradition Azurcelesteblueoscuro / RAT ACBO 4
Exemplarische Werke der Weltliteratur
Orlando Syrg Taschenbuch, 1. Aufl., OrSyTa 42018, Berlin 2018

Joerg K. Sommermeyer (Hg.)
Robert Müllers Tropen
Der Mythos der Reise
Urkunden eines deutschen Ingenieurs
Durchgesehen und revidiert, herausgegeben
und mit einem Nachwort versehen
von Joerg K. Sommermeyer
Kollektion Abenteuer- & Reiseerzählungen / KAR 3
Orlando Syrg Taschenbuch, 1. Aufl., OrSyTa 52018, Berlin 2018

Joerg K. Sommermeyer (Hg.)
Taugenichts et cetera
Eichendorff, Chamisso, Büchner
Aus dem Leben eines Taugenichts
Peter Schlemihls wundersame Geschichte
Lenz
Durchgesehen, revidiert und mit einem Nachwort
herausgegeben von Joerg K. Sommermeyer
Reihe alte Tradition Azurcelesteblueoscuro / RAT ACBO 5
Exemplarische Werke der Weltliteratur
Orlando Syrg Taschenbuch, 1. Aufl., OrSyTa 62018, Berlin 2018

Joerg K. Sommermeyer (Hg.)
Künstlerbetrachtungen
Diderot, Wackenroder, Hoffmann
Rameaus Neffe, Joseph Berglinger, Johannes Kreisler, Kater Murr
Durchgesehen, revidiert und mit einem Nachwort
herausgegeben von Joerg K. Sommermeyer
Reihe alte Tradition Azurcelesteblueoscuro / RAT ACBO 6
Exemplarische Werke der Weltliteratur
Orlando Syrg Taschenbuch, 1. Aufl., OrSyTa 72018, Berlin 2018

Joerg K. Sommermeyer (Hg.)
Rainer Maria Rilkes Gedichte
Stunden-Buch, Buch der Bilder, Neue Gedichte, Der neuen Gedichte anderer Teil,
Requiem, Das Marien-Leben, Duineser Elegien, Die Sonette an Orpheus
Durchgesehen, revidiert und mit einem Nachwort
herausgegeben von Joerg K. Sommermeyer
Reihe alte Tradition Azurcelesteblueoscuro / RAT ACBO 7
Exemplarische Werke der Weltliteratur
Orlando Syrg Taschenbuch, 1. Aufl., OrSyTa 92018, Berlin 2018

Joerg K. Sommermeyer (Hg.)
Rainer Maria Rilkes Prosa
Dichtungen in Prosa, Die Weise von Liebe und Tod des Cornets Christoph Rilke,
Die Aufzeichnungen des Malte Laurids Brigge, Erzählungen und Skizzen,
Geschichten vom lieben Gott, Auguste Rodin, Aufsätze und Besprechungen
Durchgesehen, revidiert und mit einem Nachwort
herausgegeben von Joerg K. Sommermeyer
Reihe alte Tradition Azurcelesteblueoscuro / RAT ACBO 8
Exemplarische Werke der Weltliteratur
Orlando Syrg Taschenbuch, 1. Aufl., OrSyTa 102018, Berlin 2018

Joerg K. Sommermeyer (Hg.)
Drei alte Erzählungen
Die Judenbuche (Droste-Hülshoff), Die schwarze Spinne (Gotthelf),
Krambambuli (Ebner-Eschenbach)
Durchgesehen, revidiert und mit einem Nachwort
herausgegeben von Joerg K. Sommermeyer
Reihe alte Tradition Azurcelesteblueoscuro / RAT ACBO 9
Exemplarische Werke der Weltliteratur
Orlando Syrg Taschenbuch, 1. Aufl., OrSyTa 122018, Berlin 2018

Joerg K. Sommermeyer (Hg.)

James Fenimore Coopers The Last of the Mohicans
Der letzte Mohikaner

A Narrative of 1757 / Eine Erzählung aus dem Jahre 1757
Deutsch nach der Übersetzung von J. F. L. Tafel,
revidiert und neu bearbeitet von Georg J. Feurig-Sorgenfrei
Herausgegeben und mit einem Nachwort versehen
von Joerg K. Sommermeyer
Kollektion Abenteuer- & Reiseerzählungen / KAR 4
Orlando Syrg Taschenbuch, 1. Aufl., OrSyTa 132018, Berlin 2018

Joerg K. Sommermeyer (Hg.)

Johann Wolfgang von Goethes
Reineke Fuchs

Durchgesehen, revidiert und mit einem Nachwort
herausgegeben von Joerg K. Sommermeyer
Reihe alte Tradition Azurcelesteblueoscuro / RAT ACBO 10
Exemplarische Werke der Weltliteratur
Orlando Syrg Taschenbuch, 1. Aufl., OrSyTa 142018, Berlin 2018

Joerg K. Sommermeyer (Hg.)

Heinrich Heines Romanzero nebst Lieblingsballaden
von Goethe, Schiller und anderen

Ausgewählt, durchgesehen, revidiert und mit einem Nachwort
herausgegeben von Joerg K. Sommermeyer
Reihe alte Tradition Azurcelesteblueoscuro / RAT ACBO 11
Exemplarische Werke der Weltliteratur
Orlando Syrg Taschenbuch, 1. Aufl., OrSyTa 152018, Berlin 2018

Joerg K. Sommermeyer (Hg.)

Eduard von Keyserlings Prosa
Ausgewählte Werke I

Beate und Mareile, Schwüle Tage, Dumala, Wellen, Abendliche Häuser
Durchgesehen, revidiert und mit einem biographischen Abriss
herausgegeben von Joerg K. Sommermeyer
Reihe alte Tradition Azurcelesteblueoscuro / RAT ACBO 12
Exemplarische Werke der Weltliteratur
Orlando Syrg Taschenbuch, 1. Aufl., OrSyTa 162018, Berlin 2018

Joerg K. Sommermeyer (Hg.)

August Stramms Gedichte

*Du. Liebesgedichte; Die Menschheit; Weltwehe;
Tropfblut. Gedichte aus dem Krieg*

Durchgesehen, revidiert und mit einem biographischen Abriss
herausgegeben von Joerg K. Sommermeyer
Reihe alte Tradition Azurcelesteblueoscuro / RAT ACBO 13
Exemplarische Werke der Weltliteratur
Orlando Syrg Taschenbuch, 1. Aufl., OrSyTa 172018, Berlin 2018

Joerg K. Sommermeyer (Hg.)

**Joseph Conrads Heart of Darkness
Herz der Finsternis**

Englisch und Deutsch

Deutsch nach der Übersetzung von Ernst Wolfgang Freißler,
revidiert und neu bearbeitet von Georg J. Feurig-Sorgenfrei
Herausgegeben und mit einem Nachwort versehen von Joerg K. Sommermeyer
Kollektion Abenteuer- & Reiseerzählungen / KAR 5
Orlando Syrg Taschenbuch, 1. Aufl., OrSyTa 182018, Berlin 2018

Joerg K. Sommermeyer (Hg.)

Münchhausen und Lukian

Bürgers Münchhausen und Lukians Bericht
phantastischer Begebenheiten

Durchgesehen, revidiert, neu bearbeitet
(Lukian basierend auf der Übersetzung von August Friedrich Pauly),
herausgegeben und mit einem Nachwort versehen,
von Joerg K. Sommermeyer
Kollektion Abenteuer- & Reiseerzählungen / KAR 6
Orlando Syrg Taschenbuch, 1. Aufl., OrSyTa 192018, Berlin 2018

Joerg K. Sommermeyer (Hg.)

**Johann Wolfgang von Goethes Prosa
Ausgewählte Werke I**

*Die Leiden des jungen Werther, Briefe aus der Schweiz,
Die Wahlverwandtschaften, Novelle*

Durchgesehen, revidiert und mit einem Nachwort
herausgegeben von Joerg K. Sommermeyer
Reihe alte Tradition Azurcelesteblueoscuro / RAT ACBO 14
Exemplarische Werke der Weltliteratur
Orlando Syrg Taschenbuch, 1. Aufl., OrSyTa 12019, Berlin 2019

Joerg K. Sommermeyer (Hg.)
Johann Wolfgang von Goethes Prosa
Ausgewählte Werke II
Wilhelm Meisters Lehrjahre
Durchgesehen, revidiert und herausgegeben
von Joerg K. Sommermeyer
Reihe alte Tradition Azurcelesteblueoscuro / RAT ACBO 15
Exemplarische Werke der Weltliteratur
Orlando Syrg Taschenbuch, 1. Aufl., OrSyTa 22019, Berlin 2019

Joerg K. Sommermeyer (Hg.)
Johann Wolfgang von Goethes Prosa
Ausgewählte Werke III
Unterhaltungen deutscher Ausgewanderten,
Wilhelm Meisters Wanderjahre
Durchgesehen, revidiert und herausgegeben
von Joerg K. Sommermeyer
Reihe alte Tradition Azurcelesteblueoscuro / RAT ACBO 16
Exemplarische Werke der Weltliteratur
Orlando Syrg Taschenbuch, 1. Aufl., OrSyTa 32019, Berlin 2019

Joerg K. Sommermeyer (Hg.)
Johann Wolfgang von Goethes Prosa
Ausgewählte Werke IV
Dichtung und Wahrheit,
Belagerung von Mainz
Durchgesehen, revidiert und herausgegeben
von Joerg K. Sommermeyer
Reihe alte Tradition Azurcelesteblueoscuro / RAT ACBO 17
Exemplarische Werke der Weltliteratur
Orlando Syrg Taschenbuch, 1. Aufl., OrSyTa 42019, Berlin 2019

Joerg K. Sommermeyer (Hg.)
August Klingemanns Nachtwachen
von Bonaventura
Durchgesehen, revidiert und herausgegeben
von Joerg K. Sommermeyer
Reihe alte Tradition Azurcelesteblueoscuro / RAT ACBO 18
Orlando Syrg Taschenbuch, 1. Aufl., OrSyTa 52019, Berlin 2019

Joerg K. Sommermeyer (Hg.)

Gustav Sacks Romane

Ein verbummelter Student, Paralyse, Ein Namenloser

Durchgesehen, revidiert und mit einem Nachwort
herausgegeben von Joerg K. Sommermeyer
Reihe alte Tradition Azurcelesteblueoscuro / RAT ACBO 19
Orlando Syrg Taschenbuch, 1. Aufl., OrSyTa 62019, Berlin 2019

Joerg K. Sommermeyer

Vernimm mein Schreien

Pathoaphysischer Antiroman
Tragigroteskenfragment
Herausgegeben von Georg J. Feurig-Sorgenfrei
Jubiläumsausgabe / Hardcover
[3. durchgesehene, verbesserte und um einen Anhang
erweiterte Auflage von *Anton unbekannt*]
OrSyTa 72019, Berlin 2019

Joerg K. Sommermeyer (Hg.)

Friedrich Schillers Prosa
Ausgewählte Werke I

Eine großmütige Handlung, Der Geisterseher,
Der Verbrecher aus verlorener Ehre, Spiel des Schicksals und anderes

Durchgesehen, revidiert und mit einem Nachwort
herausgegeben von Joerg K. Sommermeyer
Reihe alte Tradition Azurcelesteblueoscuro / RAT ACBO 20
Exemplarische Werke der Weltliteratur
Orlando Syrg Taschenbuch, 1. Aufl., OrSyTa 82019, Berlin 2019

Joerg K. Sommermeyer (Hg.)

Johann Karl Wezels Satiren

Kakerlak oder die Geschichte eines Rosenkreuzers,
Satirische Erzählungen

Durchgesehen, revidiert und herausgegeben
von Joerg K. Sommermeyer
Reihe alte Tradition Azurcelesteblueoscuro / RAT ACBO 21
Orlando Syrg Taschenbuch, 1. Aufl., OrSyTa 92019, Berlin 2019

Joerg K. Sommermeyer (Hg.)

Heinrich Heines Versepen, Erzählprosa und Memoiren
Ausgewählte Werke I

Atta Troll, Deutschland. Ein Wintermärchen, Aus den Memoiren des Herren von Schnabelewopski, Florentinische Nächte, Der Rabbi von Bacherach, Geständnisse, Memoiren

Durchgesehen, revidiert und mit einem Nachwort
herausgegeben von Joerg K. Sommermeyer
Reihe alte Tradition Azurcelesteblueoscuro / RAT ACBO 22
Exemplarische Werke der Weltliteratur
Orlando Syrg Taschenbuch, 1. Aufl., OrSyTa 102019, Berlin 2019

Joerg K. Sommermeyer (Hg.)

Heinrich Heines Reisebilder
Ausgewählte Werke II

Briefe aus Berlin, Über Polen, Reisebilder I-IV

Durchgesehen, revidiert und mit einem biographischen Abriss
herausgegeben von Joerg K. Sommermeyer
Reihe alte Tradition Azurcelesteblueoscuro / RAT ACBO 23
Exemplarische Werke der Weltliteratur
Orlando Syrg Taschenbuch, 1. Aufl., OrSyTa 112019, Berlin 2019

Joerg K. Sommermeyer (Hg.)

Heinrich Heines Gedichte
Ausgewählte Werke III

Buch der Lieder, Neue Gedichte,
Aus den Jahren 1853 und 1854, Sonstiges / Posthum

Durchgesehen, revidiert und mit einem Biographischen Abriss
herausgegeben von Joerg K. Sommermeyer
Reihe alte Tradition Azurcelesteblueoscuro / RAT ACBO 24
Exemplarische Werke der Weltliteratur
Orlando Syrg Taschenbuch, 1. Aufl., OrSyTa 122019, Berlin 2019

Joerg K. Sommermeyer (Hg.)

Heinrich Heines Über Deutschland, Essays und Pamphlete
Ausgewählte Werke IV

Die romantische Schule, Zur Geschichte der Religion und Philosophie in Deutschland, Elementargeister, Die Götter im Exil, Schwabenspiegel, Ludwig Börne

Durchgesehen, revidiert und mit einem Biographischen Abriss
herausgegeben von Joerg K. Sommermeyer
Reihe alte Tradition Azurcelesteblueoscuro / RAT ACBO 25
Exemplarische Werke der Weltliteratur
Orlando Syrg Taschenbuch, 1. Aufl., OrSyTa 132019, Berlin 2019

Joerg K. Sommermeyer (Hg.)

Heinrich Heines Essays über Frankreich
Ausgewählte Werke V

Französische Maler, Französische Zustände,
Über die Französische Bühne, Lutetia,

Durchgesehen, revidiert und mit einem Biographischen Abriss
herausgegeben von Joerg K. Sommermeyer
Reihe alte Tradition Azurcelesteblueoscuro / RAT ACBO 26
Exemplarische Werke der Weltliteratur
Orlando Syrg Taschenbuch, 1. Aufl., OrSyTa 142019, Berlin 2019

Joerg K. Sommermeyer (Hg.)

Johann Wolfgang von Goethes
West-östlicher Divan, Hermann und Dorothea
Ausgewählte Werke V

Durchgesehen, revidiert und herausgegeben
von Joerg K. Sommermeyer
Reihe alte Tradition Azurcelesteblueoscuro / RAT ACBO 27
Exemplarische Werke der Weltliteratur
Orlando Syrg Taschenbuch, 1. Aufl., OrSyTa 152019, Berlin 2019

Joerg K. Sommermeyer (Hg.)

Gottfried Kellers Prosa
Ausgewählte Werke I

Die Leute von Seldwyla, Sieben Legenden

Durchgesehen, revidiert und mit einem Biographischen Abriss
herausgegeben von Joerg K. Sommermeyer
Reihe alte Tradition Azurcelesteblueoscuro / RAT ACBO 28
Exemplarische Werke der Weltliteratur
Orlando Syrg Taschenbuch, 1. Aufl., OrSyTa 162019, Berlin 2019

Joerg K. Sommermeyer (Hg.)

Gottfried Kellers Prosa
Ausgewählte Werke II

Züricher Novellen, Das Sinngedicht

Durchgesehen, revidiert und mit einem Biographischen Abriss
herausgegeben von Joerg K. Sommermeyer
Reihe alte Tradition Azurcelesteblueoscuro / RAT ACBO 29
Exemplarische Werke der Weltliteratur
Orlando Syrg Taschenbuch, 1. Aufl., OrSyTa 172019, Berlin 2019

Joerg K. Sommermeyer (Hg.)

Gottfried Kellers Prosa
Ausgewählte Werke III

Der grüne Heinrich, Zwölf Gedichte, Autobiographisches
Durchgesehen, revidiert und mit einem Nachwort
herausgegeben von Joerg K. Sommermeyer
Reihe alte Tradition Azurcelesteblueoscuro / RAT ACBO 30
Exemplarische Werke der Weltliteratur
Orlando Syrg Taschenbuch, 1. Aufl., OrSyTa 182019, Berlin 2019

Joerg K. Sommermeyer (Hg.)

Friedrich Schillers Gedichte
Ausgewählte Werke II

Durchgesehen, revidiert und herausgegeben
von Joerg K. Sommermeyer
Reihe alte Tradition Azurcelesteblueoscuro / RAT ACBO 31
Exemplarische Werke der Weltliteratur
Orlando Syrg Taschenbuch, 1. Aufl., OrSyTa 192019, Berlin 2019

Joerg K. Sommermeyer (Hg.)

Johann Wolfgang von Goethes Gedichte
Ausgewählte Werke VI

Durchgesehen, revidiert und herausgegeben
von Joerg K. Sommermeyer
Reihe alte Tradition Azurcelesteblueoscuro / RAT ACBO 32
Exemplarische Werke der Weltliteratur
Orlando Syrg Taschenbuch, 1. Aufl., OrSyTa 202019, Berlin 2019

Joerg K. Sommermeyer (Hg.)

Charles Sealsfields Das Kajütenbuch
oder Nationale Charakteristiken

Die Prärie am Jacinto, Der Kapitän
Durchgesehen, revidiert, herausgegeben
und mit einem Nachwort versehen
von Joerg K. Sommermeyer
Kollektion Abenteuer- & Reiseerzählungen / KAR 7
Orlando Syrg Taschenbuch, 1. Aufl., OrSyTa 212019, Berlin und Lahnstein 2019

Joerg K. Sommermeyer (Hg.)

Paul Heyses Meisternovellen und Autobiographisches

L'Arrabbiata, Andrea Delfin, Die Einsamen, Der letzte Zentaur, Jugenderinnerungen und Bekenntnisse

Durchgesehen, revidiert, mit Anmerkungen herausgegeben von Joerg K. Sommermeyer

Reihe alte Tradition Azurcelesteblueoscuro / RAT ACBO 33

Exemplarische Werke der Weltliteratur

Orlando Syrg Taschenbuch, 1. Aufl., OrSyTa 12020, Berlin und Lahnstein 2020

Joerg K. Sommermeyer (Hg.)

Karl Mays Ardistan und Dschinnistan I

Ardistan

Revidiert, herausgegeben und mit einem Nachwort versehen von Joerg K. Sommermeyer

Kollektion Abenteuer- & Reiseerzählungen / KAR 8

Orlando Syrg Taschenbuch, 1. Aufl., OrSyTa 22020, Berlin und Lahnstein 2020

Joerg K. Sommermeyer (Hg.)

Karl Mays Ardistan und Dschinnistan II

Der Mir von Dschinnistan, Das Märchen von Sitara, Meine Werke, Merhameh

Revidiert, herausgegeben und mit einem Nachwort versehen von Joerg K. Sommermeyer

Kollektion Abenteuer- & Reiseerzählungen / KAR 9

Orlando Syrg Taschenbuch, 1. Aufl., OrSyTa 32020, Berlin und Lahnstein 2020

Joerg K. Sommermeyer (Hg.)

Anton Tschechows Ausgewählte Prosa I

Ein Zweikampf, Der Taugenichts, Die Dame mit dem Spitz, Eine Bagatelle, Der Kuss, Gram, Schatten des Todes und dreizehn weitere Meistererzählungen

Durchgesehen, revidiert und herausgegeben von Joerg K. Sommermeyer

Reihe alte Tradition Azurcelesteblueoscuro / RAT ACBO 34

Exemplarische Werke der Weltliteratur

Orlando Syrg Taschenbuch, 1. Aufl., OrSyTa 12021, Berlin und Lahnstein 2021

Joerg K. Sommermeyer (Hg.)

Adalbert Stifters Ausgewählte Prosa I

Waldwanderung, Der sanftmütige Obrist, Margarita, Abdias, Kalkstein, Bergkristall, Katzensilber

Durchgesehen, revidiert und herausgegeben von Joerg K. Sommermeyer
Reihe alte Tradition Azurcelesteblueoscuro / RAT ACBO 35
Exemplarische Werke der Weltliteratur
Orlando Syrg Taschenbuch, 1. Aufl., OrSyTa 12023, Berlin und Lahnstein 2023

Joerg K. Sommermeyer (Hg.)

William Shakespeares Sonnets / Sonette

Englisch und Deutsch

Übersetzungen von Gottlob Regis, Stefan George, Karl Kraus

Durchgesehen, revidiert und herausgegeben von Joerg K. Sommermeyer
Reihe alte Tradition Azurcelesteblueoscuro / RAT ACBO 36
Exemplarische Werke der Weltliteratur
Orlando Syrg Taschenbuch, 1. Aufl., OrSyTa 22023, Berlin und Lahnstein 2023

Joerg K. Sommermeyer (Hg.)

Friedrich Hölderlins Lyrik

Ausgewählte Gedichte

Ausgewählt, durchgesehen, revidiert und mit einem Biographischen Abriss herausgegeben von Joerg K. Sommermeyer
Reihe alte Tradition Azurcelesteblueoscuro / RAT ACBO 37
Exemplarische Werke der Weltliteratur
Orlando Syrg Taschenbuch, 1. Aufl., OrSyTa 32023, Berlin und Lahnstein 2023

Joerg K. Sommermeyer (Hg.)

Friedrich Hölderlins Prosa

Hyperion und Theoretisches

Ausgewählt, durchgesehen, revidiert und mit einem Biographischen Abriss herausgegeben von Joerg K. Sommermeyer
Reihe alte Tradition Azurcelesteblueoscuro / RAT ACBO 38
Exemplarische Werke der Weltliteratur
Orlando Syrg Taschenbuch, 1. Aufl., OrSyTa 42023, Berlin und Lahnstein 2023

Joerg K. Sommermeyer (Hg.)

François Rabelais' Gargantua und Pantagruel I

Erstes und Zweites Buch

Vollständige Ausgabe in drei Bänden

Deutsch nach der Übersetzung von Johann Gottlob Regis,
durchgesehen, revidiert, mit Anmerkungen
und einem Nachwort herausgegeben
von Joerg K. Sommermeyer

Reihe alte Tradition Azurcelesteblueoscuro / RAT ACBO 39
Exemplarische Werke der Weltliteratur
Orlando Syrg Taschenbuch, 1. Aufl., OrSyTa 52023, Berlin und Lahnstein 2023

Joerg K. Sommermeyer (Hg.)

François Rabelais' Gargantua und Pantagruel II

Drittes und Viertes Buch

Vollständige Ausgabe in drei Bänden

Deutsch nach der Übersetzung von Johann Gottlob Regis,
durchgesehen, revidiert, mit Anmerkungen
und einem Nachwort herausgegeben
von Joerg K. Sommermeyer

Reihe alte Tradition Azurcelesteblueoscuro / RAT ACBO 40
Exemplarische Werke der Weltliteratur
Orlando Syrg Taschenbuch, 1. Aufl., OrSyTa 62023, Berlin und Lahnstein 2023

[Ankündigung, erscheint demnächst:]

Joerg K. Sommermeyer (Hg.)

François Rabelais' Gargantua und Pantagruel III

Fünftes Buch, Prognostiken-Büchlein,
Geschichtsklitterung Fischarts

Vollständige Ausgabe in drei Bänden

Deutsch nach der Übersetzung von Johann Gottlob Regis,
durchgesehen, revidiert, mit Anmerkungen
und einem Nachwort herausgegeben
von Joerg K. Sommermeyer

Reihe alte Tradition Azurcelesteblueoscuro / RAT ACBO 41
Exemplarische Werke der Weltliteratur
Orlando Syrg Taschenbuch, 1. Aufl., OrSyTa 72023, Berlin und Lahnstein 2023

Joerg K. Sommermeyer

Dem Affen in die Seele gepisst

Selam Istanbul, Kanarische Inseln, Die Morena, Küss' mich, Sisyphus

Kollektion Abenteuer- & Reiseerzählungen / KAR 10

Orlando Syrg Taschenbuch, 1. Aufl., OrSyTa 82023, Berlin und Lahnstein 2023

Joerg K. Sommermeyer (Hg.)

Anton Tschechows Ausgewählte Prosa II

Zwei Schauspiele: Die Möwe, Onkel Wanja

Durchgesehen, revidiert und herausgegeben
von Joerg K. Sommermeyer
Reihe alte Tradition Azurcelesteblueoscuro / RAT ACBO 42
Exemplarische Werke der Weltliteratur
Orlando Syrg Taschenbuch, 1. Aufl., OrSyTa 92023, Berlin und Lahnstein 2023

Joerg K. Sommermeyer (Hg.)

Anton Tschechows Ausgewählte Prosa III

Späte Schauspiele: Drei Schwestern, Der Kirschgarten

Durchgesehen, revidiert und herausgegeben
von Joerg K. Sommermeyer
Reihe alte Tradition Azurcelesteblueoscuro / RAT ACBO 43
Exemplarische Werke der Weltliteratur
Orlando Syrg Taschenbuch, 1. Aufl., OrSyTa 102023, Berlin und Lahnstein 2023

Joerg K. Sommermeyer (Hg.)

Georg Trakls Lyrik

Ausgewählte Gedichte

Ausgewählt, durchgesehen, revidiert und mit
einem Biographischen Abriss herausgegeben
von Joerg K. Sommermeyer
Reihe alte Tradition Azurcelesteblueoscuro / RAT ACBO 44
Exemplarische Werke der Weltliteratur
Orlando Syrg Taschenbuch, 1. Aufl., OrSyTa 112023, Berlin und Lahnstein 2023

Joerg K. Sommermeyer (Hg.)

Oscar Wildes Werke I

Das Bildnis des Dorian Gray

Nach der Übersetzung von Hedwig Lachmann & Gustav Landauer
Ausgewählt, durchgesehen, revidiert und herausgegeben
von Joerg K. Sommermeyer
Reihe alte Tradition Azurcelesteblueoscuro / RAT ACBO 45
Exemplarische Werke der Weltliteratur
Orlando Syrg Taschenbuch, 1. Aufl., OrSyTa 122023, Berlin und Lahnstein 2023

Joerg K. Sommermeyer (Hg.)

Joris-Karl Huysmans'

Gegen den Strich (*À rebours*)

Nach der Übersetzung von M. Capsius
Ausgewählt, durchgesehen, revidiert und herausgegeben
von Joerg K. Sommermeyer
Reihe alte Tradition Azurcelesteblueoscuro / RAT ACBO 46
Exemplarische Werke der Weltliteratur
Orlando Syrg Taschenbuch, 1. Aufl., OrSyTa 132023, Berlin und Lahnstein 2023